Auswirkungen des Europarechts, insbesondere des Wettbewerbs- und Kartellrechts, auf das deutsche Anwaltsberufsrecht

Europäische Hochschulschriften
Publications Universitaires Européennes
European University Studies

Reihe II
Rechtswissenschaft

Série II Series II
Droit
Law

Bd./Vol. 4219

PETER LANG
Frankfurt am Main · Berlin · Bern · Bruxelles · New York · Oxford · Wien

Wolfgang Eichele

Auswirkungen des Europarechts, insbesondere des Wettbewerbs- und Kartellrechts, auf das deutsche Anwaltsberufsrecht

PETER LANG
Europäischer Verlag der Wissenschaften

Bibliografische Information Der Deutschen Bibliothek
Die Deutsche Bibliothek verzeichnet diese Publikation in der Deutschen Nationalbibliografie; detaillierte bibliografische Daten sind im Internet über <http://dnb.ddb.de> abrufbar.

Zugl.: Rostock, Univ., Diss., 2005

28
ISSN 0531-7312
ISBN 3-631-52485-4

www.peterlang.de

Vorwort

Die vorliegende Arbeit wurde von der juristischen Fakultät der Universität Rostock im Sommersemester 2004 als Dissertation angenommen; sie ist auf dem Stand von Dezember 2003.

Besonderer Dank gilt an erster Stelle meinem Erstgutachter Professor Dr. Harald Koch, der mir bei der Erstellung der Arbeit größtmögliche Freiheit gewährte und gleichzeitig immerwährende Gesprächsbereitschaft zeigte. Dank gebührt ebenso Herrn Professor Dr. Klaus Tonner für die zügige Erstellung des Zweitgutachtens.

Der Bundesrechtsanwaltskammer, stellvertretend ihrem Präsidenten Herrn Rechtsanwalt und Notar Dr. Bernhard Dombek, danke ich für die Möglichkeit, berufsbegleitend die Fertigstellung dieser Arbeit zu ermöglichen. Ohne diese Unterstützung wäre mir die Erstellung der Arbeit nicht möglich gewesen.

Danken möchte ich auch allen anderen, die mir geholfen haben. Dazu gehört die Familie in Deutschland und den USA, insbesondere meine Eltern.

Abschließend möchte ich mich ganz besonders bedanken bei meiner lieben Frau, Christiane Eichele, die mich während der ganzen Zeit mit viel Verständnis und Rücksichtnahme unterstützt hat. Ihr ist diese Arbeit gewidmet.

Berlin, im April 2005 *Wolfgang Eichele*

Inhaltsübersicht

Inhaltsverzeichnis

Abkürzungsverzeichnis

a.A.	anderer Ansicht
a.a.O.	am angegebenen Ort
a.F.	alte Fassung
ABl.EG	Amtsblatt der Europäischen Gemeinschaften
Anm.	Anmerkung
AnwBl.	Anwaltsblatt (Zeitschrift, Jahr und Seite)
Art., Artt.	ein und mehrere Artikel
Aufl.	Auflage
BauGB	Baugesetzbuch
BB	Der Betriebsberater (Zeitschrift, Jahr und Seite)
BerlAnwBl.	Berliner Anwaltsblatt (Zeitschrift, Jahr und Seite)
BGBl.	Bundesgesetzblatt
BGH	Bundesgerichtshof
BGHSt	Entscheidungen des Bundesgerichtshofs in Strafsachen (Band und Seite)
BMJ	Bundesministerium der Justiz
BORA	Berufsordnung für Rechtsanwälte
BR	Bundesrat
BRAK-Magazin	Magazin der Bundesrechtsanwaltskammer (Zeitschrift, Jahr und Seite)
BRAK-Mitt.	Mitteilungen der Bundesrechtsanwaltskammer (Zeitschrift, Jahr und Seite)
BRAO	Bundesrechtsanwaltsordnung
BR-Drucks.	Bundesrats-Drucksache
Bsp.	Beispiel
BT-Drucks.	Bundestags-Drucksache
BV	Besloten vennootschap met beperkte aansprakelijkheid
BVerfG	Bundesverfassungsgericht
BVerfGE	Entscheidungssammlung des Bundesverfassungsgerichts (Band und Seite)
CCBE	Council of the Bars and Law Societies of the European Union / Conseil des Barreaux de l'union européenne / Rat der Europäischen Anwaltschaften
CNF	Consiglio Nationale Forense

Co.	Company
COAPI	Colegio Oficial de Agentes de la Propiedad Industrial
DNotZ	Deutsche Notar-Zeitschrift (Zeitschrift, Jahr und Seite)
DStR	Deutsches Steuerrecht (Zeitschrift, Jahr und Seite)
DVBl.	Deutsches Verwaltungsblatt (Zeitschrift, Jahr und Seite)
DZWir	Deutsche Zeitschrift für Wirtschaftsrecht (Zeitschrift, Jahr und Seite)
EG	Europäische Gemeinschaft
endg.	endgültig
EPG	Gesetz über die Eignungsprüfung für die Zulassung zur Rechtsanwaltschaft
EPI	Institut der beim Europäischen Patentamt zugelassenen Vertreter
EU	Europäische Union
EuG	Europäisches Gericht Erster Instanz
EuGH	Europäischer Gerichtshof
EuLF	European Legal Forum (Zeitschrift, Jahr und Seite)
EuRAG	Gesetz über die Tätigkeit europäischer Rechtsanwälte in Deutschland (EuRAG)
EuZW	Europäische Zeitschrift für Wirtschaftsrecht (Zeitschrift, Jahr und Seite)
EWG-Vertrag	Vertrag zur Gründung der Europäischen Gemeinschaft
EWS	Europäisches Wirtschafts- und Steuerrecht (Zeitschrift, Jahr und Seite)
f., ff.	folgend(e) (Singular/Plural)
FAO	Fachanwaltsordnung
GG	Grundgesetz für die Bundesrepublik Deutschland
gem.	gemäß (Art./§)
ggf.	gegebenenfalls
GWB	Gesetz gegen Wettbewerbsbeschränkungen
Hrsg.	Herausgeber
i.S.d.	im Sinne des/der (Art./§)
i.S.v.	im Sinne von (Art./§)
i.Ü.	im Übrigen
i.V.m.	in Verbindung mit (Art./§)

JZ	Juristen-Zeitung (Zeitschrift, Jahr und Seite)
Kom	Kommission
m.w.N.	mit weiteren Nachweisen
MDP	Multidisziplinäre Partnerschaft
MDR	Monatsschrift für Deutsches Recht (Zeitschrift, Jahr und Seite)
NJW	Neue Juristische Wochenschrift (Zeitschrift, Jahr und Seite)
NOvA	Nederlandse Ordre van Advocaten
Nr.	Nummer
ÖstAnwBl.	Österreichisches Anwaltsblatt (Zeitschrift, Jahr und Seite)
RADG	Rechtsanwaltsdienstleistungsgesetz
RBerG	Rechtsberatungsgesetz
RL	Richtlinie
Rn.	Randnummer
Rs.	Rechtssache
RVG	Rechtsanwaltsvergütungsgesetz
S.	Satz / Seite
Slg.	Sammlung der Rechtsprechung des Europäischen Gerichtshofs
Stbg	Die Steuerberatung (Zeitschrift, Jahr und Seite)
StPO	Strafprozessordnung
SWV	Samenwerkingsverordening 1993
u.a.	und andere / unter anderem
U.S.	United States
U.S.A.	Vereinigte Staaten von Amerika
u.U.	unter Umständen
UWG	Gesetz gegen den unlauteren Wettbewerb
vgl.	vergleiche
WPK-Mitt.	Wirtschaftsprüferkammermitteilungen (Zeitschrift, Jahr und Seite)
WRP	Wettbewerb in Recht und Praxis (Zeitschrift, Jahr und Seite)
WTO	World Trade Organisation
WuV	Wirtschaft und Verwaltung (Zeitschrift, Jahr und Seite)

WuW	Wirtschaft und Wettbewerb (Zeitschrift, Jahr und Seite)
z.B.	zum Beispiel
ZPO	Zivilprozessordnung
ZRP	Zeitschrift für Rechtspolitik (Zeitschrift, Jahr und Seite)

Bezüglich der weiteren fachbezogenen und sonstigen gebräuchlichen Abkürzungen wird verwiesen auf: *Kirchner*, Hildebert / *Kastner*, Fritz: Abkürzungsverzeichnis der Rechtssprache, 4. Aufl., Berlin 1993

A. Einleitung

Auch auf dem Gebiet der Anwaltschaft findet eine „Europäisierung“ statt. Was zunächst mit der grenzüberschreitenden Dienstleistung anfing, führte hin zu einer grenzüberschreitenden Niederlassung und ist heute bei einer mit Europäischem Wettbewerbs- und Kartellrecht vereinbaren Selbstverwaltung der Anwaltschaft angelangt. Während also auf einer ersten Stufe die Marktzugangsöffnung zu einem mitgliedstaatlichen Berufsrecht angestrebt wurde, geht es auf einer zweiten „und höheren Stufe der Integration“ um die dem EU-Gemeinschaftsrecht zu entnehmenden Leitlinien für das nationale Berufsrecht.[1] Die „Europäisierung“ des Berufsrechts der Anwaltschaft verlief und verläuft aber keineswegs konfliktfrei. Damals wie heute muss damit gerechnet werden, dass gewachsene nationale Rechtstraditionen durch Federstriche aus Brüssel zur Makulatur werden. Problematisch sind das Verhältnis zwischen den Grundfreiheiten und dem Wettbewerbsrecht des EG-Vertrages einerseits und die den Mitgliedstaaten zugewiesenen Rechtsetzungs- und Delegierungskompetenzen im Bereich der Regelung der Berufszulassung und -ausübung von Rechtsanwälten andererseits.

Die vorliegende Arbeit wird daher in einem einleitenden Teil, gleichsam als „Vorgeschichte“ zu den neuen europäischen kartellrechtlichen Vorgaben, die Entwicklung der Marktzugangsöffnungen auf dem Gebiet des europäischen Anwaltsrechts im Bereich der Grundfreiheiten darstellen, die im engen Zusammenhang mit der EuGH-Rechtsprechung im Hinblick auf die zweite Stufe der wettbewerbs- und kartellrechtlichen Auswirkungen auf das nationale Berufsrecht stehen.[2]

Grundsätzlich sind die Ausdehnung des europäischen Binnenmarktes und die Ermöglichung grenzüberschreitender Tätigkeiten nachhaltig zu begrüßen. Im Rahmen des zusammenwachsenden Europas und im Zeichen der Globalisierung des Weltmarktes ist auch für die freien Berufe eine Vergrößerung der Märkte unumgänglich. Problematisch wird es jedoch dann, wenn von Brüssel künstlich geprägte Standards unvereinbar werden mit lang gereiften und bewährten Rechtskulturen. Dies scheint im Falle der Vereinbarkeit von nationalem Berufsrecht und europäischem Wettbewerbs- und Kartellrecht besonders deutlich zu werden. Die europäischen Institutionen haben die Sparte der freien Berufe entdeckt und es scheint, dass anhand des europäischen Wettbewerbs- und Kartellrechts eine Harmonisierung der berufsrechtlichen Regelungen angestrebt wird.

---

1 *Mailänder*, BRAK-Mitt. 2003, 114, 115.

2 Rechtsprechung und Literatur sind grundsätzlich bis zum 31.12.2003 berücksichtigt worden.

Problematisch ist dabei allerdings, dass insbesondere im Falle der Rechtsanwaltschaft nicht nur Maßstäbe des Wettbewerbsrechts zu Grunde gelegt werden können. Der Rechtsanwalt ist mehr als nur ein Unternehmer, der den größtmöglichen Gewinn zu erwirtschaften anstrebt.

Obwohl die Freizügigkeit der Rechtsanwälte in Europa im Vergleich zu anderen freien Berufen schon sehr weit vorangeschritten ist, kann von europäischer Institutionenebene noch mit weiteren Liberalisierungen in diesem Bereich gerechnet werden.[3] Grundlage für weitere Liberalisierungen innerhalb der Europäischen Union ist das wirtschaftliche Reformprogramm, das der Europäische Rat im März 2002 in Lissabon verabschiedete.[4] Dort hat man sich zum ehrgeizigen Ziel gesetzt, die Europäische Union bis zum Jahre 2010 zum wettbewerbsfähigsten und dynamischsten wissensbasierten Wirtschaftsraum der Welt zu machen.[5] Der Bericht über eine umfassende Bestandsaufnahme der im Binnenmarkt weiter bestehenden Hindernisse zeigt auf, dass Beschränkungen für grenzüberschreitende Dienstleistungen weiterhin existieren.[6]

Aus europäischer Sicht besteht sowohl aus Sicht der Verwirklichung der Grundfreiheiten als auch aus wettbewerbsrechtlicher Sicht die Notwendigkeit weiterer Liberalisierungen.[7] Trotz aller Vorteile, die ein gemeinsamer Binnenmarkt und die europäische Idee mit sich bringen, ist jedoch zu beachten, dass im Detail nur der Mitgliedstaat selbst die Regelungen für geordnete Dienstleistungen, insbesondere im Hinblick auf das Anwaltsberufsrecht, erlassen kann und soll.[8] Nur der Mitgliedstaat selbst kann das geordnete Funktionieren einer geordneten Rechtspflege garantieren. Nicht zuletzt hat dies auch der Europäische Gerichtshof (EuGH) selbst bestätigt, wonach die Anwendung von Berufsregelungen auf die Anwälte aus zwingenden Gründen des Allgemeininteresses gerechtfertigt sei.[9] Wiederholt wurde durch Europas höchstes Gericht festgestellt, dass Berufsregelungen über Organisation, Befähigung, Standespflichten usw. die Gewähr für Integrität und Funktionsfähigkeit der Rechtspflege bieten.[10] Das Grundproblem der rechtlichen Zuordnung der Anwaltschaft wurde schon bei der Verhand-

---

3 Vgl. Bericht: Der Stand des Binnenmarktes für Dienstleistungen, KOM (2002) 441 endg. vom 30.7.2002.

4 Vgl. Arbeitsunterlage der Kommissionsdienststellen zur Regulierung der Freien Berufe und ihre Folgen vom 27.3.2003, 2.

5 Vgl. Arbeitsunterlage, a.a.O., 2.

6 Vgl. den Bericht „Der Stand des Binnenmarktes für Dienstleistungen", KOM (2002), 441 endg.

7 Vgl. *Mailänder*, BRAK-Mitt. 2003, 114, 115.

8 Vgl. *Berscheid/Kirschbaum*, S. 29.

9 Vgl. *Hartung/Holl*, BORA vor § 34 Rn. 29.

10 Vgl. statt aller EuGH-Urteil zur Rs. C-3/95 vom 12.12.1996, Slg. 1996, I-6511 (Broede), Rn. 38 = EuZW 1997, 53.

lung der Römischen Verträge gesehen. Die Frage, ob die Anwaltschaft unter die Freizügigkeitsvorschriften des EG-Vertrages falle, wurde zwar durch den EuGH positiv entschieden; allerdings ist der Anwalt kein normaler „Dienstleister" im Sinne des EG-Vertrages, sondern als „Organ der Rechtspflege" besitzt er darüber hinausgehende Rechte und Pflichten. Eine gewisse Regulierung außerhalb der europarechtlichen Vorschriften über Freizügigkeit und Wettbewerb ist daher im Allgemeininteresse zwingend erforderlich.

Im Rahmen des Wettbewerbsrechts können die Urteile *Wouters*[11] und *Arduino*[12] des EuGH vom 19. Februar 2002 als Grundsatzurteile für das anwaltliche Berufsrecht bezeichnet werden. Diese Entscheidungen haben in der deutschen Literatur bereits heftige Diskussionen darüber ausgelöst, ob die von der Satzungsversammlung bei der Bundesrechtsanwaltskammer beschlossenen berufsrechtlichen Regelungen, insbesondere die Berufsordnung für Rechtsanwälte (BORA) und die Fachanwaltsordnung (FAO), unmittelbar dem europäischen Wettbewerbsrecht unterfallen.[13] Vordergründig rechtfertigt das Urteil *Wouters* die existierenden Hindernisse hinsichtlich Multidisziplinärer Partnerschaften (MDP's) in den Mitgliedsstaaten der EU. Was diesen Themenbereich angeht, spielt die Entscheidung für Deutschland jedenfalls keine bedeutende Rolle.[14] Die Möglichkeit, eine interprofessionelle Sozietät zu gründen, ist ausdrücklich in § 59a BRAO geregelt.[15] Auch zeigt die Entscheidung *Arduino* vordergründig für Deutschland

---

11 EuGH-Urteil zur Rs. C-309/99 vom 19.2.2002, Slg. 2002, I-1577 (Wouters) = EuZW 2002, 179 ff. mit Anm. *Eichele.*

12 EuGH-Urteil zur Rs. C-35/99 vom 19.2.2002, Slg. 2002, I-1529 (Arduino) = EuZW 2002, 172 ff., mit Anm. *Eichele.*

13 *Andresen*, DVBl 2002, 685 ff.; *Eich*, WPK-Mitt. 2002, 153 ff.; *Eichele*, EuZW 2002, 182 ff.; *Eichele/Happe*, NJW 2003, 1214 ff.; *Fleischhauer*, DNotZ 2002, 325 ff.; *Hartung*, EWS 2002, 133; *Henssler*, JZ 2002, 983 ff.; *Hund*, DStR 2002, 519 f.; ders., DStR 2002, 652; *Jaeger*, Stbg 2002, 163 ff.; *Kilian*, MDR 2002, 850 f.; ders., WRP 2002, 802 ff.; *Lörcher*, NJW 2002, 1092 f.; *Mailänder*, BRAK-Mitt. 2003, 114 ff.; *Pohl*, BerlAnwBl. 2002, 457 ff.; *Römermann*, Anwalt 4/2002, 48; *Römermann/Wellige*, BB 2002, 633 ff.; *Schlosser*, EuLF 2002, 94 ff.; *Weil*, BRAK-Mitt. 2002, 50 ff.;
zu „Arduino": *Sagawe*, ZRP 2002, 281 ff.; *Schlosser*, JZ 2002, 454 f.;
zu Europäischem Wettbewerbsrecht und anwaltlichem Berufsrecht allgemein: *Schaub*, AnwBl. 2002, 18 f.;
zu den Schlussanträgen des Generalanwalts: *Detken*, ÖstAnwBl. 2001, 588 ff.; *Lörcher/Eichele*, BRAK-Mitt. 2001, 218 ff.; *Mailänder*, Der Syndikus 2001, 15 ff.

14 Vgl. *Feuerich/Weyland*, BRAO § 59a Rn. 20: Der Umstand, dass der EuGH die niederländische Regelung, wonach Wirtschaftsprüfer und Rechtsanwälte keine gemeinsame Praxis betreiben dürfen, für mit EU-Recht vereinbar erklärt hat, bedeutet nicht, dass in Deutschland solche gemeinsame Berufsausübung verboten ist. Gemischte Sozietäten sind nach dem Urteil nicht grundsätzlich verboten.

15 § 59a BRAO (Berufliche Zusammenarbeit) bestimmt, dass Rechtsanwälte sich mit Mitgliedern einer Rechtsanwaltskammer (also Rechtsanwälte, verkammerte Rechtsbeistände,

unmittelbar keine Besonderheiten, da in Deutschland das Gebührensystem gesetzlich geregelt ist und daher a priori schon nicht als Beschluss einer Unternehmensvereinigung qualifiziert werden kann.[16] Die grundlegende Neuerung dieser Urteile liegt aber im Detail, namentlich darin, dass der EuGH erstmals eine Rechtsanwaltskammer bei bestimmten Tätigkeiten als Unternehmensvereinigung eingestuft hat. Damit ist der Weg zur Anwendbarkeit des europäischen Wettbewerbs- und Kartellrechts auf berufsständische Vertretungen geebnet. Die mögliche Anwendbarkeit desselbigen auf den freien Beruf des Rechtsanwalts wird fraglos weitreichende Konsequenzen haben. Im Urteil *Arduino* rechtfertigt der EuGH darüber hinaus das Tätigwerden einer berufsständischen Vertretung unter der Voraussetzung, dass sich der Staat eine starke Letztentscheidungsbefugnis vorbehält.

Völlig ungeklärt sind bislang die Auswirkungen auf die deutsche Rechtslage, insbesondere ob sich die von der Satzungsversammlung verabschiedeten Beschlüsse am Wettbewerbsrecht messen lassen müssen. Ein Schwerpunkt wird zunächst die Prüfung der vom EuGH geforderten Merkmale der „wesentlichen Grundsätze“, des „Allgemeininteresses“ und der „Letztentscheidungsbefugnis“ sein. Um vom unmittelbaren Anwendungsbereich des Kartellrechts ausgenommen zu sein, müssen die vom Berufsverband erlassenen Satzungen allen drei Anforderungen genügen.

Zunächst sollen die bereits bestehenden Liberalisierungen im Bereich der Dienstleistungsfreiheit und der Niederlassungsfreiheit im Bereich des Anwaltsberufsrechts dargestellt werden. Sodann wird die anwaltliche Kartellrechtsprechung des EuGH aufgezeigt. In einem nächsten Schritt werden die möglichen Auswirkungen dieser Rechtsprechung analysiert mit dem Ergebnis, dass im Falle des deutschen Anwaltsberufsrechts das europäische Wettbewerbs- und Kartellrecht nicht unmittelbar anwendbar ist. Anschließend wird geprüft, ob die einzelnen Regelungen der berufsrechtlichen Satzungen wettbewerbskonform sind.

---

nach § 206 BRAO und dem EuRAG niedergelassene Rechtsanwälte), Mitglieder der Patentanwaltskammer (also Patentanwälte und die nach § 154a PatG niedergelassenen Patentanwälte), Steuerberater (auch wenn sie gleichzeitig nicht verkammerte Rechtsbeistände sind), Steuerbevollmächtigte (bisher a.A. BGHSt 27, 390), Wirtschaftsprüfer, vereidigte Buchprüfer, die in § 59a III BRAO genannten gleichwertigen Berufe, nicht aber Angehörige sonstiger, nicht in § 59a BRAO genannter Berufe; Rechtsanwälte, die zugleich Notar sind, dürfen eine Sozietät nur bezogen auf ihre anwaltliche Berufsausübung eingehen, vgl. *Feuerich/Weyland*, BRAO § 59a Rn. 20, 21.

16 Vgl. aber EuGH-Urteil zur Rs. C-198/01 vom 9.9.2003, NJW 2004, 351 ff. (CIF); vgl. auch *Koch/Eichele*, NJW 2004, 334 ff. und Besprechung unten unter C. VI.1. b).

B. Stufe I: Marktzugangsöffnung: Die Entwicklung des Binnenmarktes

I. Vorbemerkung

Zu unterscheiden gibt es zweierlei Ebenen im Rahmen der Darstellung der Marktzugangsöffnung. Einerseits werden folgend die bereits existierenden europarechtlichen Normierungen des grenzüberschreitenden Anwaltsrechts beschrieben. Andererseits stellen die europarechtlichen Regelungen über die Grundfreiheiten aber auch einen Prüfungsmaßstab nationalen Berufsrechts de lege lata und de lege ferenda dar. Zunächst gilt es daher darzustellen, dass der europäische Anwaltsmarkt im Wesentlichen europarechtlich erschlossen ist. Sodann heißt es, den europäischen Prüfungsmaßstab für das Anwaltsberufsrecht herauszuarbeiten. Schließlich wird zu zeigen sein, dass der EuGH die Prüfungsmaßstäbe der Marktzugangsregeln als Korrektiv auch im Rahmen der Prüfung des Wettbewerbsrechts (Marktverwirklichung) anwendet, um eine Widersprüchlichkeit des Europarechts im Verhältnis zum nationalen Recht zu verhindern.

II. Europarechtliche Primärgrundlagen

Lange stellte sich die Frage, ob im Bereich der Rechtsanwaltschaft der EG-Vertrag im Allgemeinen und die europarechtlichen Grundsätze der Dienstleistungsfreiheit und der Niederlassungsfreiheit im Besonderen anwendbar seien.[17] Dann könnte der Rechtsanwalt in jedem anderen Mitgliedstaat seine Dienste anbieten, sich mit einer Praxis niederlassen oder eine Zweigkanzlei gründen. Grundsätzlich ist im Zweiten Teil (Titel III, Kapitel 1-3, Artt. 39 ff.) des EG-Vertrages die Freizügigkeit und der freie Dienstleistungsverkehr in der Europäischen Union geregelt.[18] Der EG-Vertrag gewährt damit den EU-Bürgern die Freiheit, ohne nachhaltige Hindernisse ihre berufliche Tätigkeit dauerhaft oder vorübergehend in jedem Mitgliedstaat der Europäischen Union ausüben zu können.[19]

---

17 Vgl. *Berscheid/Kirschbaum*, S. 105.

18 Artikelbezeichnungen des EG-Vertrages sind solche nach dem Vertrag von Amsterdam vom 2.10.1997, in Kraft getreten am 1.5.1999. Insbesondere ist darauf hinzuweisen, dass bei Zitaten, die aus der Zeit vor Inkrafttreten des Amsterdamer Vertrages stammen und daher der überholten Vertragsnummerierung folgen, in dieser Arbeit der Übersichtlichkeit halber nur die aktuelle Nummerierung gebraucht wird; *Oppermann*, Europarecht, S. 544; *Bleckmann*, Europarecht, S. 569 ff.

19 Vgl. grundlegend: *Grabitz/Hilf*, vor Art. 39-45 Rn. 2 ff.; *Oppermann*, Europarecht, S. 544; *Bleckmann*, Europarecht, S. 569 ff.

Artt. 39-42 EG-Vertrag regeln die Arbeitnehmerfreizügigkeit, also die Freizügigkeit der in einem abhängigen Arbeitsverhältnis stehenden natürlichen Personen. Artt. 43-48 EG-Vertrag umfassen das Niederlassungsrecht der selbstständigen Berufe und der juristischen Personen, wenn die Erwerbs- oder Geschäftstätigkeit auf Dauer ausgeübt wird (Niederlassungsfreiheit).[20] Artt. 49-55 EG-Vertrag schließlich garantieren einen freien Dienstleistungsverkehr, wenn es also um lediglich vorübergehende Tätigkeiten geht (Dienstleistungsfreiheit).[21] Die Regelungen der Dienstleistungsfreiheit sind gegenüber den Regelungen der Niederlassungsfreiheit subsidiär.[22]

III. Die Anwaltschaft in der Europäischen Union

Aufgrund der Tatsache, dass der Beruf des Rechtsanwalts nach § 2 BRAO[23] ein freier Beruf ist, käme nur die Anwendbarkeit der Artt. 43 ff. EG-Vertrag und der Artt. 49 ff. EG-Vertrag in Betracht.[24] Bis in die siebziger Jahre war streitig, ob die anwaltliche Tätigkeit unter den Anwendungsbereich der Artt. 43 ff. EG-Vertrag und Artt. 49 ff. EG-Vertrag fällt. Einerseits wurde vertreten, dass die Rechtsanwälte grundsätzlich nicht in den Anwendungsbereich des Vertrages fallen. Dies wurde historisch begründet. Die Delegierten bei den Vertragsverhandlungen zum damaligen EWG-Vertrag seien davon ausgegangen, dass die Rechtsanwaltschaft von der Anwendbarkeit auszunehmen sei.[25] Gegen die Anwendbarkeit der Freizügigkeitsvorschriften wurde andererseits teilweise eingewandt, dass Art. 45 I EG-Vertrag auf die Rechtsanwaltschaft anwendbar sei. Nach Art. 45 EG-Vertrag können die Mitgliedstaaten Tätigkeiten, die mit der Ausübung öffentlicher Gewalt verbunden sind, vom Anwendungsbereich der Niederlassungsfreiheit ausnehmen. Die Regelung soll es den Mitgliedstaaten ermöglichen, Tätigkeiten, die eine be-

---

20 Der Begriff der Niederlassung wird extensiv ausgelegt. Der Begriff der Niederlassung bezieht sich auf alle Tätigkeiten natürlicher und juristischer Personen, die dem Erwerb von Einkünften dienen, und soll jegliche Erwerbstätigkeit in einer in einem anderen Mitgliedstaat eingerichteten Niederlassung ermöglichen, vgl. auch *Hartung/Holl*, BORA vor § 34 Rn. 44.

21 Zur Abgrenzung zwischen Niederlassung und Dienstleistung, insbesondere im Hinblick auf den Anwaltsberuf vgl. unten B. IV. 5.

22 EuGH-Urteil, Rs. C-55/94 vom 30.11.1995, Slg. 1995, I-4165 (Gebhard) = EuGH NJW 1996, 579, 580.

23 § 2 BRAO bestimmt:
(1) Der Rechtsanwalt übt einen freien Beruf aus.
(2) Seine Tätigkeit ist kein Gewerbe.

24 Zur soziologischen Begrifflichkeit des Freien Berufs vgl. *Scholz*, in: Maunz/Dürig, GG-Kommentar, Art. 12 Anm. 256; zur Unmöglichkeit der rechtlichen Definition des Freien Berufes vgl. BVerfGE 10, 354, 364.

25 Vgl. *Hartung/Holl*, BORA vor § 34 Rn. 2.

sondere staatsbürgerliche Loyalität verlangen, ihren eigenen Staatsbürgern vorzubehalten.[26] Dabei hat der EuGH entschieden, dass dies nicht für ganze Berufszweige unabhängig von ihren Tätigkeiten gelten kann, sondern nur für die Ausübung „eigentlicher Hoheitsaufgaben".[27]

Von Gegnern der Freizügigkeitsregelungen wurde argumentiert, dass der Rechtsanwalt als „Organ der Rechtspflege" nach § 1 BRAO[28] Teil der staatlichen Gewalt sei und damit aus dem Anwendungsbereich der Vorschriften über den Freien Personenverkehr herausfalle.[29] Andererseits wurde argumentiert, dass der Rechtsanwalt im Verhältnis zu seinen Mandanten eben nicht Träger öffentlicher Gewalt sei, sondern vielmehr den Mandanten vor der öffentlichen Gewalt verteidige bzw. schütze.[30]

Der EuGH hat den Streit in einer Grundsatzentscheidung zugunsten der Einbeziehung der Rechtsanwaltschaft in die Regelungen über die Freizügigkeit entschieden.[31] Die beratende und forensische Tätigkeit des Rechtsanwalts stelle keine unmittelbare oder spezifische Teilnahme an der öffentlichen Gewalt dar, selbst wenn das Gesetz die Wahrnehmung dieser Aufgaben durch einen Rechtsanwalt vorschreibe.[32] Vom Grundsatz her gelten damit die Regelungen des EG-Vertrages über die Dienstleitungs- und Niederlassungsfreiheit für die Rechtsanwaltschaft. Einem Tätigwerden des europäischen Gesetzgebers stand kein Hindernis mehr im Weg.

IV. Tätigwerden des europäischen Gesetzgebers

1. Dienstleistungsrichtlinie (RL 77/249/EWG)[33]

Schon im Jahre 1969 hatte die Europäische Kommission gegen nachhaltigen Widerstand von Deutschland und Luxemburg einen Vorschlag zu einer Rechts-

---

26 Vgl. *Grabitz/Hilf*, Art. 45 Rn. 2.

27 Vgl. EuGH NJW 1975, 513, 515 (Reyners).

28 § 1 BRAO bestimmt: Der Rechtsanwalt ist ein unabhängiges Organ der Rechtspflege.

29 Vgl. *Rabe*, AnwBl. 1992, 146 f.

30 Vgl. *Hartung/Holl*, BORA vor § 34 Rn. 3.

31 EuGH NJW 1975, 513, 515 (Reyners).

32 *Hartung/Holl*, BORA vor § 34 Rn. 4.

33 Richtlinie 77/249/EWG des Rates vom 22.3.1977 zur Erleichterung der tatsächlichen Ausübung des freien Dienstleistungsverkehrs der Rechtsanwälte, ABl.EG Nr. L 78/17 vom 26.3.1977. In Deutschland zunächst umgesetzt am 16.8.1980 durch das Rechtsanwaltsdienstleistungsgesetz (RADG), das inzwischen wieder aufgehoben wurde. Die Dienstleistungsrichtlinie ist nunmehr zusammen mit der Niederlassungsrichtlinie und der Hochschuldiplomanerkennungsrichtlinie im Gesetz über die Tätigkeit europäischer Rechtsanwälte in Deutschland (EuRAG) umgesetzt, vgl. unten B. IV. 6.

anwaltsdienstleistungsrichtlinie vorgelegt.[34] Beide Länder gingen davon aus, dass der EWG-Vertrag nicht auf die Rechtsanwaltschaft anzuwenden sei. Nach der Beilegung des Streits durch den EuGH wurde die Dienstleistungsrichtlinie 1977 verabschiedet.[35] Sie regelt die vorübergehende Ausübung der beratenden und gerichtlichen Anwaltstätigkeit auch im nationalen Recht des Aufnahmestaats[36] unter der ursprünglichen Berufsbezeichnung. Nach Art. 4 I der Richtlinie ist weder ein Wohnsitz noch die Zugehörigkeit zu einer Berufsorganisation im Aufnahmestaat erforderlich. Das bedeutet, dass die zuständige Berufsorganisation des Aufnahmestaats nur mittelbare Berufsaufsicht über den dienstleistenden Rechtsanwalt hat. Nach Artt. 4 II i.V.m. 7 der Richtlinie unterliegt der europäische Rechtsanwalt[37] bei der Vertretung oder Verteidigung eines Klienten im Bereich der Rechtspflege oder vor Behörden dem Berufsrecht des Herkunftsstaats und dem des Aufnahmestaats.[38] Nach Art. 4 IV der Richtlinie muss sich der dienstleistende Anwalt bei der Rechtsberatung und der Rechtsbesorgung nach den Vorschriften des Herkunftsstaats richten.

Das Prinzip der „doppelten Berufsregeln" war Anlass, dass der Rat der Europäischen Anwaltschaften ein eigenes Regelwerk (Code of Conduct) für grenzüberschreitende Tätigkeiten geschaffen hat.[39] Dieses Regelwerk beabsichtigt in Regel Nr. 1.3, die sich aus der konkurrierenden Anwendung mehrerer Berufsrechte ergebenen Schwierigkeiten zu verringern.[40] In der Praxis existieren aber immer noch Schwierigkeiten im Bereich von Kooperation und Partnerschaften zwi-

---

34 Vgl. *Hartung/Holl*, BORA vor § 34 Rn. 32.

35 Zum Streitstand und dem EuGH-Urteil vgl. oben unter B. III.

36 „Aufnahmestaat" ist der Mitgliedstaat, in dem der dienstleistende Anwalt seine Tätigkeit vorübergehend ausübt.

37 Es wird der Begriff des „europäischen Rechtsanwalts" gem. § 1 EuRAG benutzt. „Europäischer Rechtsanwalt" ist nach § 1 EuRAG derjenige Anwalt, der berechtigt ist, von der Niederlassungsrichtlinie (RL 98/5/EG) zu profitieren. Dies sind die in der Anlage zu § 1 EuRAG genannten Rechtsanwaltsberufe in den Mitgliedstaaten der Europäischen Union und anderen Vertragsstaaten des Abkommens über den Europäischen Wirtschaftsraum; vgl. auch unten B. IV. 6. a).

38 Dies hat teilweise weitreichende Konsequenzen, z.B. bei einem dienstleistenden englischen Solicitor, der in Deutschland einen Mandanten gerichtlich vertritt und bei dem während des Verfahrens der Verdacht von Geldwäsche aufkommt. Während das englische Berufsrecht eine zwingende Meldepflicht auferlegt, würde dies nach dem deutschen Berufsrecht ein Verstoß gegen die Verschwiegenheitspflicht bedeuten. Vgl. dazu die instruktiven Ausführungen bei *Hellwig*, BRAK-Mitt. 2002, 52 ff.

39 Berufsregeln der Rechtsanwälte der Europäischen Union in der Fassung vom 28.10.1988, geändert am 28.11.1998 und am 6.12.2002, als Anlage zu § 29 der Berufsordnung für Rechtsanwälte (BORA).

40 Der CCBE Code of Conduct hat damit das Problem der gleichzeitigen Anwendung mehrerer nationaler Berufsrechte erkannt und für Einzelbereiche Lösungen vorgeschlagen, vgl. im Detail: *Hellwig*, BRAK-Mitt. 2002, 52, 53.

schen rechtsberatenden Berufen und Angehörigen anderer Berufsgruppen oder im Hinblick auf die Verschwiegenheitspflicht. In Deutschland ist die Zusammenarbeit und Partnerschaft zwischen rechtsberatenden und anderen sozietätsfähigen freien Berufen nach § 59a BRAO gestattet, während beispielsweise in den Niederlanden die multidisziplinäre Zusammenarbeit von Rechtsanwälten und Wirtschaftsprüfern verboten ist.[41] Auf der anderen Seite unterliegen Rechtsanwälte in anderen Mitgliedstaaten der Europäischen Union nicht den gleichen strengen Regeln zur Verschwiegenheitspflicht, sondern sind zur Zusammenarbeit mit Gerichten und Behörden und zur Offenlegung von Informationen der Mandanten verpflichtet.[42]

Nach Art. 5 der Dienstleistungsrichtlinie kann das Recht des Aufnahmestaats vorsehen, dass ein „Einvernehmensanwalt" hinzuzuziehen ist. Das bedeutet, dass der dienstleistende Rechtsanwalt einen einheimischen Kollegen für die Vertretung und Verteidigung von Mandanten im Bereich der Rechtspflege hinzuziehen muss.[43]

Art. 6 der Richtlinie gewährt dem Mitgliedstaat Ermessen im Hinblick auf die Behandlung von Syndikusanwälten.[44] Danach können die im Gehaltsverhältnis stehenden Rechtsanwälte, die durch einen Arbeitsvertrag an ein staatliches oder privates Unternehmen gebunden sind, von der Ausübung der Tätigkeiten der Vertretung und Verteidigung im Bereich der Rechtspflege für dieses Unternehmen insoweit ausgeschlossen sein, als die in diesem Staat ansässigen Rechtsanwälte diese Tätigkeiten nicht ausüben dürfen. Damit ist die deutsche Bestimmung des § 46 BRAO europarechtskonform. Hiernach darf ein Rechtsanwalt für einen Auftraggeber, dem er aufgrund eines ständigen Dienst- oder ähnlichen Beschäftigungsverhältnisses seine Arbeitszeit und -kraft zur Verfügung stellen muss, vor Gerichten oder Schiedsgerichten nicht in seiner Eigenschaft als Rechtsanwalt tätig werden. Diese Regelung dient der Sicherung der Unabhän-

---

41 Vgl. EuGH-Urteil zur Rs. C-309/99 vom 19.2.2002, Slg. 2002, I-1577 (Wouters) = EuZW 2002, 179 ff. und unten unter C. ausführlich.

42 *Froehlinger*, AnwBl. 2003, 200, 201.

43 Der Begriff des „Einvernehmens" ist weder in der Dienstleistungsrichtlinie noch im EuRAG ausdrücklich begrifflich bestimmt. Es blieb dem EuGH vorbehalten, Zweck und Ausgestaltung der Verpflichtung der Zusammenarbeit mit einem Einvernehmensanwalt festzustellen. Danach ist Zweck des Einvernehmens, dem dienstleistenden europäischen Anwalt die notwendige Unterstützung dafür zu geben, in einem anderen als dem ihm vertrauten Rechtssystem tätig zu werden. Dem angerufenen Gericht soll es die Gewähr dafür bieten, dass der dienstleistende Rechtsanwalt tatsächlich über diese Unterstützung verfügt und somit in der Lage ist, das geltende Verfahrensrecht und die geltenden Berufs- und Standesregeln voll und ganz einzuhalten; vgl. *Klein/Ott/Zerdick*, S. 62, 63.

44 In Deutschland betrifft dies die Rechtsanwälte nach § 46 BRAO, die in einem ständigen Dienstverhältnis stehen.

gigkeit des Anwalts.[45] Die Unterscheidung zwischen beiden Aufgabenbereichen, in denen der Syndikusanwalt in seiner Doppelstellung tätig wird[46], ist im Interesse der geordneten Rechtspflege insbesondere dann beizubehalten, wenn er vor Gericht auftritt.[47]

2. Diplomanerkennungsrichtlinie (RL 89/48/EWG)[48]

Im Jahre 1988 trat die Hochschuldiplomanerkennungsrichtlinie neben die Dienstleistungsrichtlinie.[49] Jene geht vom Grundsatz der gegenseitigen Anerkennung derjenigen Diplome aus, die in den Mitgliedstaaten für den entsprechenden Berufszugang erforderlich sind.[50] Die Hochschuldiplomanerkennungsrichtlinie ist nicht berufsspezifisch, vielmehr nimmt sie Dauer und Niveau der jeweiligen Ausbildung zum Maßstab und legt eine unwiderlegliche Vermutung zugunsten der inhaltlichen Gleichwertigkeit der Ausbildungen der Mitgliedstaaten fest.[51] Voraussetzung für den Berufszugang ist der Abschluss eines dreijährigen Hochschulstudiums sowie das Vorliegen aller Berufszulassungsvoraussetzungen im Herkunftsstaat.[52] Als Ausgleich für die unterschiedliche Berufsausbildung in den

---

45 Vgl. *Feuerich/Weyland*, BRAO, § 46 Rn. 11.

46 Die Doppelstellung des Syndikusanwalts besteht zum einen aus seinem abhängigen Arbeitsverhältnis zu seinem Dienstherrn und zum anderen aus seiner unabhängigen Stellung als freier Rechtsanwalt in Angelegenheiten außerhalb des ständigen Dienstverhältnisses.

47 Vgl. BT-Drucks. III/120, 77.

48 Richtlinie 89/48/EWG des Rates vom 21.12.1988 über eine allgemeine Regelung zur Anerkennung der Hochschuldiplome, die eine mindestens dreijährige Berufsausbildung abschließen, ABl.EG Nr. L 19/16 vom 24.1.1989.

49 Die Bundesrepublik Deutschland hat die Hochschuldiplomanerkennungsrichtlinie für die Berufe im Bereich der Rechtspflege durch das Gesetz vom 6.7.1990 umgesetzt. Art. 1 enthält das „Gesetz über die Eignungsprüfung für die Zulassung zur Rechtsanwaltschaft". Im Zuge der Umsetzung der Niederlassungsrichtlinie hat der Gesetzgeber die Normen der drei EU-Richtlinien, die die Freizügigkeit des Anwalts in der EU regeln, im „EuRAG" umgesetzt, vgl. unten B. VI. 6.

50 Der Begriff „Diplom" ist extensiv auszulegen. Danach werden alle Studienabschlüsse erfasst, denen ein mindestens dreijähriges Studium vorausgeht. Nach Art. 2 der Richtlinie sind solche Berufe vom Anwendungsbereich ausgenommen, die Gegenstand einer Einzelrichtlinie sind. Obwohl das juristische Studium unter die Dreijahresregelung fällt, wurde teilweise versucht, juristische Diplome aus den Anwendungsbereich der Richtlinie herauszunehmen mit der Begründung, die Ausbildung in den verschiedenen Mitgliedstaaten sei nicht vergleichbar, vgl. *Hartung/Holl*, BORA vor § 34 Rn. 59.

51 Vgl. *Rabe*, NJW 1987, 2185, 2188; ein allgemeines System für die Gleichwertigkeit der Hochschuldiplome sollte geschaffen werden, um dem Recht auf freie Niederlassung innerhalb der Gemeinschaft effektive Geltung zu verleihen.

52 Vgl. Art. 1a der Richtlinie: Daraus folgt, dass von der Richtlinie nur solche Diplome umfasst werden, die nachweisen, dass der Inhaber alle beruflichen Voraussetzungen für die Ausübung einer reglementierten Tätigkeit besitzt. Dazu gehört auch die praktische Aus-

Mitgliedstaaten kann der Aufnahmestaat eine Eignungsprüfung oder einen Anpassungslehrgang und ggf. zusätzliche Berufserfahrung verlangen.[53] Ein Anwalt aus einem der EU-Mitgliedstaaten kann sich demnach nach erfolgreicher Absolvierung einer Eignungsprüfung als vollintegrierter Anwalt niederlassen.[54]

3. Niederlassungsrichtlinie (RL 98/5/EG)[55]

Erst zwei Jahrzehnte nach Inkrafttreten der Dienstleistungsrichtlinie für Rechtsanwälte verabschiedete der Rat der Europäischen Union am 15. Dezember 1997 die Niederlassungsrichtlinie für Rechtsanwälte. Ziel der Richtlinie ist die Liberalisierung, Vereinfachung und Regulierung der Niederlassung europäischer Anwälte innerhalb Europas.[56] Durch das Inkrafttreten dieser Richtlinie erübrigen sich viele Hindernisse, insbesondere in den Ländern, in denen Rechtsberatungsmonopole zugunsten der Anwälte des Aufnahmestaats bestanden, da dort die Niederlassung unter dem Herkunftstitel nicht möglich war.[57] In anderen Ländern war die Rechtslage vor dem Inkrafttreten der Richtlinie unklar bzw. ei-

---

bildungszeit. Das wiederum bedeutet, dass im Falle einer juristischen Ausbildung – z.B. im Falle Deutschlands – das Erste Staatsexamen nicht isoliert in den Anwendungsbereich der Richtlinie fällt. Das Assessorexamen ist notwendige Voraussetzung zur Zulassung zum reglementierten Beruf „Rechtsanwalt“ in Deutschland, vgl. *Hartung/Holl*, vor § 34 Rn. 62. Die Rechtslage gestaltet sich anders, wenn – wie etwa in Spanien – der Universitätsabschluss unmittelbaren Zugang zum Beruf des Anwalts gewährt. Hier fällt bereits das Universitätsexamen in den Anwendungsbereich der Richtlinie 89/48/EWG.

53 Nur Dänemark hat einen Anpassungslehrgang zugelassen, die anderen Mitgliedstaaten haben die Eignungsprüfung eingeführt, vgl. *Hartung/Holl*, BORA vor § 34 Rn. 61. Die Einführung der Eignungsprüfung erscheint vor dem Hintergrund der Systematik der aktuellen Integration des europäischen Anwalts auch konsequent. Der Anpassungslehrgang droht die Voraussetzung der dreijährigen, effektiven und regelmäßigen Tätigkeit gem. Art. 10 I der Niederlassungsrichtlinie zu verwässern. Mit Ableisten eines Anpassungslehrgangs würde der europäische Anwalt im Rahmen der Hochschuldiplomanerkennungsrichtlinie u.U. niedrigere Anforderungen erfüllen als im Rahmen der dreijährigen Tätigkeit im Rahmen der Niederlassungsrichtlinie.

54 Vgl. *Lach*, NJW 2000, 1609, 1610.

55 Richtlinie 98/5/EG des Europäischen Parlaments und des Rates vom 16.2.1998 zur Erleichterung der ständigen Ausübung des Rechtsanwaltsberufs in einem anderen Mitgliedstaat als dem, in dem die Qualifikation erworben wurde, ABl.EG Nr. L 77/36 vom 14.3.1998.

56 Vgl. *Lörcher*, BRAK-Mitt.1998, 9.

57 Insbesondere in Frankreich, Luxemburg, Griechenland, Österreich und mit Einschränkungen in Italien war dies der Fall; vgl. *Ewig*, BRAK-Mitt. 1996, 13, 14. In Deutschland war die Niederlassung eines ausländischen Anwalts unter seiner Herkunftsbezeichnung in der alten Fassung des § 206 BRAO geregelt. Dieser bestimmte, dass sich ein ausländischer Anwalt unter seiner Herkunftsbezeichnung im Bundesgebiet niederlassen kann, allerdings mit der Einschränkung, dass er nicht im deutschen Recht beraten darf. Zur Bedeutung des § 206 BRAO vgl. unten B. IV. 7.

ne Beratungskonkurrenz unerwünscht, sodass es praktische Schwierigkeiten gab.[58]

Die Europäische Kommission als Gesetzesinitiator war der Auffassung, dass nur dann ein Bedürfnis für eine Niederlassungsrichtlinie besteht, wenn die Rechtsanwaltschaft eine solche wünscht. Die Europäische Kommission beauftragte deshalb den Rat der Europäischen Anwaltschaften (CCBE), einen Entwurf für eine Niederlassungsrichtlinie auszuarbeiten.[59] Nach fünfzehnjähriger Arbeit einigten sich die nationalen Anwaltschaften auf einen Kompromiss.[60] Auf der Basis dieses CCBE-Entwurfs legte die Europäische Kommission am 30. März 1995 einen Vorschlag zur Niederlassungsrichtlinie vor.[61] Zunächst bestimmte dieser Entwurf, dass der niedergelassene europäische Rechtsanwalt nach dreijähriger Tätigkeit im Aufnahmestaat gezwungen war, die Berufsbezeichnung des Aufnahmestaats anzunehmen – und nur noch unter dieser tätig zu sein – oder die Niederlassung im Aufnahmestaat aufzugeben.[62]

Nach Art. 10 I der endgültigen Fassung der Niederlassungsrichtlinie kann der niedergelassene europäische Rechtsanwalt nunmehr nach dreijähriger „effektiver" und „regelmäßiger" Tätigkeit im Aufnahmestaat und im Recht des Aufnahmestaats bzw. im Gemeinschaftsrecht die Berufsbezeichnung des Aufnahmestaats erlangen.[63] Er ist jedoch nach drei Jahren nicht verpflichtet, diesen Antrag zu stellen, sondern kann seine Tätigkeit unter der Bezeichnung seiner heimatlichen Berufszeichnung weiterführen.[64]

Für niedergelassene europäische Anwälte kann der Aufnahmemitgliedstaat gem. Art. 5 III der Richtlinie bestimmen, dass der unter seiner ursprünglichen Berufs-

58 *Ewig*, BRAK-Mitt. 1996, 13, 14.

59 Vgl. *Lörcher*, BRAK-Mitt. 1998, 9, 10.

60 „CCBE Kompromiss von Lissabon", abgedruckt in: BRAK-Mitt. 1993, 3 ff.

61 KOM (1994) 572 endg., ABl.EG 1995 Nr. C-128/6 vom 25.5.1995, auszugsweise abgedruckt in: BRAK-Mitt. 1995, 104 f.

62 Vgl. *Hellwig*, AnwBl. 1997, 556.

63 Vgl. auch unten B. IV. 6. a) cc). Die Begriffsbildung „effektiv und regelmäßig" geht auf zwei Urteile des EuGH zurück: Einerseits urteilte der EuGH in der Sache *Van de Bijl* (EuGH EuZW 1990, 512), dass es im Rahmen der Anerkennung der selbstständigen Ausübung des Malergewerbes darauf ankomme, dass die mehrjährige Tätigkeit „tatsächlich in einem Mitgliedstaat ausgeübt wurde". Dabei wird gefordert, „dass die wirkliche und tatsächliche Tätigkeit während eines bestimmten Zeitraums, die allenfalls wegen kurzer Krankheit oder üblicher Urlaubszeiten unterbrochen sein dürfte". In der Rechtssache Klopp (Slg. 1984, 2971 = EuGH NJW 1985, 1275 ff.) urteilte der EuGH, dass es einem Anwalt möglich sein müsse, innerhalb der EU mehr als einen Ort zur Ausübung seiner garantierten Niederlassungsfreiheit zu haben. Konsequent wurde in der Niederlassungsrichtlinie der Begriff „regelmäßige" Tätigkeit übernommen.

64 Vgl. *Hellwig*, AnwBl. 1997, 556.

bezeichnung tätige Rechtsanwalt einen inländischen Einvernehmensanwalt hinzuzieht, wenn er den Mandanten vor Gericht verteidigt oder vertritt.[65]

4. Erfolglose Anfechtung der Niederlassungsrichtlinie

Das Großherzogtum Luxemburg erhob Nichtigkeitsklage gegen die Niederlassungsrichtlinie gem. Art. 230 I EG-Vertrag vor dem EuGH.[66] Die Klage wurde damit begründet, dass die Richtlinie die Rechtsanwaltschaft des Aufnahmestaats diskriminiere und weder den Verbraucherschutz noch die geordnete Rechtspflege gewährleiste.[67] Mit Urteil vom 7. November 2000 wies der EuGH die Klage ab und erklärte die Niederlassungsrichtlinie für gültig. Die Argumentation Luxemburgs und die Entscheidung des EuGH soll nachfolgend kurz skizziert werden.[68]

a) Geordnete Rechtspflege und Verbraucherschutz

Luxemburg war der Auffassung, dass die Niederlassungsrichtlinie weder einen ausreichenden Verbraucherschutz gewährleiste noch eine geordnete Rechtspflege garantiere.[69] Aufgrund der Tatsache, dass durch die Richtlinie jegliche Verpflichtung zur Ausbildung im Recht des Aufnahmestaats beseitigt werde, entstünde zum Nachteil des Mandanten das Risiko, dass ein Rechtsanwalt in dem ihm unbekannten nationalen Recht praktiziere. Dieses Risiko gehe demnach zulasten des Verbraucherschutzes und einer geordneten Rechtspflege.[70] Dem tritt der EuGH mit dem Argument entgegen, dass der Mandant gem. Art. 4 der Richtlinie anhand der Berufsbezeichnung des europäischen Rechtsanwalts erkennen könne, dass dieser keine inländische Ausbildung absolviert habe.[71] Des Weiteren müsse nach Art. 6 der Richtlinie der europäische Rechtsanwalt die Berufsregeln sowohl des Herkunftslandes als auch des Aufnahmestaats beachten. Gemäß Art. 7 der Richtlinie sind auch die Regeln über Disziplinarverfahren des Aufnahmestaats einschlägig. Ebenfalls müsse der europäische Rechtsanwalt eine den Anforderungen des Art. 6 III der Richtlinie genügende Berufshaftpflichtversicherung vorlegen. Im Übrigen stellt der EuGH klar, dass die Verpflichtung zur Kenntnis des Rechts des Aufnahmestaats nicht beseitigt werde, sondern der

65 Im deutschen Umsetzungsgesetz (EuRAG) wurde davon kein Gebrauch gemacht.

66 EuGH-Urteil zur Rs. C-168/98 vom 7.11.2000, Slg. 2000, I-9131 (Luxemburg).

67 *Klein/Ott/Zerdick*, S. 15.

68 Im Übrigen hatte Luxemburg moniert, dass die Niederlassungsrichtlinie auf einer falschen Rechtsgrundlage beruhe und eine unzureichende Begründung der Richtlinie gerügt.

69 *Klein/Ott/Zerdick*, S. 15.

70 Vgl. EuGH-Urteil zur Rs. C-168/98 vom 7.11.2000, Slg. 2000, I-9131 (Luxemburg), Rn. 30.

71 EuGH-Urteil zur Rs. C-168/98 (Luxemburg), a.a.O., Rn. 34.

Anwalt lediglich von der Pflicht eines vorherigen Nachweises befreit werde, um ihm die Ausübung der Niederlassungsfreiheit zu erleichtern.[72]

b) Inländergleichbehandlung

Aufgrund der Tatsache, dass Luxemburg keine eigene juristische Universitätsausbildung anbietet, wurde traditionell von in- und ausländischen Anwälten, die sich in Luxemburg niederlassen wollten, eine Zusatzprüfung im luxemburgischen Recht verlangt.[73] Wegen der Niederlassungsrichtlinie durfte diese Zusatzprüfung nun nicht mehr für die ausländischen europäischen Anwälte verlangt werden. Daher war Luxemburg der Auffassung, dass dies eine Ungleichbehandlung für die inländischen Rechtsanwälte begründen würde, da diese jedenfalls die Zusatzprüfung ableisten müssten.[74] Die Richtlinie verstoße daher gegen Artt. 43 II i.V.m. 52 II EG-Vertrag. Der in Art. 52 II EG-Vertrag zum Ausdruck kommende Gleichheitsgrundsatz, der am Recht des Aufnahmestaats zu messen ist, werde verletzt, da der inländische Rechtsanwalt aufgrund der nationalen Rechtsordnung Luxemburgs die Zusatzqualifikation des Luxemburger Rechts nachweisen muss, nicht aber der europäische Rechtsanwalt. Die Selbstständigkeit und die mangelnde Ähnlichkeit der nationalen Rechtsordnungen würden es gebieten, die Kenntnisse des nationalen Rechts vor der praktischen Anwendung nachzuweisen.[75] Der EuGH verneint in seiner Urteilsbegründung einen Verstoß gegen das Prinzip der Inländergleichbehandlung mit der Begründung, dass eine umgekehrte Diskriminierung schon deshalb nicht vorläge, da es an der Vergleichbarkeit der Sachverhalte fehle.[76] Den sich niederlassenden europäischen Rechtsanwälten würden bei der Ausübung ihrer Tätigkeit Bedingungen und Beschränkungen auferlegt, die für die inländischen Anwälte keine Geltung hätten. Einerseits seien den sich niederlassenden europäischen Rechtsanwälten gem. Art. 5 II der Richtlinie solche Tätigkeiten verboten, die mit der Ausübung eines

---

72 EuGH-Urteil zur Rs. C-168/98 (Luxemburg), a.a.O., Rn. 43.

73 Man befürchtete in Luxemburg, dass aufgrund der Niederlassungsrichtlinie eine Schwemme von europäischen Rechtsanwälten sich im Land wegen der europäischen Gerichte niederlassen würde.

74 Vgl. auch *Hartung/Holl*, BORA vor § 34 Rn. 93.

75 Vgl. zur Argumentation Luxemburgs das EuGH-Urteil in der Rs. C-168/98 vom 7.11.2000, Slg. 2000, I-9131 (Luxemburg), Rn. 17-21.

76 Im Übrigen nimmt der EG-Vertrag „Inländerdiskriminierungen“ in Kauf. Im Rahmen der Dienstleistungsrichtlinie konnten ausländische europäische Rechtsanwälte schon vor dem 1.1.2000 unter den Voraussetzungen des Rechtsanwaltsdienstleistungsgesetzes vor jedem Gericht in Deutschland auftreten, während der deutsche Rechtsanwalt bis zum 31.12.1999 im Rahmen des für deutsche Rechtsanwälte geltenden Lokalisationsprinzip nur vor dem Gericht auftreten, bei dem er zugelassen war (EuGHE 1988, 1123, 1165, Rn. 42 – Kommission ./. BR Deutschland).

öffentlichen Amtes einhergingen.[77] Andererseits könnten die Mitgliedstaaten die forensische Tätigkeit des sich niederlassenden europäischen Rechtsanwalts an bestimmte Voraussetzungen knüpfen, so z.B. das Erfordernis eines Einvernehmensanwalts und besondere Qualifikationen als Voraussetzung für den Zugang zu den höchsten Gerichten gem. Art. 5 III der Richtlinie.[78]

Schließlich sei eine Verwechselung der Berufsbezeichnungen des inländischen Rechtsanwalts mit dem des sich niederlassenden europäischen Rechtsanwalts durch die Pflicht des Führens seiner ursprünglichen Berufsbezeichnung gem. Art. 4 I der Richtlinie ausgeschlossen.[79] Bei der Argumentation des EuGH im Hinblick auf die Vergleichbarkeit der Sachverhalte kommt es demnach nicht auf das aus dem deutschen Verfassungsrecht bekannten Merkmal der „gemeinsamen Gruppe“ an, sondern auf den durch die Normen geregelten Sachverhalt und deren Wirkung. Danach ist nicht erkennbar, dass die inländischen Rechtsanwälte durch die Richtlinie diskriminiert werden. Sie erhalten nach erfolgreichem Abschluss ihres Studiums die Zulassung zur Anwaltschaft mit einer genau geregelten Berufsbezeichnung. Dies gilt auch für die europäischen Anwälte in ihren Herkunftsländern. Entschließen sich diese, sich in einem anderen Mitgliedstaat niederzulassen, müssen sie weiterhin unter ihrer ursprünglich im Herkunftsland erworbenen Berufsbezeichnung tätig werden.

5. Abgrenzung von anwaltlicher Niederlassung und Dienstleistung

In der Praxis können Schwierigkeiten im Hinblick auf die Differenzierung zwischen Niederlassung und Dienstleistung eines Rechtsanwalts auftreten. Diese Schwierigkeiten hat der EuGH versucht zu „entwirren“.[80] Danach liegt eine Niederlassung vor, wenn der Betreffende in „stabiler und kontinuierlicher Weise eine Berufstätigkeit in einem anderen Mitgliedstaat ausübt, indem er sich von einem Berufsdomizil aus u.a. an die Angehörigen des Staates wendet“.[81] Hierbei ist es nicht notwendig, dass das Berufsdomizil die Form der Zweigniederlassung hat. Es kann vielmehr „durch ein Büro wahrgenommen werden, das von dem ei-

---

77 Für Deutschland wäre dies die Notarstätigkeit. Dies ist bereits in Art. 45 EG-Vertrag geregelt, Art. 5 II der Richtlinie hat insofern nur deklaratorischen Charakter.

78 Das Erfordernis eines Einvernehmensanwalts hat bereits im Rahmen der Dienstleistungsrichtlinie zu heftigen Diskussionen darüber geführt, ob dies mit dem Gemeinschaftsrecht vereinbar sei, da darin teilweise eine Diskriminierung des europäischen Rechtsanwalts im Vergleich mit dem inländischen Rechtsanwalt gesehen wurde.

79 EuGH-Urteil zur Rs. C-168/98 vom 7.11.2000, Slg. 2000, I-9131 (Luxemburg), Rn. 22-29.

80 EuGH-Urteil, Rs. C-55/94 vom 30.11.1995, Slg. 1995, I-4165 (Gebhard) = EuGH NJW 1996, 579 ff.

81 EuGH-Urteil, Rs. C-55/94 vom 30.11.1995, Slg. 1995, I-4165 (Gebhard) = EuGH NJW 1996, 579, 580.

genen Personal des Unternehmers oder von einer Person geführt wird, die zwar unabhängig, aber beauftragt ist, auf Dauer für dieses Unternehmen wie eine Agentur zu handeln".[82]

Wird der Anwalt dagegen nur vorübergehend in einem anderen Mitgliedstaat tätig, handelt es sich um eine Dienstleistung. „Vorübergehend" ist „unter Berücksichtigung ihrer Dauer, ihrer Häufigkeit, ihrer regelmäßigen Wiederkehr und Kontinuität zu beurteilen".[83] Diese Definition erleichtert nicht unbedingt die Abgrenzung in der Praxis. Vielfach wird deshalb das Merkmal „Tätigkeitsschwerpunkt" herangezogen. Danach liegt eine Dienstleistung deshalb nur vor, wenn sich der Tätigkeitsschwerpunkt des Leistungserbringers in einem anderen Mitgliedstaat als dem Aufnahmestaat befindet.[84] Konkret bedeutet dies, dass der europäische Rechtsanwalt ein voll eingerichtetes Büro („Infrastruktur") mit nicht-juristischen Mitarbeitern und allen medialen Hilfsmitteln einrichten kann; dies stellt noch kein Indiz einer Niederlassung dar. Abgestellt wird vielmehr auf die Präsenz des Anwalts, also auf seinen Tätigkeitsschwerpunkt.[85] In der Praxis bedeutet dies, dass beispielsweise ein deutscher Rechtanwalt während der Sommermonate seine anwaltliche Tätigkeit auf Mallorca in einer komplett ausgestatteten Kanzlei mit Angestellten ausüben kann, ohne sich bei der örtlichen (spanischen) Kammer zulassen zu müssen.[86] Die Dienstleistungsfreiheit selbst umfasst alle erdenklichen Arten von Dienstleistung, also die „positive Dienstleistungsfreiheit", die „negative Dienstleistungsfreiheit" und die „Korrespondenzdienstleistung".[87]

„Positive Dienstleistungsfreiheit" liegt vor, wenn der Anwalt sich tatsächlich in einen anderen Mitgliedstaat begibt und dort anwaltlich tätig wird.[88] Eine „negative Dienstleistungsfreiheit" ist gegeben, wenn der ausländische Mandant in den Staat seines Anwalts reist, um dort Dienstleistungen entgegen zu nehmen.[89] Bei der „Korrespondenzdienstleistung" verbleiben Anwalt und Mandant jeweils in ihren Ländern; es findet eine Fernkommunikation statt.[90]

---

82 EuGH NJW 1996, 579, 580 (Gebhard).

83 EuGH NJW 1996, 579, 580 (Gebhard).

84 Vgl. *Klein/Ott/Zerdick*, S. 22.

85 Vgl. auch *Hartung/Holl*, BORA vor § 34 Rn. 21-22.

86 Ein konkret zeitlicher Rahmen ist in den drei „Rechtsanwaltsrichtlinien" nicht definiert.

87 Vgl. auch *Klein/Ott/Zerdick*, S. 58.

88 *Klein/Ott/Zerdick*, S. 58.

89 Vgl. *Hartung/Holl*, BORA vor § 34 Rn. 8.

90 Diese kann per Telefon, Brief, Telefax oder weiterer elektronischer Mittel stattfinden, vgl. EuGH NJW 1991, 2693 f. (*Säger*).

6. Auswirkungen auf das deutsche Anwaltsberufsrecht

Das Gesetz über die Tätigkeit europäischer Rechtsanwälte in Deutschland (EuRAG)[91] setzt die Niederlassungs-, Dienstleistungs- und Diplomanerkennungsrichtlinie unter Aufhebung des Rechtsanwaltsdienstleistungsgesetzes (RADG)[92] und des Eignungsprüfungsgesetzes (EPG)[93] um. Es ist am Tag des Ablaufs der Umsetzungsfrist (14. März 2000) in Kraft getreten.[94] Das EuRAG gilt gem. §§ 1, 25 EuRAG für die Staatsangehörigen der Europäischen Union und des Europäischen Wirtschaftsraums, die berechtigt sind, als Rechtsanwälte unter der in der Anlage zu § 1 EuRAG genannten Berufsbezeichnungen selbstständig tätig zu sein.[95]

a) Niedergelassene Tätigkeit in Deutschland[96]

aa) Formelle Voraussetzungen

Gemäß § 2 EuRAG darf der europäische Rechtsanwalt seine Tätigkeit im deutschen Recht ausüben. Voraussetzung dafür ist, dass er sich in einem deutschen Kammerbezirk „niedergelassen" hat. Zur Niederlassung gehört auch, dass er gem. §§ 3, 4 EuRAG bei der örtlichen Kammer unter der Berufsbezeichnung seines Herkunftslandes zugelassen wurde. Damit wird seine Tätigkeit als nicht nur „vorübergehend", sondern dauerhaft eingestuft.[97] § 4 II EuRAG regelt, dass

---

91 Gesetz über die Tätigkeit europäischer Rechtsanwälte in Deutschland (EuRAG) vom 9.3.2000, BGBl. I, 182, BGBl. III 303-19, zuletzt geändert durch Gesetz zur Einführung des Euro in Rechtspflegegesetzen und in Gesetzen des Straf- und Ordnungswidrigkeitenrechts, zur Änderung der Mahnvordruckverordnungen sowie zur Änderung weiterer Gesetze vom 13.12.2001, BGBl. I, 3574.

92 Rechtsanwaltsdienstleistungsgesetz (RADG) vom 16.8.1980 (BGBl. 1980, 1453) zuletzt geändert durch Art. 8 des Gesetzes vom 2.9.1994 (BGBl. 1994, 2278).

93 Gesetz über die Eignungsprüfung für die Zulassung zur Rechtsanwaltschaft (EPG) vom 6.7.1990 (BGBl. I, 1349), zuletzt geändert durch Art. 2 der Verordnung vom 29.1.1995 (BGBl. I, 142).

94 Vgl. Art. 10 des Gesetzes zur Umsetzung von Richtlinien der Europäischen Gemeinschaft auf dem Gebiet des Berufsrechts der Rechtsanwälte, BGBl. I 2000, 192.

95 Zur Zeit sind dies der Avocat, der Advocaat, der Rechtsanwalt aus Belgien; der Advokat aus Dänemark; der Asianajaja, der Advokat aus Finnland; der Avocat aus Frankreich; der Dikigoros aus Griechenland; der Advocate, der Barrister, der Solicitor aus Großbritannien; der Barrister, der Solicitor aus Irland; der Avvocato aus Italien; der Avocat aus Luxemburg; der Advocaat in den Niederlanden; der Rechtsanwalt aus Österreich; der Advogado aus Portugal; der Advokat aus Schweden; der Abogado, der Advocat, der Avogado, der Abokatu aus Spanien; der Lögmaur aus Schweden; der Rechtsanwalt aus Liechtenstein; der Advokat aus Norwegen.

96 Zum Begriff der Niederlassung vgl. oben unter B. IV. 5.

97 Zur Abgrenzung von „Dienstleistung" und „Niederlassung" vgl. oben B. IV. 5.

die regionale deutsche Rechtsanwaltskammer dann die Zulassung zu widerrufen hat, wenn die Berufsausübung im Herkunftsland dauernd entzogen ist.[98]

Damit stellt das EuRAG klar, dass der Hintergrund zur Berufsausübung der anwaltlichen Tätigkeit eines europäischen Rechtsanwalts entscheidend von der Qualifikation im Herkunftsstaat abhängt. Verwirkt der europäische Rechtsanwalt seine Zulassung im Herkunftsstaat, so verwirkt er gleichzeitig sein Recht, seine Tätigkeit in Deutschland auszuüben.[99] Die Notwendigkeit zur Einführung eines Einvernehmensanwalts wurde im Rahmen der Umsetzung der Niederlassungsrichtlinie nicht gesehen.[100] In der Gesetzesbegründung zum EuRAG heißt es hierzu:

> „Daß im Rahmen der Umsetzung der Dienstleistungsrichtlinie ein Einvernehmensanwalt vorgesehen ist, erscheint sachgerecht, weil es sich bei der grenzüberschreitenden Dienstleistung um eine vorübergehende und häufig einmalige Tätigkeit handelt. Bei dem ausländischen Rechtsanwalt (...) muß deshalb mit unzureichenden Kenntnissen des deutschen Verfahrensrechts gerechnet werden; außerdem kann es, weil er im Inland keine Kanzlei unterhält, zu Zustellungsproblemen kommen. Hingegen kann von Rechtsanwälten mit ausländischer EU-Qualifikation, die sich auf Dauer in der Bundesrepublik Deutschland niederlassen, erwartet werden, daß sie sich intensiv mit dem inländischen Prozeß- und Verfahrensrecht befassen, soweit sie Tätigkeiten im Bereich der Rechtspflege anstreben. Zudem muss der unter seiner ursprünglichen Berufsbezeichnung tätige Rechtsanwalt im Inland eine Kanzlei unterhalten. Ladungen und Zustellungen können dort bewirkt werden. Das Argument, der Einvernehmensanwalt sei als Zustellungsbevollmächtigter erforderlich, fällt hier deshalb weg."[101]

bb) Rechte und Pflichten

Der europäische Anwalt muss sich gem. § 5 EuRAG unter seinem „Heimattitel" niederlassen, also unter der in seinem Herkunftsstaat erworbenen Berufsbezeichnung.[102] Wer sich „Rechtsanwalt" nach der Berufsbezeichnung seines Herkunftslandes nennen kann (Österreich, Liechtenstein, Belgien) muss gem. § 5 I EuRAG zusätzlich die Berufsorganisation angeben, der er angehört. Im Übrigen darf der niedergelassene europäische Rechtsanwalt gem. § 5 II EuRAG im beruflichen Verkehr den Zusatz „Mitglied der Rechtsanwaltskammer" verwenden, um auf seine Zugehörigkeit zu einer deutschen Regionalkammer aufmerksam zu machen.

---

98 Damit korrespondiert auch § 6 IV EuRAG, der bestimmt, dass der niedergelassene europäische Rechtsanwalt seine Berufsausübung in Deutschland einzustellen hat, wenn ihm die Berechtigung zur Berufsausübung im Herkunftsland vorläufig, zeitweilig oder dauernd entzogen worden ist.

99 Vgl. *Franz*, BB 2000, 989, 995.

100 Vgl. oben B. IV. 4. b). Für die dienstleistende Tätigkeit sieht § 28 EuRAG in Fortführung der Regelung des RADG den Einvernehmensanwalt weiterhin vor, vgl. unten B. IV. 6. c).

101 Vgl. BR-Drucks. 567/99, 44 f.

102 Vgl. oben B. IV. 6. a) aa) und Anlage zu § 1 EuRAG.

§ 6 EuRAG definiert die berufliche Stellung des niedergelassenen europäischen Rechtsanwalts und verweist in seinem Absatz 1 gleichzeitig auf die Vorschriften des Dritten, Vierten, Sechsten, Siebenten, Neunten bis Elften und Dreizehnten Teil der Bundesrechtsanwaltsordnung.

Die Verweisung auf den Dritten Teil der Bundesrechtsanwaltsordnung (Rechte und Pflichten des Rechtsanwalts und die berufliche Zusammenarbeit der Rechtsanwälte) korrespondiert mit Artt. 6 (Berufs- und Standesregeln), 7 I (Disziplinarverfahren) und 8 (Berufsausübung im abhängigen Beschäftigungsverhältnis), 9 (Begründung und Rechtsmittel) und 11 (Gemeinsame Ausübung des Rechtsanwaltsberufs) der Niederlassungsrichtlinie.[103]

Die Verweisung auf den Vierten Teil der Bundesrechtsanwaltsordnung (Rechtsanwaltskammern) korrespondiert mit Art. 6 (Berufs- und Standesregeln) der Niederlassungsrichtlinie. Damit wird eine ordnungsgemäße Vertretung der europäischen Rechtsanwälte in der deutschen Regionalkammer sichergestellt.[104]

Nicht verwiesen wird auf den Fünften Teil der Bundesrechtsanwaltsordnung (Anwaltsgericht, Anwaltsgerichtshof, Bundesgerichtshof für Anwaltssachen). Dies bedeutet, dass die unter ihrer ursprünglichen Berufsbezeichnung tätigen niedergelassenen europäischen Rechtsanwälte nicht im Rahmen einer Richtertätigkeit in den Anwaltsgerichten aktiv werden können.[105]

Durch die Verweisung auf den Sechsten und Siebten Teil der Bundesrechtsanwaltsordnung (anwaltsgerichtliche Ahndung, anwaltsgerichtliches Verfahren) wird deutlich gemacht, dass der niedergelassene europäische Anwalt vollumfänglich dem deutschen Anwaltsberufsrecht unterliegt.[106]

Die Nichtverweisung auf den Achten Teil der Bundesrechtsanwaltsordnung (Rechtsanwaltschaft beim BGH) entspricht Art. 5 III der Niederlassungsrichtli-

---

103 Danach gelten für den niedergelassenen europäischen Rechtsanwalt die „Grundregeln" wie z.B. § 43b (Recht zur Werbung), § 43c (Recht zum Erwerb von Fachanwaltstiteln), § 46 (Recht zur Syndikustätigkeit), § 49b II (Verbot des Erfolgshonorars), § 51 (Pflicht zur Haftpflichtversicherung), § 59a (Recht zur multidisziplinären Partnerschaft) usw.

104 Der deutsche Gesetzgeber geht sogar noch über die Vorgaben der Richtlinie hinaus, indem er dem unter der ursprünglichen Berufsbezeichnung niedergelassenen europäischen Rechtsanwalt neben dem aktiven auch das passive Wahlrecht bei Wahlen im Rahmen der Selbstverwaltung einräumt.

105 Dies wird auch weder von der Niederlassungsrichtlinie gefordert noch ist dies vor dem Hintergrund des Art. 45 EG geboten, vgl. oben B. IV. 4. b).

106 Das Problem der „doppelten Standesregeln" ist nur begrenzt gelöst. Zwar bestimmt § 115b BRAO, dass im Falle einer anderweitigen Ahndung die anwaltsgerichtliche (deutsche) zurücktreten kann (also in dem Falle, dass schon der Herkunftsstaat z.B. eine Disziplinarmaßnahme verhängt hat). Die Problematik allerdings, dass ein und derselbe Verhalten in einem Mitgliedstaat zwar sanktioniert, in einem anderen jedoch geboten ist, wird durch die BRAO nicht gelöst; vgl. dazu auch oben B. IV. 1.

nie, wonach es dem Aufnahmestaat überlassen bleibt, z.B. bestimmte Zugangsbeschränkungen auch für die Zulassung zu den höchsten Gerichten vorzubehalten. Dies soll das ordnungsgemäße Funktionieren der Rechtspflege sicherstellen. Damit ist den unter ihrer Ursprungsbezeichnung niedergelassenen europäischen Rechtsanwälten der Zugang zum Bundesgerichtshof verwehrt.[107]

Im Übrigen hat der niedergelassene europäische Rechtsanwalt nach § 7 EuRAG eine § 51 BRAO entsprechende Berufshaftpflichtversicherung nachzuweisen.[108]

cc) Volleingliederung

Nach den §§ 11 ff. EuRAG haben in Deutschland niedergelassene europäische Rechtsanwälte die Möglichkeit der vollständigen Integration in die deutsche Anwaltschaft. Dies bedeutet, dass der europäische Rechtsanwalt die deutsche Berufsbezeichnung „Rechtsanwalt" verliehen bekommt, ohne dabei die Berufsbezeichnung seines Herkunftslandes zu verlieren.[109] Dies kann auf zweierlei Art und Weise erfolgen.

Einerseits besteht für den europäischen Rechtsanwalt gem. § 11 I EuRAG die Möglichkeit, in Deutschland als „Rechtsanwalt" zugelassen zu werden, wenn er eine mindestens dreijährige, effektive und regelmäßige Tätigkeit auf dem Gebiet des deutschen Rechts, einschließlich des Gemeinschaftsrechts, nachweist.[110] Dabei bedeutet „effektiv" und „regelmäßig" die tatsächliche Ausübung des Berufs ohne Unterbrechung, wobei Unterbrechungen des täglichen Lebens gem. § 11 I 2 EuRAG außer Betracht bleiben. Damit übernimmt das deutsche EuRAG die Regelungen aus Art. 10 I der Niederlassungsrichtlinie. § 11 II und III EuRAG definieren Unterbrechungen und deren Folgen. Erfüllt der europäische Anwalt die Voraussetzungen und kann er sie nach § 12 EuRAG nachweisen, so hat er einen Anspruch auf Zulassung als Rechtsanwalt.[111]

Andererseits kann der europäische Rechtsanwalt gem. § 13 I EuRAG den Antrag auf Zulassung zur deutschen Rechtsanwaltschaft stellen, wenn er zwar drei Jahre effektiv und regelmäßig als niedergelassener Rechtsanwalt in Deutschland

---

107 Vgl. BR-Drucks. 567/99, 65: „Das geltende Zulassungsverfahren soll gewährleisten, dass auch ohne zusätzliche Zulässigkeitsprüfung den erhöhten sachlichen und persönlichen Anforderungen Rechnung getragen wird."

108 Dies entspricht der Regelung des Art. 6 III der Niederlassungsrichtlinie. Zum einen soll der Verbraucherschutz gewährleistet sein und zum anderen sollen gleiche Bedingungen im Hinblick auf Wettbewerbsbedingungen hergestellt werden; vgl. *Klein/Ott/Zerdick*, S. 31.

109 *Klein/Ott/Zerdick*, S. 36.

110 Vgl. oben unter B. IV. 3.

111 Keineswegs ist der europäische Rechtsanwalt verpflichtet, nach drei Jahren den Antrag zu stellen, vgl. oben B. IV. 3.

praktiziert hat, jedoch im deutschen Recht nur eine kürzere Zeit tätig war. In diesem Fall überprüft die Landesjustizverwaltung gem. § 13 II EuRAG, ob der Antragsteller in einem Gespräch nach § 15 EuRAG die Voraussetzungen für die Integration in die deutsche Anwaltschaft erfüllt. Nach § 13 II EuRAG kann der Antragsteller Kenntnisse im deutschen Recht durch Teilnahmebestätigungen an Kursen und Seminaren vorlegen. Ebenso muss die Behörde gem. § 15 Satz 2 EuRAG zusätzlich Art und Umfang der beruflichen Tätigkeit sowie Berufserfahrungen im deutschen Recht berücksichtigen. Angesichts der Tatsache, dass keine weiteren Vorgaben für dieses „Prüfungsgespräch" vorliegen, besteht ein großer Beurteilungsspielraum der Landesjustizverwaltung, der europarechtskonform ausgeübt werden muss.[112]

b) Eignungsprüfung

Eine weitere Möglichkeit der Zulassung zur deutschen Anwaltschaft für europäische Rechtsanwälte besteht in der Absolvierung einer Eignungsprüfung. Die §§ 16 ff. EuRAG regeln die Voraussetzungen zum Ablegen der Eignungsprüfung.[113] Damit wurden die Bestimmungen des Gesetzes über die Eignungsprüfung für die Zulassung zur Rechtsanwaltschaft vom 6. Juli 1990[114], das seinerseits wiederum für die Rechtsanwaltschaft die Hochschuldiplomanerkennungsrichtlinie[115] umgesetzt hatte, in das EuRAG übernommen. Obwohl die inhaltlichen Anforderungen unter denen des Zweiten Staatsexamens liegen, wurden zwischen 1991 und 2000 nur 251 Eignungsprüfungen abgelegt, wobei davon 191 Prüfungen bestanden wurden.[116] Nach § 16 EuRAG kann danach ein Staatsangehöriger eines Mitgliedstaats der Europäischen Union oder eines anderen Vertragsstaats des Abkommens über den Europäischen Wirtschaftsraum, der eine Berufsausbildung abgeschlossen hat, die zum unmittelbaren Zugang zum Beruf eines europäischen Rechtsanwalts berechtigt, eine Eignungsprüfung ablegen. Entscheidendes Kriterium ist danach die Berufsausbildung, die „unmittelbar" den Zugang zum Beruf eines europäischen Rechtsanwalts berechtigt.[117] Nicht ausreichend ist daher das juristische Universitätsexamen ohne Praxiszeit, wenn diese notwendige Voraussetzung zum Zugang des Berufs als Rechtsanwalt ist.[118] Keine Voraussetzung ist hingegen, dass der Kandidat schon in einem anderen Mitgliedstaat tatsächlich zur Anwaltschaft zugelassen war.[119] Wird die

112 Vgl. auch *Klein/Ott/Zerdick*, S. 46, 47.

113 Vgl. oben B. IV. 2.

114 BGBl. I, 1349.

115 ABl.EG Nr. L 19, 16.

116 Vgl. Aufstellung zu Eignungsprüfungen in: BRAK-Mitt. 2000, 241.

117 Vgl. oben B. IV. 2.

118 Vgl. *Hartung/Holl*, BORA vor § 34 Rn. 62.

119 Vgl. *Lach*, NJW 2000, 1609, 1613.

Eignungsprüfung bestanden, besteht ein Anspruch des Kandidaten, zur deutschen Rechtsanwaltschaft zugelassen zu werden.[120]

c) Dienstleistende Tätigkeit in Deutschland[121]

§§ 25 ff. EuRAG regeln die vorübergehende Dienstleistung des europäischen Rechtsanwalts in Deutschland.[122] Zunächst waren die Vorgaben der „Dienstleistungsrichtlinie"[123] im „Gesetz zur Durchführung der Richtlinie des Rates vom 22. März 1977 zur Erleichterung der tatsächlichen Ausübung des freien Dienstleistungsverkehrs der Rechtsanwälte (RADLG)" aus dem Jahre 1980 umgesetzt worden.[124] Weil der EuGH 1988 einzelne Regelungen des RADLG mit der Dienstleistungsrichtlinie für unvereinbar erklärte[125], entschloss man sich in Deutschland, auch die modifizierten Regelungen über die grenzüberschreitende Dienstleistung zusammen mit den Regelungen über die Niederlassung europäischer Anwälte und der Eignungsprüfung aufgrund der Hochschuldiplomanerkennungsrichtlinie in einem einzigen Gesetz (dem EuRAG) zu regeln.[126]

Nach §§ 25, 26 EuRAG darf der europäische Rechtsanwalt unter der Berufsbezeichnung seines Herkunftsstaats in Deutschland vorübergehend tätig werden.[127] Grundsätzlich hat der dienstleistende europäische Anwalt nach § 27 EuRAG im gerichtlichen und außergerichtlichen Bereich dieselben Rechte und Pflichten wie der deutsche Rechtsanwalt.[128] Bei bestimmten Tätigkeiten hat der dienstleistende europäische Rechtsanwalt gem. § 28 EuRAG einen Einvernehmensanwalt hinzuzuziehen.[129] Dies gilt insbesondere in Verfahren mit Anwalts-

---

120 Vgl. *Lach*, NJW 2000, 1609, 1610.

121 Zum Begriff der Dienstleistung vgl. oben B. IV. 5.

122 Vgl. auch oben unter B. IV. 1.

123 ABl.EG Nr. L 78 vom 26.3.1977, 17-18.

124 BGBl. I, 1453.

125 Vgl. *Hartung/Holl*, BORA vor § 34 Rn. 39.

126 Vgl. auch oben unter B. IV. 6.

127 Das Führen der Berufsbezeichnung „Rechtsanwalt" ist damit deutschen Anwälten vorbehalten bzw. solchen europäischen Rechtsanwälten, die aufgrund einer Niederlassung mit anschließender Vollintegration in den deutschen Berufsstand gem. §§ 11 ff. EuRAG das Recht erworben haben, diese Berufsbezeichnung neben ihrem ursprünglichen Titel zu führen, vgl. *Klein/Ott/Zerdick*, S. 59.

128 § 27 EuRAG entspricht Art. 4 der Dienstleistungsrichtlinie. Danach gelten im Bereich der Rechtspflege oder vor Behörden dieselben Bedingungen wie für einheimische Anwälte. Das Erfordernis eines Wohnsitzes sowie das der Zugehörigkeit zu einer Berufsorganisation im Aufnahmestaat ist ausgeschlossen. Gewisse Beschränkungen sind freilich zulässig, z.B. nach § 27 I 2 EuRAG, wonach vor dem BGH lediglich die Rechtsanwälte gem. §§ 164 ff. BRAO auftreten dürfen; vgl. dazu auch oben B. IV. 4. b).

129 Zum Begriff des Einvernehmensanwalts vgl. oben B. IV. 1.

zwang (z.B. § 78 ZPO oder § 140 I StPO) nach § 28 I EuRAG.[130] Aufgabe des Einvernehmensanwalts ist nach § 28 II EuRAG darauf hinzuwirken, dass der dienstleistende europäische Rechtsanwalt die Erfordernisse einer geordneten Rechtspflege beachtet.[131] Gemäß § 29 I EuRAG muss der Nachweis des Einvernehmens vor der ersten Handlung gegenüber dem Gericht oder der Behörde erbracht werden.[132] Der Einvernehmensanwalt gilt nach § 31 II EuRAG auch als Zustellungsbevollmächtigter, wenn kein anderer Rechtsanwalt nach § 31 I EuRAG als Zustellungsbevollmächtigter benannt wird. Nach § 32 EuRAG wird die Beachtung der deutschen anwaltlichen Berufspflichten durch eine inländische Rechtsanwaltskammer sichergestellt.[133]

7. Exkurs: § 206 I BRAO

a) § 206 I BRAO a.F.

Vor Umsetzung der Niederlassungsrichtlinie in deutsches Recht war die Tätigkeit niedergelassener europäischer Rechtsanwälte in § 206 I BRAO a.F. geregelt.[134] Danach konnte der europäische Rechtsanwalt allerdings nur Rechtsberatung auf dem Gebiet seines Heimatrechts, des Rechts der Europäischen Gemeinschaften und des Völkerrechts erteilen bzw. in diesen Gebieten vor deutschen Gerichten auftreten.[135] Voraussetzung war, dass der europäische Rechtsanwalt in einem regionalen deutschen Kammerbezirk unter der Berufsbezeichnung seines Herkunftslandes zugelassen wird. Der europäische Anwalt wurde damit in seiner beruflichen Stellung weitgehend wie ein deutscher Rechtsanwalt behandelt.[136] In Rechtssachen, die das deutsche Recht betrafen, und in Angelegenhei-

---

130 Das EuRAG hat von Art. 5, zweiter Spiegelstrich der Dienstleistungsrichtlinie Gebrauch gemacht, vgl. oben B. IV. 1.

131 Der EuGH stellte fest, dass es weder notwendig sei, dass der Einvernehmensanwalt bei jeder mündlichen Verhandlung anwesend sei, noch dass er in das Vertragsverhältnis zwischen Mandant und dem dienstleistenden Anwalt miteinbezogen werde. Es reiche aus, wenn die Art und Weise des Einvernehmens Gewähr dafür biete, dass der dienstleistende Anwalt über die notwendige Unterstützung verfüge, um das ihm fremde Verfahrensrecht und die im Erbringungsstaat geltenden Berufs- und Standesregeln voll und ganz einzuhalten, vgl. auch *Hartung/Holl*, BORA vor § 34 Rn. 41.

132 Zur Problematik der „doppelten Standesregeln" vgl. oben B. IV. 1.

133 Anders jedoch als bei den bei einer regionalen deutschen Kammer zugelassenen Anwälten bestimmt § 34 IV EuRAG, welche regionale Kammer für welchen europäischen Rechtsanwalt zuständig ist.

134 Vgl. *Feuerich/Braun*, BRAO 3. Aufl., § 206 Rn. 3-7.

135 Vgl. auch *Klein/Ott/Zerdick*, S. 23.

136 Vgl. *Feuerich/Braun*, BRAO 3. Aufl., § 206 Rn. 4; die Erlaubnis zur geschäftsmäßigen Rechtsbesorgung nach Art. 1 § 1 Satz 2 Nr. 6 des Rechtsberatungsgesetzes wurde dem Status im Hinblick auf die Stellung und Ausbildung des Anwalts in seinem Herkunftsland

ten des § 78 ZPO (Anwaltsprozess) durfte der europäische Rechtsanwalt nur als Beistand eines zugelassenen deutschen Anwalts auftreten.[137] Vor Umsetzung der Niederlassungsrichtlinie konnte der europäische Rechtsanwalt demnach auf zwei Wegen die Möglichkeit zur unbeschränkten Tätigkeit auf dem Gebiet des deutschen Rechts erlangen. Zum einen konnte er den „deutschen Weg" einschlagen, also die Befähigung zum deutschen Richteramt (Zweites Staatsexamen) erlangen oder die Anerkennung nach der EG-Hochschuldiplomanerkennungsrichtlinie in Verbindung mit bestandener Eignungsprüfung anstreben.[138]

b) § 206 I BRAO n.F.

Aufgrund des Art. 2 Nr. 4a und b des Gesetzes vom 9. März 2000 wurde § 206 I BRAO a.F. gestrichen.[139] Die Regelung für europäische Rechtsanwälte wurde aus der Bundesrechtsanwaltsordnung herausgenommen und in ein eigenes Gesetz eingefügt.[140] § 206 BRAO n.F. wurde beschränkt auf Anwälte aus Mitgliedstaaten der World Trade Organisation (WTO) gemäß Absatz 1 und auf Anwälte anderer Staaten gemäß Absatz 2.[141] Während im Rahmen der WTO früher eine Verbürgung auf gegenseitige Anerkennung des anderen Staates erforderlich war, wird heute darauf abgestellt, dass Ausbildung und die Befugnisse des Anwalts den in der BRAO festgelegten Grundsätzen entsprechen.[142] Das Bundesministerium der Justiz bestimmt durch Rechtsverordnung, welche Anwaltsberufe aus WTO-Staaten diesen Anforderungen genügen.[143] Die praktische Relevanz des neuen § 206 BRAO ist jedoch begrenzt. Die aktuelle Statistik belegt, dass bundesweit nur 40 Fälle von WTO-Anwälten registriert sind.[144]

---

nicht gerecht. Auch die Zulässigkeit einer beruflichen Verbindung des Erlaubnisinhabers mit einem deutschen Rechtsanwalt war umstritten.

137 Vgl. *Feuerich/Braun*, BRAO 3. Aufl., § 206 Rn. 6.

138 Vgl. *Feuerich/Braun*, BRAO 3. Aufl., § 206 Rn. 7; zur Hochschuldiplomanerkennungsrichtlinie vgl. oben B. IV. 2.

139 BGBl. I, 190.

140 Vgl. dazu oben B. IV. 6.

141 Vgl. *Feuerich/Weyland*, BRAO, § 206 Rn. 3.

142 Vgl. *Feuerich/Weyland*, BRAO, a.a.O., Rn. 5.

143 Bisher sind dies der Abogado aus Argentinien; der Advogado aus Brasilien; der Advocate aus Indien; der Bengoshi aus Japan; der Barrister und der Solicitor aus Neuseeland; der Adwocat und der Radca Prawny aus Polen; der Avukat aus der Türkei; der Ügyvéd aus Ungarn und der Attorney at Law aus den USA (vgl. Übersicht aus: *Feuerich/Weyland*, BRAO, § 206 Rn. 7).

144 Vgl. Statistik der WTO-Anwälte in: Feuerich/Weyland, BRAO, § 206 Rn. 7.

8. Aktuelle Entwicklungen

Zwischenzeitlich wurde das Gesetz zur Änderung des Gesetzes über die Tätigkeit europäischer Rechtsanwälte in Deutschland und weiterer berufsrechtlicher Vorschriften für Rechts- und Patentanwälte sowie für Steuerberater verabschiedet.[145] Somit wird das Freizügigkeitsabkommen zwischen der Europäischen Union und der Schweizer Eidgenossenschaft umgesetzt.[146] Zukünftig fallen auch Rechtsanwälte aus der Schweiz in den Anwendungsbereich des EuRAG. Ebenso wird die Verordnung zur Eignungsprüfung für die Zulassung der Rechtsanwaltschaft geändert.[147] Dies wird bedingt durch die Umsetzung der Richtlinie 2001/19/EG des Europäischen Parlaments und des Rates vom 14. Mai 2001.[148] Daher muss in Zukunft die Eignungsprüfung teilweise oder ganz entfallen, wenn ein Antragsteller während seiner Berufserfahrung Kenntnisse erworben hat, die für die Berufsausübung in Deutschland erforderlich sind.[149]

9. Vereinbarkeit der europarechtlichen Grundfreiheiten mit dem nationalen Berufsrecht

a) Vorbemerkung

Als höherrangiges Recht sind die europarechtlichen Regelungen über die Grundfreiheiten auch Prüfungsmaßstab für das nationale Berufsrecht.[150] Das gilt sowohl für das gesetzliche Berufsrecht als auch für das Satzungsrecht der berufsständischen Vertretungen.[151] Jede Beschränkung wirtschaftlicher Freiheit muss sich, soweit sie den grenzüberschreitenden Wirtschaftsverkehr betrifft, an den europarechtlichen Maßstäben messen lassen.[152] In diesem Zusammenhang stel-

---

145 Gesetz zur Änderung des Gesetzes über die Tätigkeit europäischer Rechtsanwälte in Deutschland und weiterer berufsrechtlicher Vorschriften für Rechts- und Patentanwälte, Steuerberater und Wirtschaftsprüfer vom 26.10.2003, BGBl. I, 2074.

146 Schweizer Freizügigkeitsabkommen mit EU, am 1.6.2002 in Kraft getreten, BGBl. II 2001, 810.

147 Vgl. Art. 2 des Gesetzentwurfs, BR-Drucks. 240/03, 3.

148 Richtlinie 2001/19/EG des Europäischen Parlaments und des Rates vom 14.5.2001 zur Änderung der Richtlinien 89/48/EWG und 92/51/EWG des Rates über eine allgemeine Regelung zur Anerkennung beruflicher Befähigungsnachweise und der Richtlinien 77/452/EWG, 77/453/EWG, 78/686/EWG, 78/687/EWG, 78/1026/EWG, 78/1027/EWG, 80/154/EWG, 80/155/EWG, 85/384/EWG, 85/432/EWG, 85/433/EWG und 93/16/EWG des Rates über die Tätigkeiten der Krankenschwester und des Krankenpflegers, die für die allgemeine Pflege verantwortlich sind, des Zahnarztes, des Tierarztes, der Hebamme, des Architekten, des Apothekers, und des Arztes (ABl.EG Nr. L 206, 1).

149 Vgl. Begründung BR-Drucks. 240/03, 15.

150 Vgl. zu den zulässigen Schranken *Blaurock*, S. 76-81.

151 EuGH-Urteil zur Rs. C-292/92 vom 15.12.1993, Slg. 1993, I-6787 (Hünermund), Rn. 13 ff.

152 *Möstl*, WuV 2002, 213, 221.

len sich zwei Fragen, nämlich ob nationales Berufsrecht in Form von Gesetzen und Satzungen generell europarechtskonform vom Mitgliedstaat erlassen werden kann und bejahendenfalls inwieweit die spezifischen nationalen Regelungen europarechtskonforme Beschränkungen bzw. Modalitäten der europarechtlichen Grundfreiheiten zulassen.

b) Grundsatz: Uneingeschränkte Freiheit

Dazu hat der EuGH bereits vor dem Erlass der Dienstleistungsrichtlinie im Fall eines niederländischen Rechtsbeistandes zu entscheiden. Der Rechtsbeistand hatte in den Niederlanden einen Rechtsstreit für einen Mandanten anhängig gemacht. Während des Verfahrens verlegte der Beistand seinen Wohnsitz von den Niederlanden nach Belgien. Sodann wurde er in dem niederländischen Verfahren nicht mehr als Prozessbevollmächtigter zugelassen, da nach Verfahrensrecht nur in den Niederlanden ansässige Personen als Rechtsanwälte oder Rechtsbeistände auftreten können. Darin sah der EuGH einen Verstoß gegen die Dienstleistungsfreiheit. Der EuGH urteilte, dass das Erfordernis eines Wohnsitzes im Falle des niederländischen Rechtsbeistandes nicht der Sicherstellung von berufsrechtlichen Verpflichtungen diene.[153]

c) Ausnahme: Modalitätsregelungen der Berufsfreiheit

In diesem Zusammenhang stellte der EuGH fest, dass in Anbetracht der Besonderheiten der Dienstleistungen jedoch diejenigen an den Leistungserbringer gestellten besonderen Anforderungen nicht als mit dem EG-Vertrag unvereinbar angesehen werden dürfen, die sich aus der Anwendung durch das Allgemeininteresse gerechtfertigter Berufsregelungen – namentlich der Vorschriften über Organisation, Befähigung, Berufspflichten, Kontrolle, Verantwortlichkeit und Haftung – ergeben und die für alle im Gebiet des Staates, in dem die Leistung erbracht wird, ansässigen Personen verbindlich sind. Dies gilt insoweit, als der Leistende dem Zugriff dieser Regelungen nur deshalb entgehen würde, weil er in einem anderen Mitgliedstaat ansässig ist. Ferner kann einem Mitgliedstaat nicht das Recht zum Erlass von Vorschriften abgesprochen werden, die verhindern sollen, dass der Erwerber einer Leistung, dessen Tätigkeit ganz oder vorwiegend auf das Gebiet dieses Staates ausgerichtet ist, sich die durch Art. 49 EG garantierte Freiheit zunutze macht, um sich den Berufsregelungen zu entziehen, die auf ihn Anwendung fänden, wenn er im Gebiet dieses Staates ansässig wäre; denn es ist denkbar, dass auf einen solchen Fall nicht das Kapitel über die Dienstleistungen, sondern das über das Niederlassungsrecht anwendbar wäre.[154]

---

[153] EuGH-Urteil zur Rs. 33/74 vom 3.12.1974, NJW 1975, 1095 (Van Binsbergen).

[154] EuGH-Urteil zur Rs. 33/74 vom 3.12.1974, NJW 1975, 1095 (Van Binsbergen).

Im Hinblick auf die Sicherstellung der Qualität einer juristischen Dienstleistung hat der EuGH festgestellt, dass eine nationale Regelung, die den Empfänger von Dienstleistungen vor Schäden bewahren soll, die ihm dadurch entstehen könnten, dass diese Rechtsrat von Personen erhielt, die nicht die erforderliche berufliche oder persönliche Qualifikation besitzen, zwar eine Beschränkung der Dienstleistungsfreiheit bedeute, aber im Allgemeininteresse gerechtfertigt ist.[155]

Der EuGH hat in einer weiteren Entscheidung ausgeführt, dass grundsätzlich die Niederlassung von Bürgern aus einem anderen Mitgliedstaat nicht eingeschränkt werden darf, aber bestimmte Modalitäten der Berufsausübung zu erfüllen sind, die im Aufnahmestaat auch für Inländer gelten. Der EuGH unterstrich, dass nationale Maßnahmen, die die Ausübung der durch den EG-Vertrag garantierten Grundfreiheiten behindern oder weniger attraktiv machen, vier Voraussetzungen erfüllen müssen:

- Sie müssen in nicht diskriminierender Weise angewandt werden;
- sie müssen aus zwingenden Gründen des Allgemeininteresses gerechtfertigt sein,
- sie müssen geeignet sein, die Verwirklichung des mit ihnen verfolgten Ziels zu gewährleisten,
- und sie dürfen nicht über das hinausgehen, was zur Erreichung des Ziels erforderlich ist.

In diesem Zusammenhang stellte der EuGH fest, dass im Rahmen der Niederlassungsfreiheit nach Art. 43 EG-Vertrag die Aufnahme und Ausübung einiger selbstständiger Tätigkeiten von der Beachtung bestimmter, durch das Allgemeininteresse gerechtfertigter Rechts- und Verwaltungsvorschriften, wie der Vorschriften über Organisation, Qualifikation, Standespflichten, Kontrolle und Haftung, abhängig gemacht werden können.

Diese Vorschriften können auch vorsehen, dass die Ausübung einer spezifischen Tätigkeit je nach Lage des Falles den Inhabern eines Diploms, Prüfungszeugnisses oder sonstigen Befähigungsnachweises, den Angehörigen eines bestimmten Berufsstandes oder den Personen, die einer bestimmten Ordnung oder Kontrolle unterliegen, vorbehalten ist.[156]

d) Ausnahme: Rechtsberatungsgesetz

In einem weiteren Fall – diesmal bereits nach Erlass der Dienstleistungsrichtlinie – hatte der EuGH zu entscheiden, inwieweit das deutsche Rechtsberatungs-

---

155 EuGH-Urteil zur Rs. C-76/90 vom 25.7.1991, Slg. 1991, I-4221, Rn. 16 f. (Säger) = EuGH NJW 1991, 2693 f.

156 EuGH-Urteil, Rs. C-55/94 vom 30.11.1995, Slg. 1995, I-4165, Rn. 35 (Gebhard) = EuGH NJW 1996, 579, 580.

gesetz gegen die Niederlassungsfreiheit verstößt. Der EuGH urteilte, dass es sich im Falle des deutschen Rechtsberatungsgesetzes zwar um eine nicht diskriminierende Vorschrift handele, da sie auf Deutsche wie auf Angehörige anderer Mitgliedstaaten gleichermaßen angewandt wird. Es handelt sich jedoch um Regelungen, die die Ausübung der durch den EG-Vertrag garantierten grundlegenden Freiheiten behindern oder weniger attraktiv machen können. In diesem Zusammenhang verlangte der EuGH zum einen die Beseitigung jeder Diskriminierung des in einem anderen Mitgliedstaat ansässigen Dienstleistungserbringers aufgrund seiner Staatsangehörigkeit. Zum anderen fordert der EuGH auch die Aufhebung aller Beschränkungen – selbst wenn sie unterschiedslos für einheimische Dienstleistungserbringer wie für Dienstleistungserbringer anderer Mitgliedstaaten gelten, wenn sie geeignet sind, die Tätigkeit des Dienstleistungserbringers, der in einem anderen Mitgliedstaat ansässig ist und dort rechtmäßig ähnliche Dienstleistungen erbringt – zu unterbinden, zu behindern oder weniger attraktiv zu machen.[157] Gleichzeitig stellte der EuGH fest, dass nach ständiger Rechtsprechung Verbote daher nur dann nicht mit Art. 49 EG-Vertrag unvereinbar sind, wenn vier Voraussetzungen erfüllt sind:

Sie müssen in nicht diskriminierender Weise angewandt werden;

- sie müssen aus zwingenden Gründen des Allgemeininteresses gerechtfertigt sein;
- sie müssen geeignet sein, die Verwirklichung des mit ihm verfolgten Ziels zu gewährleisten,
- und es darf nicht über das hinausgehen, was zur Erreichung dieses Zieles erforderlich ist.

Ferner darf der freie Dienstleistungsverkehr nur durch Regelungen beschränkt werden, die durch zwingende Gründe des Allgemeininteresses gerechtfertigt sind.[158] Schließlich verwies der EuGH darauf, dass nach ständiger Rechtsprechung es jedem Mitgliedstaat in Ermangelung besonderer gemeinschaftsrechtlicher Vorschriften in diesem Bereich freistehe, die Ausübung des Rechtsanwaltsberufs für sein Hoheitsgebiet zu regeln.[159] Insoweit wurde die Gültigkeit des deutschen Rechtsberatungsgesetzes nach europäischen Maßstäben bestätigt.

Im Übrigen bestimmen die Artt. 46 und 55 EG-Vertrag, dass Mitgliedstaaten unter bestimmten Voraussetzungen berufsbeschränkende Regelungen erlassen dürfen, um Störungen der öffentlichen Ordnung, Sicherheit und Gesundheit („ordre publique-Vorbehalt“) abzuwenden.[160]

---

157 EuGH-Urteil zur Rs. C-3/95 vom 12.12.1996, Slg. 1996, I-6511, Rn. 25 (Broede) = EuZW 1997, 53.

158 EuGH-Urteil zur Rs. C-3/95 (Broede), a.a.O., Rn. 28.

159 EuGH-Urteil zur Rs. C-3/95 (Broede), a.a.O., Rn. 37.

160 Vgl. *Hartung/Holl*, BORA vor § 34 Rn. 30.

e) Zwischenergebnis

Die Rechtsprechung des EuGH zum nationalen Anwaltsberufsrecht macht deutlich, dass eine Regulierung auf nationaler Ebene ausdrücklich gewünscht ist. Die Subsidiarität auf europäischer Ebene wird beachtet. Zwar müssen grundsätzlich die europarechtlichen Grundfreiheiten vom nationalen Gesetzgeber als höherrangiges Recht beachtet werden, jedoch gelten auch hier bestimmte Rechtfertigungsgründe für gewisse Einschränkungen. Danach dürfen die Grundfreiheiten nur eingeschränkt werden, wenn sie in nicht diskriminierender Weise angewandt werden, sie müssen aus zwingenden Gründen des Allgemeininteresses gerechtfertigt sein, sie müssen geeignet sein, die Verwirklichung des mit ihnen verfolgten Ziels zu gewährleisten, und sie dürfen nicht über das hinausgehen, was zur Erreichung des Ziels erforderlich ist. Die Rechtsprechung des EuGH zum Anwaltsberufsrecht macht deutlich, dass eine europäische Harmonisierung in diesem Bereich nicht angestrebt wird. Dies ist konsequent vor dem Hintergrund, dass nationale Eigenheiten im Bereich des Anwaltsmarktes nicht zentral normiert werden können, sondern in ihren gewachsenen und bewährten Strukturen lediglich gegenseitig geöffnet werden.[161]

10. Zwischenergebnis

Der Marktzugang innerhalb Europas und speziell in Deutschland ist durch ein lang bewährtes und durchstrukturiertes System im Rahmen der Niederlassungs- und Dienstleistungsfreiheit gewährleistet.[162] Im Bereich der Binnenmarktpolitik muss faktisch von deutscher Seite nicht mit weitreichenden Änderungen gerechnet werden. Der europäische Rechtsanwalt hat im Wesentlichen die gleichen Rechte und Pflichten wie der deutsche Rechtsanwalt unabhängig davon, ob er im Rahmen der Dienstleistung oder Niederlassung in Deutschland tätig wird. Die europäische Strategie im Rahmen des Binnenmarktes zielt weder auf eine umfassende Liberalisierung und Deregulierung des bestehenden Berufsrechts noch wird sie zu einer weit reichenden Harmonisierung und gesetzgeberischen Überregulierung auf europäischer Ebene, unter Ausschaltung der berufsständischen Selbstverwaltung und Selbstregulierung, führen.[163] Dies zeigt, dass die Marktzugangsöffnung aus deutscher Sicht auf der ersten Stufe weitgehend abgeschlossen ist. Zu erwarten sind teilweise nur noch Ergänzungen, um etwaige Lücken im Berufsrecht zu schließen.[164] Im Rahmen der Beachtung des höherrangigen Europarechts gilt für das deutsche Anwaltsberufsrecht grundsätzlich, dass

---

161 I.E. so auch *Fleischhauer*, DNotZ 2002, 325.

162 So auch *Froehlinger*, AnwBl. 2003, 200, 201.

163 *Froehlinger*, AnwBl. 2003, 200, 201.

164 *Froehlinger*, AnwBl. 2003, 200, 202.

die Freizügigkeit des europäischen Rechtsanwalts nicht eingeschränkt werden darf.

Ausnahmsweise sind Beschränkungen im Berufsrecht gerechtfertigt, wenn diese in nicht diskriminierender Weise angewandt werden, aus zwingenden Gründen des Allgemeininteresses gerechtfertigt sind, geeignet sind, die Verwirklichung des mit ihnen verfolgten Ziels zu gewährleisten, und nicht über das hinausgehen, was zur Erreichung des Ziels erforderlich ist. Aus Sicht des EuGH ist damit insbesondere das deutsche Rechtsberatungsgesetz aus binnenmarktrechtlichen Gesichtspunkten gerechtfertigt. Dass diese Rechtfertigungskriterien nicht nur im Rahmen der Prüfung der Grundfreiheiten, sondern auch als Korrektiv im Rahmen der Wettbewerbsprüfung vom EuGH angewandt werden, zeigt die Darstellung im Kapitel „Wettbewerbsrecht“.

C. Stufe II: Die Marktverwirklichung – Auswirkungen des Wettbewerbsrechts auf das Anwaltsberufsrecht

I. Vorbemerkung

Während eingangs erörtert wurde, ob der EG-Vertrag überhaupt auf die Anwaltschaft anwendbar ist, stellt sich nunmehr die Frage, ob das europäische Wettbewerbs- und Kartellrecht auf das Berufsrecht der Anwaltschaft Anwendung findet. Seit geraumer Zeit lassen sich Tendenzen des EuGH und speziell der Europäischen Kommission verzeichnen, die freien Berufe und speziell die europäische Anwaltschaft in den Anwendungsbereich des europäischen Wettbewerbs- und Kartellrechts mit einzubeziehen. Folge wäre, dass die Europäische Kommission als „Wettbewerbshüterin" und sukzessive auch die nationalen Wettbewerbsbehörden einen nicht unbedeutenden Einfluss durch unmittelbare Prüfungskompetenz auf die Selbstverwaltungsstrukturen der europäischen und nationalen Anwaltschaften erlangten.[165]

Lange Zeit war die Anwendbarkeit des Wettbewerbsrechts auf die freien Berufe unklar.[166] Insbesondere aus der Rechtsprechung des EuGH zur Freizügigkeit der Anwälte in der Europäischen Union wurde teilweise hergeleitet, dass Berufspflichten der Anwaltschaft dem Allgemeininteresse dienten. Dies habe der EuGH in ständiger Rechtsprechung festgestellt. So sind insbesondere Berufspflichten, die die Aufnahme und Ausübung selbstständiger Tätigkeiten regeln, z.B. Rechts- und Verwaltungsvorschriften über die Organisation, Qualifikation, Kontrolle und Haftung, notwendig, um den Mandanten und die Allgemeinheit vor unqualifizierter Rechtsbesorgung zu schützen.[167] Dies ergibt sich auch aus den vom Rat der Europäischen Anwaltschaften verabschiedeten, durch nationales Recht umgesetzten Berufsregeln, wonach der Rechtsanwalt in einem Rechtstaat sowohl für die Justiz als auch für den Rechtsuchenden, dessen Rechte und Freiheiten er zu wahren hat, unentbehrlich ist.[168] Danach müsse dasselbe im Rahmen des Wettbewerbsrechts gelten, daher sei die Anwaltschaft und deren

---

165 Vgl. *Koch/Eichele*, NJW 2004, 334 ff.

166 Vgl. *Gleiss/Hirsch/Burkert*, Kommentar zum EG-Kartellrecht, Art. 85, 48 f.; *Immenga/Westmäcker*, EG-Wettbewerbsrecht, Art. 85 Rn. 37; *Calliess/Ruffert*, EU/EG-Vertrag, Art. 81 Rn. 32.

167 EuGH-Urteil zur Rs. C-33/74 vom 3.12.1974 (Van Binsbergen); EuGH-Urteil, Rs. 71/76 vom 28.4.1977, Slg. 1977, 765 (Thieffry); EuGH-Urteil, Rs. C-55/94 vom 30.11.1995, Slg. 1995, I-4165 (Gebhard) = EuGH NJW 1996, 579, 580.

168 Regel 1.1. der Berufsregeln der Rechtsanwälte der Europäischen Union (CCBE) in der Fassung vom 28.11.1998 als Anlage zu § 29 I BORA, vgl. unten C. VI. 2. h).

Berufsrecht nach der „rule of reason“ als unverzichtbar anzusehen und könnten aus diesem Grund nicht Art. 81 I EG-Vertrag unterliegen.[169]

Das EuG hat dem entgegengehalten, dass aus der Rechtsprechung zu den Grundsätzen der Niederlassungs- und Dienstleistungsfreiheit nicht abgeleitet werden könne, dass Art. 81 EG-Vertrag keine Anwendung findet. Aus der ständigen Rechtsprechung des EuGH zur Freizügigkeit ergebe sich lediglich, dass die in einem Mitgliedstaat geltenden Berufspflichten, die dem Allgemeininteresse dienten, ohne Verstoß gegen die Grundsätze von Dienstleistungs- und Niederlassungsfreiheit Personen auferlegt werden könnten, die in den entsprechenden Aufnahmeländern ihre Tätigkeit ausübten.[170] Im Übrigen hätten die Verfasser des EG-Vertrages dies dort ausdrücklich getan, wo bestimmte Tätigkeiten von der Anwendung der Wettbewerbsregeln ausgenommen oder einer Sonderregelung unterworfen werden sollten.[171]

Dass dennoch Gemeinsamkeiten zwischen den Regeln der Grundfreiheiten und denen zum Wettbewerbsrecht bestehen, hat der EuGH in seinen jüngsten Kartellrechtsentscheidungen zum Anwaltsberufsrecht deutlich gemacht. Erst im Jahre 2002 entschied der EuGH für die Anwaltschaft, inwieweit europäisches Wettbewerbs- und Kartellrecht anwendbar sei, zum einen im Hinblick auf die italienische Gebührenordnung für Rechtsanwälte[172], zum anderen im Hinblick auf eine Satzung der niederländischen Rechtsanwaltskammer.[173] Diese kartellrechtlichen Entscheidungen, insbesondere diejenigen zur Satzung der niederländischen Rechtsanwaltskammer, sollen Gegenstand der weiteren Untersuchung sein. Zunächst sollen der Sachverhalt, die Vorlagefragen, die Schlussanträge des Generalanwalts und die Leitsätze des EuGH vorab dargestellt werden, um den Leser in die teilweise recht spezifische Materie einzuführen, bevor in einem nächsten Schritt die rechtliche Analyse folgt.

II. Rechtssache *Wouters*

1. Sachverhalt und Vorlagefragen

Bei der Rechtssache *Wouters* handelt es sich um ein Vorabentscheidungsersuchen des Nederlandse Raad van State (Raad) gem. Art. 234 EG-Vertrag, das die

---

169 EuG-Urteil zur Rs. T-144/99 vom 28.3.2001 (EPI), a.a.O., Rn. 56.

170 EuG-Urteil zur Rs. T-144/99 vom 28.3.2001 (EPI), a.a.O., Rn. 66.

171 EuG-Urteil zur Rs. T-144/99 vom 28.3.2001 (EPI), a.a.O., Rn. 67; vgl. etwa Artt. 36 und 296 EG.

172 EuGH-Urteil zur Rs. C-35/99 vom 19.2.2002, Slg. 2002, I-1529 (Arduino) = EuZW 2002, 172 ff., mit Anm. *Eichele.*

173 EuGH-Urteil zur Rs. C-309/99 vom 19.2.2002, Slg. 2002, I-1577 (Wouters) = EuZW 2002, 179 ff., mit Anm. *Eichele.*

Frage der Anwendung des Wettbewerbsrechts der Europäischen Gemeinschaft auf freie Berufe betrifft.[174] Streitgegenstand ist eine von der niederländischen Rechtsanwaltskammer (NOvA)[175] erlassene Verordnung[176], die es verbietet,

---

[174] Der Raad van State hat mit Urteil vom 10.8.1999, beim EuGH eingegangen am 13.8.1999, gem. Art. 234 EG neun Fragen nach der Auslegung der Artt. 3 I g, 10, 43, 49 EG sowie Artt. 81, 82 und 86 EG zur Vorabentscheidung vorgelegt. Diese Fragen stellen sich im Zusammenhang mit Rechtsmitteln, die u.a. von Rechtsanwälten gegen Entscheidungen der Arrondissementrechtbank Amsterdam eingelegt wurden, mit denen diese die Aufhebung von Entscheidungen des Nederlandse Ordre van Advocaten (Niederländische Rechtsanwaltskammer-NOvA) abgelehnt hatte, in denen wiederum die Aufhebung von Beschlüssen der Vorstände der Rechtsanwaltskammern der Bezirke Amsterdam und Rotterdam abgelehnt worden war, mit denen den Betroffenen die Ausübung der Rechtsanwaltstätigkeit in gemischten Sozietäten mit Wirtschaftsprüfern untersagt worden war, vgl. EuGH-Urteil zur Rs. C-309/99 vom 19.2.2002, Slg. 2002, I-1577 (Wouters), Rn. 2.

[175] Der NOvA ist eine Körperschaft des öffentlichen Rechts. Dies ergibt sich aus Art. 134 der Verfassung des Königreichs der Niederlande und dem Gesetz vom 23.7.1952 zur Gründung der Niederländischen Rechtsanwaltskammer und zur Festlegung der Satzung und der Disziplinarordnung für Rechtsanwälte und Rechtsbeistände (Advocatenwet).

Art. 134 der Verfassung des Königreichs Niederlande lautet:

„(1) Durch Gesetz oder kraft eines Gesetzes können öffentliche Berufs- und Gewerbeverbände und andere öffentliche Körperschaften gegründet und aufgelöst werden.

(2) Die Aufgaben und die Organisation dieser öffentlichen Körperschaften, die Zusammensetzung und Zuständigkeit ihrer Leitungsorgane sowie die Öffentlichkeit ihrer Sitzungen regelt das Gesetz. Durch Gesetz oder kraft Gesetzes kann ihren Leitungsorganen die Befugnis zum Erlass von Verordnungen übertragen werden.

(3) Das Gesetz regelt die Aufsicht über diese Leitungsorgane. Beschlüsse dieser Leitungsorgane können nur aufgehoben werden, wenn sie im Widerspruch zum geltenden Recht oder zum Allgemeininteresse stehen."

Art. 17 I und II der Advocatenwet lautet:

„(1) Die in den Niederlanden eingetragenen Rechtsanwälte bilden in ihrer Gesamtheit die Niederländische Rechtsanwaltskammer. Diese hat ihren Sitz in Den Haag. Sie ist eine öffentlich-rechtliche Körperschaft i.S.v. Art. 134 der Verfassung.

(2) Die bei derselben Rechtbank eingetragenen Rechtsanwälte bilden in ihrer Gesamtheit die Rechtsanwaltskammer des jeweiligen Bezirks."

[176] Die Delegiertenversammlung des NOvA kann nach Art. 28 I der Advoacatenwet-Verordnungen im Interesse der ordnungsgemäßen Berufsausübung erlassen.

Die Artt. 18 I und 22 I der Advocatenwet sehen vor, dass der NOvA unter der Leitung des Algemene Raad van de Nederlandse Orden van Advocaten (Allgemeiner Rat der Niederländischen Rechtsanwaltskammer-Allgemeiner Rat), steht, während die Bezirksrechtsanwaltskammern von den Raden van toezicht van de Orden in de arrondissementen (Vorstände der Bezirksrechtsanwaltskammern-Vorstände) geleitet werden. Die Artt. 19 und 20 der Advocatenwet regeln die Wahl der Mitglieder des Allgemeinen Rates. Diese werden vom College van Afgevaardigden (Delegiertenversammlung) gewählt, dessen Mitglieder ihrerseits in Versammlungen der Kammern der jeweiligen Bezirke gewählt werden.

dass in den Niederlanden tätige Rechtsanwälte Sozietäten mit Wirtschaftsprüfern eingehen.

Art. 26 der Advocatenwet bestimmt:

„Der Allgemeine Rat und die Vorstände tragen Sorge für eine ordnungsgemäße Berufsausübung und sind befugt, alle Maßnahmen zu treffen, die dazu beitragen können. Sie setzen sich für die Rechte und Interessen der Rechtsanwälte ein, achten auf die Einhaltung der den Rechtsanwälten als solchen obliegenden Pflichten und erfüllen die ihnen durch Verordnung übertragenen Aufgaben."

Art. 28 der Advocatenwet lautet:

„(1) Die Delegiertenversammlung kann Verordnungen im Interesse der ordnungsgemäßen Berufsausübung einschließlich Verordnungen über die Versorgung der Rechtsanwälte im Alter und bei völliger oder teilweiser Arbeitsunfähigkeit sowie der Angehörigen verstorbener Rechtsanwälte erlassen. Die Versammlung erlässt ferner die erforderlichen Verordnungen in Bezug auf den Haushalt und die Organisation der Niederländischen Rechtsanwaltskammer.

(2) Vorschläge für Verordnungen können der Delegiertenversammlung durch den Allgemeinen Rat oder durch mindestens fünf Delegierte unterbreitet werden. Der Allgemeine Rat kann die Stellungnahme der Vorstände einholen, bevor er der Delegiertenversammlung einen Verordnungsvorschlag unterbreitet.

(3) Die Verordnungen werden nach ihrem Erlass unverzüglich dem Minister der Justiz mitgeteilt und im Staatsanzeiger veröffentlicht."

Art. 29 der Advocatenwet bestimmt:

„(1) Die Verordnungen sind für die Mitglieder der Niederländischen Rechtsanwaltskammer und für Gastanwälte verbindlich.

(2) Sie dürfen weder Bestimmungen zu Fragen enthalten, die durch Gesetz oder aufgrund eines Gesetzes geregelt sind, noch dürfen sie Angelegenheiten betreffen, die sich wegen der unterschiedlichen Verhältnisse in den Bezirken nicht für eine allgemeine Regelung eignen.

(3) Bestimmungen in Verordnungen, die sich auf Gegenstände beziehen, die durch Gesetz oder aufgrund eines Gesetzes geregelt werden, treten automatisch außer Kraft."

Nach den Artt. 16b und 16c der Advocatenwet sind unter „Gastanwälten" Personen zu verstehen, die nicht in den Niederlanden als Rechtsanwalt eingetragen sind, jedoch in einem anderen Mitgliedstaat der Europäischen Union ihre Berufstätigkeit unter der Bezeichnung Rechtsanwalt oder unter einer gleichwertigen Bezeichnung ausüben dürfen.

Art. 30 der Advocatenwet lautet:

„(1) Beschlüsse der Delegiertenversammlung, des Allgemeinen Rates oder anderer Organe der Niederländischen Rechtsanwaltskammer können durch Königlichen Erlass ausgesetzt oder aufgehoben werden, soweit sie gegen das Recht oder das Allgemeininteresse verstoßen.

(2) Die Aussetzung oder Aufhebung erfolgt innerhalb von sechs Monaten nach der in Art. 28 III vorgesehenen Mitteilung, oder, wenn es sich um einen Beschluss des Allgemeinen Rates oder eines anderen Organs der Niederländischen Rechtsanwaltskammer handelt, innerhalb von sechs Monaten nach dessen Mitteilung an den Minister der Justiz durch einen mit Gründen versehenen Erlass, in dem im Fall der Aussetzung auch deren Dauer festgelegt wird.

Der Kläger *Wouters* ist als Rechtsanwalt Mitglied der Rechtsanwaltskammer Amsterdam und Partner der Arthur Andersen & Co. Belastingadviseur.[177] Er teilte dem Vorstand der Anwaltskammer in Rotterdam mit, dass er beabsichtige, sich im dortigen Bezirk als Rechtsanwalt niederzulassen und seine Tätigkeit unter der Firma Arthur Andersen & Co., advocaten en belastingadviseurs auszuüben.[178]

Vom Vorstand wurde dieser Antrag mit der Begründung zurückgewiesen, dass die Gesellschaften Arthur Andersen & Co. Belastingadviseurs (Steuerberater) und Arthur Andersen & Co. Accountants (Wirtschaftsprüfer) wegen der zwischen ihnen bestehenden Beziehungen eine Sozietät i.S.v. Art. 4 der streitigen Zusammenarbeitsverordnung (SWV) bildeten.[179, 180]

---

(3) Durch die Aussetzung wird die Wirkung der betreffenden Bestimmung sofort unterbrochen. Die Dauer der Aussetzung kann auch im Fall einer Verlängerung ein Jahr nicht überschreiten.

(4) Wird der ausgesetzte Beschluss nicht innerhalb der für die Aussetzung vorgesehenen Frist durch Königlichen Erlass aufgehoben, so ist er als gültig anzusehen.

(5) Die Aufhebung hat zur Folge, dass alle aufhebbaren Rechtsfolgen der betreffenden Bestimmung aufgehoben sind, soweit in dem Königlichen Erlass nichts anderes bestimmt wird."

177 Schlussanträge zur Rs. C-309/99 (Wouters), a.a.O., Rn. 20.

178 Schlussanträge zur Rs. C-309/99 (Wouters), a.a.O., Rn. 21.

179 Auf der Grundlage von Art. 28 Advocatenwet erließ die Delegiertenversammlung die Samenwerkingsverordening 1993 (Zusammenarbeitsverordnung 1993). Art. 1 der Verordnung definiert den Begriff „Samenwerkingsverband" (Sozietät) als „jede Zusammenarbeit, bei der die Beteiligten ihre Berufstätigkeit auf gemeinsame Rechnung und gemeinsames Risiko ausüben oder bei der sie die Weisungsbefugnis oder die Letztverantwortlichkeit miteinander teilen."

Art. 2:

„(1) Es ist dem Rechtsanwalt nicht gestattet, Verpflichtungen einzugehen oder fortbestehen zu lassen, durch die die Freiheit und Unabhängigkeit seiner Berufsausübung einschließlich der Wahrnehmung der Parteiinteressen und des damit zusammenhängenden Vertrauensverhältnisses zwischen dem Rechtsanwalt und seinem Mandanten in Gefahr gebracht werden könnte.

(2) Die Regelung in Absatz 1 gilt auch dann, wenn der Rechtsanwalt nicht in einer Sozietät mit anderen Berufsangehörigen oder Dritten zusammenarbeitet."

Art. 3:

„Ein Rechtsanwalt darf eine Sozietät nur dann eingehen oder aufrechterhalten, wenn die Tätigkeit jedes an der Sozietät Beteiligten hauptsächlich in der Ausübung eines juristischen Berufs besteht."

Art. 4:

„Ein Rechtsanwalt darf eine Sozietät nur eingehen oder aufrechterhalten mit:

- anderen in den Niederlanden eingetragenen Rechtsanwälten
- anderen, nicht in den Niederlanden eingetragenen Rechtsanwälten, soweit die Voraussetzungen des Art. 5 erfüllt sind;
- Angehörigen einer anderen Berufsgruppe, die vom Allgemeinen Rat gemäß Art. 6 hierfür anerkannt worden ist."

Weiter wurde ausgeführt, dass, indem der Kläger *Wouters* Partner der Steuerberatergesellschaft werde, er zugleich eine Sozietät mit der Wirtschaftsprüfergesellschaft eingehe.[181] Da jedoch für die Berufsgruppe der Wirtschaftsprüfer keine entsprechende Anerkennung des NOvA vorliege, verstoße die Sozietät zwischen dem Kläger *Wouters* und der Arthur Andersen & Co. Belastingadviseurs gegen Art. 4 SWV.[182]

Art. 6:

„(1) Die in Art. 4 Buchstabe c genannte Anerkennung kann gewährt werden, wenn
- die Angehörigen der anderen Berufsgruppe einen freien Beruf ausüben und
- für die Ausübung dieses Berufs eine Hochschulausbildung oder eine vergleichbare Qualifikation erforderlich ist und
- die Angehörigen dieser anderen Berufsgruppe einem Standesrecht unterliegen, das mit dem der Rechtsanwälte vergleichbar ist und
- die Begründung einer Sozietät mit Angehörigen dieser anderen Berufsgruppe nicht gegen die Artt. 2 und 3 verstößt.

(2) Die Anerkennung kann auch in Bezug auf einen bestimmten Teil einer Berufsgruppe gewährt werden. In diesem Fall gelten die in Absatz 1 Buchstaben a bis d genannten Voraussetzungen entsprechend; die Befugnis des Allgemeinen Rates zur Aufstellung zusätzlicher Voraussetzungen bleibt unberührt.

(3) Der Allgemeine Rat holt die Stellungnahme der Delegiertenversammlung ein, bevor er einen Beschluss nach den vorstehenden Absätzen dieses Artikels trifft."

Art. 7:

„(1) Der Rechtsanwalt hat bei seinem Auftreten nach außen jede unrichtige, irreführende oder unvollständige Darstellung der Verhältnisse im Hinblick auf eine von ihm ausgeübte Form der Zusammenarbeit, einschließlich einer Sozietät, zu vermeiden."

Art. 8:

„(1) Sozietäten sind verpflichtet, nach außen unter einer gemeinsamen Firma aufzutreten.

(2) Die gemeinsame Firma darf nicht irreführend sein ....

(3) Ein Rechtsanwalt, der einer Sozietät angehört, muss auf Anfrage eine Liste der Angehörigen der Sozietät mit deren Berufen und dem Ort der Niederlassung vorlegen.

(4) Auf jedem Schriftstück, das von einer Sozietät versandt wird, sind der Name, die Stellung und der Ort der Niederlassung des Unterzeichnenden anzugeben."

Art. 9:

„(2) Ein Rechtsanwalt darf nicht an der Begründung oder Umwandlung einer Sozietät mitwirken, bevor der Vorstand darüber entschieden hat, ob die Umstände der Begründung oder Umwandlung der Sozietät einschließlich der Art und Weise des mit ihr verbundenen Auftretens nach außen der Regelung durch diese oder aufgrund dieser Verordnung genügen."

180 Schlussanträge zur Rs. C-309/99 (Wouters), a.a.O., Rn. 22.

181 Schlussanträge zur Rs. C-309/99 (Wouters), a.a.O., Rn. 22.

182 Neben der streitigen Verordnung existieren Richtlinien für Sozietäten zwischen Rechtsanwälten und Angehörigen anderer Berufsgruppen:

Der Kläger *Savelbergh*, Mitglied der Rechtsanwaltskammer Amsterdam, teilte dem Vorstand der Rechtsanwaltskammer Amsterdam mit, dass er beabsichtige, eine Sozietät mit der Gesellschaft PriceWaterhouse Belastingadviseurs BV zu gründen. Die vorstehende Gesellschaft sei Teil des internationalen Unternehmens PriceWaterhouse, dem Steuerberater und Wirtschaftsprüfer angehörten.[183] Der Vorstand der Anwaltskammer in Amsterdam stellte fest, dass die vom Kläger *Savelbergh* beabsichtigte Sozietät gegen Art. 4 SWV verstoße.[184]

Die daraufhin erhobenen Verwaltungsbeschwerden gegen diese Beschlüsse wies der Allgemeine Rat der NOvA im November 1995 zurück.[185] Daraufhin klagten *Wouters* und *Savelbergh* bei der Arrondissementsrechtsbank (Rechtbank) Amsterdam. Sie machten geltend, dass die Entscheidungen des Allgemeinen Rates des NOvA gegen die Bestimmungen des EG-Vertrags über den Wettbewerb, die

---

„1. Einhaltung der Berufs- und Standesregeln
Regel 1
Der Rechtsanwalt darf durch seine Beteiligung an einer Sozietät mit einem Angehörigen eines anderen freien Berufes nicht in der Einhaltung seiner eigenen Berufs- und Standesregeln beschränkt oder behindert werden.

2. Getrennte Aktenführung und getrennte Verwaltung der Akten und Archive
Regel 2
Ein Rechtsanwalt, der an einer Sozietät mit einem Angehörigen eines anderen freien Berufes beteiligt ist, hat in jeder Angelegenheit, in der er gemeinsam mit diesem Berufsangehörigen tätig wird, eine getrennte Akte anzulegen und gegenüber der Sozietät dafür Sorge zu tragen, dass
- die Verwaltung dieser Akte von der finanziellen Verwaltung getrennt ist und dass
- ein Archiv besteht, das von dem der Angehörigen der anderen Berufsgruppen getrennt ist.

3. Interessenkonflikte
Regel 3
Ein Rechtsanwalt, der an einer Sozietät mit einem Angehörigen eines anderen freien Berufes beteiligt ist, darf nicht die Interessen einer Partei vertreten, wenn ein Konflikt mit den Interessen einer anderen Partei besteht, die von dem anderen Berufsangehörigen beraten wird oder beraten wurde, oder wenn das Auftreten eines solchen Interessenkonflikts möglich ist.

4. Geheimhaltung und Registrierung von Schriftstücken
Regel 4
Der Rechtsanwalt ist verpflichtet, bei allen Angelegenheiten, in denen er gemeinsam mit einem Angehörigen eines anderen freien Berufes tätig wird, ein Register sämtlicher Briefe und Schriftstücke zu führen, die er dem Angehörigen des anderen freien Berufes zugänglich gemacht hat."

183 Schlussanträge zur Rs. C-309/99 (Wouters), a.a.O., Rn. 24.

184 Schlussanträge Wouters, a.a.O., Rn. 25.

185 Schlussanträge Wouters, a.a.O., Rn. 26.

Niederlassungsfreiheit und die Dienstleistungsfreiheit verstießen.[186] Die Klagen wurden als unbegründet zurückgewiesen.[187] Die Kläger des Ausgangsverfahrens legten gegen die Entscheidungen der Rechtsbank beim Raad van State Rechtsmittel ein.[188] Dieser legte dem EuGH u.a. folgende für diese Untersuchung entscheidungserhebliche Fragen zur Vorabentscheidung vor.[189]

- Ist der Begriff „Unternehmensvereinigung" in Art. 81 I EG-Vertrag so auszulegen, dass davon nur gesprochen werden kann, wenn und soweit eine solche Vereinigung im Unternehmensinteresse handelt, sodass für die Anwendung der Bestimmung zu unterscheiden ist zwischen Tätigkeiten der Vereinigung im allgemeinen Interesse und anderen Tätigkeiten, oder reicht die bloße Tatsache, dass eine Vereinigung auch im unternehmerischen Interesse tätig werden kann, aus, um sie in ihrem gesamten Auftreten als Unternehmensvereinigung im Sinne dieser Bestimmung anzusehen?
- Ist es für die Anwendung des gemeinschaftlichen Wettbewerbsrechts von Bedeutung, dass die durch die betreffende Einrichtung erlassenen allgemeinverbindlichen Regeln aufgrund gesetzlicher Zuständigkeit und in der Eigenschaft als Sondergesetzgeber erlassen worden sind?[190]
- Richtet sich die Frage, wann von der Wahrung des Allgemeininteresses die Rede ist und wann nicht, auch nach Gemeinschaftsrecht?[191]
- Kann der Erlass allgemeinverbindlicher Regeln für die Bildung von Sozietäten zwischen Rechtsanwälten und Angehörigen anderer freier Berufe durch eine Einrichtung wie die niederländische Rechtsanwaltskammer aufgrund einer gesetzlichen Zuständigkeit für die Gewährleistung der Unabhängigkeit und Parteibindung des Rechtsbeistand gewährenden Anwalts auch nach Gemeinschaftsrecht als Wahrung des Allgemeininteresses angesehen werden?[192]
- Muss von einer solchen Entscheidung, soweit sie allgemeinverbindliche Regeln für die Bildung von Sozietäten wie der vorliegenden zur Gewährleistung der Unabhängigkeit und Parteibindung der Rechtsbeistand gewährenden Anwälte enthält, angenommen werden, dass sie bezweckt oder bewirkt, den Wettbewerb innerhalb des Gemeinsamen Marktes zu beschränken und insoweit den Handel zwischen Mitgliedstaaten zu beeinträchtigen? Welche für die Beurtei-

186 Schlussanträge Wouters, a.a.O., Rn. 27.

187 Schlussanträge Wouters, a.a.O., Rn. 28.

188 Schlussanträge Wouters, a.a.O., Rn. 31.

189 EuGH-Urteil zur Rs. C-309/99 vom 19.2.2002, Slg. 2002, I-1577 (Wouters), Rn. 39.

190 EuGH-Urteil Wouters, a.a.O., Rn. 39, Frage 1a.

191 EuGH-Urteil Wouters, a.a.O., Rn. 39, Frage 1b.

192 EuGH-Urteil Wouters, a.a.O., Rn. 39, Frage 1c.

lung dieser Frage maßgebenden Kriterien ergeben sich aus dem Gemeinschaftsrecht?[193]

- Ist Art. 86 II EG-Vertrag dahin auszulegen, dass er auch für eine Einrichtung wie die niederländische Rechtsanwaltskammer gilt, die allgemeinverbindliche Regeln über die Zusammenarbeit von Rechtsanwälten mit Angehörigen anderer Berufe zur Gewährleistung der Unabhängigkeit und Parteilichkeit der Rechtsbeistand gewährenden Anwälte erlässt?[194]
- Schließen es die Artt. 3 I g, 10 II sowie 81 und 82 EG-Vertrag aus, dass ein Mitgliedstaat bestimmt, dass diese Einrichtung (oder eines ihrer Organe) Regeln erlassen kann, die u.a. die Zusammenarbeit von Rechtsanwälten mit Angehörigen anderer freier Berufe betreffen können, wobei die staatliche Aufsicht über den Erlass dieser Regeln auf die Befugnis beschränkt ist, eine solche Regelung aufzuheben, ohne dass die Aufsichtsbehörde die aufgehobene Regelung durch eine eigene ersetzen kann?[195]
- Sind auf ein Verbot der Zusammenarbeit zwischen Rechtsanwälten und Wirtschaftsprüfern wie das hier in Rede stehende sowohl die Vertragsbestimmungen über die Niederlassungsfreiheit als auch diejenigen über die Dienstleistungsfreiheit anwendbar, oder ist der EG-Vertrag dahin auszulegen, dass ein solches Verbot, z.B. je nach Art und Weise, in der die Betroffenen ihre Zusammenarbeit tatsächlich ausgestalten wollen, entweder den Bestimmungen über die Niederlassungsfreiheit oder denjenigen über die Dienstleistungsfreiheit genügen muss?[196]
- Stellt ein Verbot gemischter Sozietäten von Rechtsanwälten und Wirtschaftsprüfern wie das hier in Rede stehende eine Beschränkung der Niederlassungsfreiheit, der Dienstleistungsfreiheit oder beider Freiheiten dar?[197]

2. Vorschlag des Generalanwalts[198]

a) Vorbemerkung

Die Rechtsfigur des Generalanwalts beim EuGH ist dem französischen Commissaire du gouvernement beim Conseil d`Etat vergleichbar.[199] Nach Art. 222 II EG hat der Generalanwalt in völliger Unabhängigkeit und Unparteilichkeit be-

193 EuGH-Urteil Wouters, a.a.O., Rn. 39, Frage 2.

194 EuGH-Urteil Wouters, a.a.O., Rn. 39, Frage 5.

195 EuGH-Urteil Wouters, a.a.O., Rn. 39, Frage 6.

196 EuGH-Urteil Wouters, a.a.O., Rn. 39, Frage 7.

197 EuGH-Urteil Wouters, a.a.O., Rn. 39, Frage 8.

198 Schlussanträge zur Rs. C-309/99 (Wouters), a.a.O., Rn. 258.

199 *Oppermann*, Europarecht, S. 133.

gründete Schlussanträge zu den dem Gerichtshof unterbreiteten Rechtssachen öffentlich zu stellen, um den Gerichtshof bei der Erfüllung seiner Aufgaben zu unterstützen. Die Schlussanträge enthalten eine Zusammenfassung des Tatbestandes und der Rechtslage und sind somit als Rechtsgutachten anzusehen, welche mit einem konkreten Entscheidungsvorschlag in Form einer Stellungnahme enden. Die begründeten Schlussanträge des Generalanwalts werden üblicherweise nach der mündlichen Verhandlung, in welcher der Generalanwalt Fragen an die Parteien stellen kann, angefertigt und dienen der Vorbereitung und Unterstützung der richterlichen Beratung.[200] Wegen ihrer meist intensiven Auseinandersetzung mit Rechtsprechung und Lehre sind sie von hohem juristischen Rang und der EuGH pflegt in der überwiegenden Mehrheit seiner Entscheidungen den Schlussanträgen der Generalanwälte zu folgen.[201]

b) Schlussanträge

Auf die Vorlagefragen des Raad van State schlägt der Generalanwalt dem EuGH im *Wouters*-Verfahren folgende Antworten vor.

- Berufsständische Vertretungen von Rechtsanwälten fallen tatbestandsmäßig unter den Begriff der Unternehmensvereinigungen nach Art. 81 I EG-Vertrag.[202]
- Vorbehaltlich Art. 86 II EG-Vertrag verstößt es gegen Art. 81 I EG-Vertrag, wenn eine berufsständische Vertretung von Rechtsanwälten eine verbindliche Maßnahme erlässt, durch die es den im Hoheitsgebiet des betreffenden Mitgliedsstaats tätigen Rechtsanwälten verboten wird, Sozietäten mit Mitgliedern der Berufsgruppe der Wirtschaftsprüfer einzugehen.[203]
- Es verstößt nicht gegen Art. 86 II EG-Vertrag, wenn eine berufsständische Vertretung von Rechtsanwälten eine verbindliche Maßnahme erlässt, durch die es den im Hoheitsgebiet des betreffenden Mitgliedstaats tätigen Rechtsanwälten verboten wird, Sozietäten mit Angehörigen der Berufsgruppe der Wirtschaftsprüfer einzugehen, sofern diese Maßnahme zur Wahrung der Unabhängigkeit und des Berufsgeheimnisses der Rechtsanwälte erforderlich ist. Es ist Sache des nationalen Gerichts festzustellen, ob das der Fall ist.[204]
- Es verstößt nicht gegen Artt. 10 i.V.m. 81 I EG-Vertrag, wenn ein Mitgliedstaat einer berufsständischen Vertretung von Rechtsanwälten die Befugnis einräumt, verbindliche Maßnahmen zu erlassen, mit denen die Möglichkeit

200 *Bleckmann*, Europarecht, S. 137.

201 *Oppermann*, Europarecht, S. 133.

202 Schlussanträge zur Rs. C-309/99 (Wouters), a.a.O., Rn. 258, Antwort 1.

203 Schlussanträge Wouters, a.a.O., Rn. 258, Antwort 2.

204 Schlussanträge Wouters, a.a.O., Rn. 258, Antwort 4.

der in seinem Hoheitsgebiet tätigen Rechtsanwälte zur Begründung von Sozietäten mit Angehörigen der Wirtschaftsprüfer geregelt wird, sofern

1. die Behörden des betreffenden Mitgliedstaates sich die Befugnis zur direkten oder indirekten Festlegung des Inhalts der wesentlichen Berufsregeln vorbehalten und
2. den Berufsangehörigen gegen die von den Organen der berufsständischen Vertretung erlassenen Entscheidungen ein wirksamer Rechtsbehelf vor den ordentlichen Gerichten zur Verfügung steht.

Es ist die Aufgabe des nationalen Gerichts, festzustellen, ob das der Fall ist.[205]

Art. 43 EG-Vertrag ist nicht auf rein interne Sachverhalte anwendbar.[206] Im Übrigen verstößt es nicht gegen Art. 49 EG-Vertrag, wenn eine berufsständische Vertretung von Rechtsanwälten eine verbindliche Maßnahme erlässt, durch die es den im Hoheitsgebiet des betreffenden Mitgliedstaats tätigen Rechtsanwälten verboten wird, Sozietäten mit Mitgliedern der Berufsgruppe der Wirtschaftsprüfer einzugehen, sofern diese Maßnahme zur Wahrung der Unabhängigkeit und des Berufsgeheimnisses der Rechtsanwälte erforderlich ist. Es ist Sache des nationalen Gerichts festzustellen, ob dies der Fall ist.[207]

3. Leitsätze des EuGH[208]

Der EuGH stellt fest, dass eine Verordnung über die Zusammenarbeit zwischen Rechtsanwälten und Angehörigen anderer freier Berufe wie die Samenwerkingsverordening 1993, die von einer Einrichtung wie dem Nederlandse Orde van Advocaten erlassen wurde, als Beschluss einer Unternehmensvereinigung i.S.v. Art. 81 I EG-Vertrag anzusehen ist.[209]

Darüber hinaus verstoße eine nationale Regelung wie die Samenwerkingsverordening 1993, die von einer Einrichtung wie dem Nederlandse Orde van Advocaten erlassen wurde, nicht gegen Art. 81 I EG-Vertrag, da diese Einrichtung bei vernünftiger Betrachtung annehmen konnte, dass die Regelung trotz der notwendig mit ihr verbundenen wettbewerbsbeschränkenden Wirkungen für die ordnungsgemäße Ausübung des Rechtsanwaltsberufs, wie er in den betreffenden Mitgliedstaat geordnet ist, erforderlich ist.[210]

---

205 Schlussanträge Wouters, a.a.O., Rn. 258, Antwort 5.

206 Schlussanträge Wouters, a.a.O., Rn. 258, Antwort 6.

207 Schlussanträge Wouters, a.a.O., Rn. 258, Antwort 7.

208 EuGH-Urteil zur Rs. C-309/99 vom 19.2.2002, Slg. 2002, I-1577 (Wouters), nach Rn. 124.

209 EuGH-Urteil Wouters, a.a.O., nach Rn. 124, Leitsatz 1.

210 EuGH-Urteil Wouters, a.a.O., nach Rn. 124, Leitsatz 2.

Im Hinblick auf die Niederlassungs- und Dienstleistungsfreiheit urteilte der EuGH, dass die Art. 43 und 49 EG-Vertrag einer nationalen Regelung wie der Samenwerkingsverordening 1993, durch die Sozietäten zwischen Rechtsanwälten und Wirtschaftsprüfern verboten werden, nicht entgegenstehen, da diese Regelung bei vernünftiger Betrachtung als für die ordnungsgemäße Ausübung des Rechtsanwaltsberufs, wie er in dem betreffenden Staat geordnet ist, erforderlich angesehen werden konnte.[211]

III. Rechtssache *Arduino*

1. Sachverhalt und Vorlagefragen

Der italienische Staatsbürger *Arduino* war angeklagt wegen eines Verkehrsunfalls, den er schuldhaft durch ein verbotenes Überholmanöver verursacht hatte.[212] In dem Strafverfahren wurden *Arduino* die Kosten des Nebenklägers auferlegt. Es lag eine Anwaltsgebührenrechnung vor, die auf der mit Ministerialdekret Nr. 584/98 genehmigten Gebührenordnung beruhte.[213] Der Pretore von Pinerolo, bei dem die Nebenklage anhängig gemacht worden war, wich von der Gebührenordnung ab und setzte die Gebühren unter dem vorgesehenen Mindestgebührensatz fest.[214] Das italienische Kassationsgericht urteilte aufgrund einer Beschwerde, dass die Abweichung von der Gebührenordnung rechtswidrig sei.[215] Daraufhin wurde der Rechtsstreit zum Pretore von Pinerolo zurückverwiesen.[216]

Im Rahmen eines Vorlageverfahrens nach Art. 234 EG-Vertrag wurde dem EuGH mitgeteilt, dass es in Italien zwei gegenläufige Tendenzen bei der Beurteilung der Frage gebe, ob die dem Ministerialdekret Nr. 585/94 genehmigte Gebührenordnung ein wettbewerbsbeschränkendes Kartell i.S.d. Art. 81 EG-

---

211 EuGH-Urteil Wouters, a.a.O., nach Rn. 124, Leitsatz 4.

212 Schlussanträge zur Rs. C-35/99 (Arduino), a.a.O., Rn. 16.

213 Die italienische Anwaltsgebührenordnung beruht auf einem Beschluss des Consiglio Nazionale Forense (Nationaler Anwaltsrat) vom 12.6.1993. Sie wurde durch Ministerialdekret Nr. 585 vom 5.10.1994 genehmigt, vgl. Schlussanträge zur Rs. C-35/99 (Arduino), a.a.O., Rn. 10.

214 Schlussanträge Arduino, a.a.O., Rn. 17.

215 Nach Art. 4 des Beschlusses (Gebührenordnung) des Nationalen Anwaltsrats ist es verboten, von den Mindestgebühren für die Leistungen der Rechtsanwälte und Procuratori abzuweichen. Im Falle, dass ein offensichtliches Missverhältnis zwischen den erbrachten Leistungen und den vorgesehenen Gebühren auftritt, können die festgelegten Höchstsätze überschritten werden. Die Mindestsätze können unterschritten werden, wenn die daran interessierte Partei eine Stellungnahme der zuständigen Rechtsanwaltskammer vorlegt; vgl. Schlussanträge zur Rs. C-35/99 (Arduino), a.a.O., Rn. 14 f.

216 Schlussanträge Arduino, a.a.O., Rn. 18.

Vertrag darstelle.[217] Einerseits wird vertreten, dass die Rechtsprechung des EuGH zu den italienischen Zollspediteuren anwendbar sei.[218] Der Nationale Anwaltsrat[219] sei eine Unternehmensvereinigung nach Art. 81 I EG-Vertrag, der durch keine nationale Vorschrift verpflichtet ist, die Entscheidungen im Allgemeininteresse zu treffen. Aufgrund der Tatsache, dass die streitige Gebührenordnung geeignet sei, den Wettbewerb zu beschränken, hätten die Gerichte von der Anwendung abgesehen.[220] Andererseits wird vertreten, dass der Nationale Anwaltsrat die Gebührenordnung nicht willkürlich festlege. Staatliche Stellen sind sowohl in der Ausarbeitungs- als auch in der Genehmigungsphase entscheidend beteiligt.[221] Die italienischen Behörden hätten daher nicht die

---

217 Schlussanträge Arduino, a.a.O., Rn. 19.

218 Es wird Bezug genommen auf die Entscheidung zum Nationalen Rat der Zollspediteure (CNSD). In diesem Verfahren stellte sich die Frage, ob ein Berufsverband wie der CNSD bei der Erstellung einer Gebührenordnung als eine Unternehmensvereinigung i.S.v. Art. 81 EG einzuordnen sei; vgl. EuGH-Urteil zur Rs. C-35/96 vom 18.6.1998, Slg. 1998, I-3851 (Kommission/Italien II), Rn. 39; zum deutschen Gebührensystem siehe unten unter C. VI. 2. f).

219 Nach den Artt. 52 bis 55 des Regio Decreto Legislativo Nr. 1578 vom 27.11.1933 ist der Consiglio Nationale Forense (Nationaler Anwaltsrat/CNF) dem Justizministerium angegliedert. Es handelt sich um eine Einrichtung, die aus Rechtsanwälten besteht, wobei je ein Mitglied pro Gerichtsbezirk einer Corte di appello von den Angehörigen des Anwaltsstands gewählt wird. Zu den Aufgaben des CNF gehört u.a. die Festsetzung der Gebührenordnung; vgl. Schlussanträge zur Rs. C-35/99 (Arduino), a.a.O., Rn. 3 f.

220 Schlussanträge Arduino, a.a.O., Rn. 19.

221 Art. 57 des Decreto Legislativo bestimmt, dass die Maßstäbe für die Festsetzung der Gebühren und Vergütungen, die den Rechtsanwälten und den procuratori in Zivil-und Strafsachen sowie für die außergerichtliche Beratung zustehen, alle zwei Jahre durch Beschluss des Nationalen Anwaltsrats festgelegt werden. Wenn die Gebührenordnung vom Nationalen Anwaltsrat beschlossen worden ist, wird sie dem Justizminister zur Genehmigung vorgelegt. Vor der Genehmigung hat der Minister Stellungnahmen des interministeriellen Preisausschusses und des Staatsrats einzuholen. Das Ministerialdekret zur Genehmigung der Gebührenordnung muss anschließend vom Rechnungshof geprüft und registriert werden. Es verleiht der Gebührenordnung verbindlichen Charakter. Nach Art. 58 des Decreto Legislativo werden die in Art. 57 vorgesehenen Maßstäbe anhand des Streitwerts und des Ranges der mit der befassten Stelle festgesetzt. Für jede Handlung oder Gruppe von Handlungen wird ein Mindest- und Höchstsatz festgesetzt. Bei der außergerichtlichen Beratung ist die Bedeutung des Vorgangs zu Grunde zu legen. Art. 60 des Decreto Legislativo betrifft die Festsetzung der Gebühren durch die Gerichte. Es sieht vor, dass die Gerichte die Gebühren anhand der in Art. 57 vorgesehenen Maßstäbe und unter der Berücksichtigung der Schwierigkeit und der Anzahl der behandelten Probleme festzusetzen haben. Die Festsetzung muss sich innerhalb der nach Art. 58 vorgesehenen Mindest- und Höchstsätze bewegen. Unter bestimmten außergewöhnlichen Umständen kann der Richter jedoch von diesen Begrenzungen abweichen, wobei er seine Entscheidung angemessen zu begründen hat; vgl. Schlussanträge zur Rs. C-35/99 (Arduino), a.a.O., Rn. 5 ff.

Verantwortung für in die Wirtschaft eingreifende Entscheidungen privaten Wirtschaftsteilnehmern übertragen.[222]

Der Pretore von Pinerolo hat dem EuGH daher folgende Fragen zur Klärung vorgelegt.[223]

- Fällt der durch Ministerialdekret Nr. 585/94 genehmigte Beschluss des CNF, mit dem eine (unabdingbare) Gebührenordnung für Rechtsanwälte festgesetzt wurde, in den Geltungsbereich des Verbots des Art. 81 I EG-Vertrag?
- Falls ja, fällt der hier zu beurteilende Fall unter Art. 81 III EG-Vertrag, der unter bestimmten Voraussetzungen die Unanwendbarkeit des Verbots vorsieht?

Der Generalanwalt hat in seinen Schlussanträgen die Vorlagefragen folgendermaßen umformuliert.[224]

- Verstößt es gegen Artt. 10 i.V.m. 81 EG-Vertrag, wenn ein Mitgliedstaat eine Maßnahme in Form eines Gesetzes oder einer Verordnung erlässt, durch die auf der Grundlage eines von einer berufsständischen Vertretung von Rechtsanwälten wie dem CNF erstellten Vorschlags eine Gebührenordnung mit Mindest- und Höchstgebühren für die Leistungen der Angehörigen des Berufsstands genehmigt wird, soweit diese staatliche Maßnahme in einem Verfahren wie dem ergeht, das in den italienischen Vorschriften vorgesehen ist, und
- verstößt es gegen Artt. 10 i.V.m. 81 EG-Vertrag, wenn ein Mitgliedstaat im Rahmen eines solchen Verfahrens einer berufsständischen Vertretung von Rechtsanwälten wie dem CNF die Befugnis überträgt, einen Vorschlag für eine Gebührenordnung zu erstellen, mit der Mindest- und Höchstgebühren für die Leistungen der Angehörigen des Berufsstands festgesetzt werden?

2. Schlussanträge des Generalanwalt[225]

Der Generalanwalt schlägt dem EuGH im Verfahren *Arduino* folgende Schlussanträge vor.

- Es verstößt nicht gegen Artt. 10 i.V.m. 81 EG-Vertrag, wenn ein Mitgliedstaat eine Maßnahme in Form eines Gesetzes oder einer Verordnung erlässt, durch die auf der Grundlage eines von einer berufsständischen Vertretung von Rechtsanwälten wie dem Consiglio Nationale Forense erstellten Vor-

222 Schlussanträge Arduino, a.a.O., Rn. 19.

223 Schlussanträge Arduino, a.a.O., Rn. 21.

224 Schlussanträge Arduino, a.a.O., Rn. 42.

225 Schlussanträge Arduino, a.a.O., Rn. 129.

schlags eine Gebührenordnung mit Mindest- und Höchstgebühren für die Leistungen der Angehörigen des Berufsstands genehmigt wird, sofern

1. die Behörden des betreffenden Mitgliedstaats eine wirksame inhaltliche Kontrolle der von der berufsständischen Vertretung vorgeschlagenen Gebührenordnung durchführen,
2. die staatliche Maßnahme, mit der die Gebührenordnung genehmigt wird, ein legitimes Ziel des Allgemeininteresses verfolgt und
3. die staatliche Maßnahme in Anbetracht ihres Ziels verhältnismäßig erscheint. Es ist Sache des nationalen Gerichts festzustellen, ob das der Fall ist.

- Es verstößt nicht gegen Artt. 10 i.V.m. 81 EG-Vertrag, wenn ein Mitgliedstaat einer berufständischen Vertretung von Rechtsanwälten wie dem Consiglio Nationale Forense die Befugnis überträgt, einen Vorschlag für eine Gebührenordnung zu erstellen, mit der Mindest- und Höchstgebühren für die Leistungen der Angehörigen des Berufsstands festgesetzt werden, sofern
  1. die Behörden des betreffenden Mitgliedstaats sich die Befugnis zur direkten oder indirekten Festlegung des Inhalts der Gebührenordnung vorbehalten und
  2. diese Behörden die ihnen vom Gesetz eingeräumten Befugnisse tatsächlich ausüben. Es ist Sache des nationalen Gerichts festzustellen, ob das der Fall ist.

3. Leitsatz des EuGH[226]

Es verstößt nicht gegen die Art. 10 und 81 EG-Vertrag, wenn ein Mitgliedstaat eine Maßnahme in Form eines Gesetzes oder einer Verordnung erlässt, durch die auf der Grundlage eines von einer berufsständischen Vertretung von Rechtsanwälten erstellten Vorschlags eine Gebührenordnung mit Mindest- und Höchstsätzen für die Leistungen der Angehörigen des Berufsstands genehmigt wird, soweit diese staatliche Maßnahme in einem Verfahren ergeht, das im Real Decreto Legislativo Nr. 1578 vom 27. November 1933 mit seinen späteren Veränderungen vorgesehen ist.

226 EuGH-Urteil zur Rs. C-35/99 vom 19.2.2002, Slg. 2002, I-1529 (Arduino), nach Rn. 45.

IV. Analyse der Rechtspraxis und mögliche Auswirkungen auf das nationale Berufsrecht

1. Anwendbarkeit des europäischen Wettbewerbs- und Kartellrechts auf die in Deutschland erlassenen Regeln der Satzungsversammlung bei der Bundesrechtsanwaltskammer

a) Prüfungsmaßstab

aa) Vorbemerkung

Anhand der dargestellten Vorgaben aus den Verfahren (Schlussanträge und Urteile) *Wouters* und *Arduino* soll im Folgenden die Situation in Deutschland analysiert werden. Zunächst muss das vom EuGH entwickelte Prüfungssystem geprüft werden, um anhand dieses Maßstabs das deutsche System untersuchen zu können.

bb) Rechtsgrundlage

Rechtliche Grundlage für die oben dargestellten EuGH-Verfahren ist das europäische Wettbewerbs- und Kartellrecht und dort insbesondere Art. 81 EG-Vertrag. Art. 81 I EG-Vertrag bestimmt, dass mit dem gemeinsamen Markt unvereinbar und deshalb verboten alle Vereinbarungen zwischen Unternehmen, Beschlüsse von Unternehmensvereinigungen und aufeinander abgestimmte Verhaltensweisen sind, welche den Handel zwischen Mitgliedstaaten zu beeinträchtigen geeignet sind und eine Verhinderung, Einschränkung oder Verfälschung des Wettbewerbs innerhalb des gemeinsamen Marktes bezwecken oder bewirken, insbesondere

1. die unmittelbare oder mittelbare Festsetzung der An- oder Verkaufspreise oder sonstiger Geschäftsbedingungen
2. die Einschränkung oder Kontrolle der Erzeugung des Absatzes, der technischen Entwicklung oder der Investitionen;
3. die Aufteilung der Märkte oder Versorgungsquellen;
4. die Anwendung unterschiedlicher Bedingungen bei gleichwertigen Leistungen gegenüber Handelspartnern, wodurch diese im Wettbewerb benachteiligt werden;
5. die an den Abschluss von Verträgen geknüpfte Bedingung, dass die Vertragspartner zusätzliche Leistungen annehmen, die weder sachlich noch nach dem Handelsbrauch in Beziehung zum Vertragsgegenstand stehen.

cc) Ermächtigungssystem contra Vorbehaltssystem

Streitgegenstand war in der Rechtssache *Wouters* eine von der niederländischen Rechtsanwaltskammer erlassene Verordnung, die die Zusammenarbeit von Wirtschaftsprüfern und Rechtsanwälten untersagt. Der EuGH hat entschieden, dass die streitige Verordnung, die von einer Einrichtung wie der niederländischen Rechtsanwaltskammer erlassen wurde, als Beschluss einer Unternehmensvereinigung i.S.v. Art. 81 I EG-Vertrag anzusehen ist.[227] Gleichzeitig relativierte der EuGH die Anwendbarkeit der Artt. 81 ff. EG-Vertrag in anderen Fällen, indem er auf die Zurechenbarkeit von Regeln zum Berufsverband abstellte. In bestimmten Konstellationen behandelt der EuGH die Berufsregeln als staatliche Reglementierungen, die außerhalb der Artt. 81 ff. EG-Vertrag anzusiedeln seien.[228] Nachdem der EuGH auf die Stellungnahme der deutschen Bundesregierung und daher speziell auf das dichotome – aus BRAO und BORA bestehende – System des deutschen Berufsrechts Bezug genommen hatte, entwickelte er demnach zwei Modelle[229] und legte dar, dass seine vorgenommene Anwendung des Wettbewerbsrechts auf die Berufsvertretung der Anwaltschaft nicht dazu führe, dass der von der deutschen Regierung angeführte Grundsatz der institutionellen Selbstständigkeit missachtet würde. Denn es sei zwischen zwei Fällen zu unterscheiden.[230]

- In einem Fall lege ein Mitgliedstaat bei der Übertragung von Rechtsetzungsbefugnissen an einen Berufsverband Kriterien des Allgemeininteresses und wesentliche Grundsätze fest, die bei der Satzungsgebung zu beachten seien, und behalte die Letztentscheidungsbefugnis. Die vom Berufsverband aufgestellten Regelungen blieben staatliche Regeln und unterlägen nicht den für die Unternehmen geltenden Bestimmungen des EG-Vertrages.[231]
- Im anderen Fall seien die vom Berufsverband erlassenen Regelungen allein diesem zuzurechnen und gleichsam nicht-staatliches Recht. Soweit Art. 81 I EG-Vertrag anwendbar sei, habe der Verband die Regeln der Kommission zu notifizieren.

Das erste vom EuGH genannte Modell wird in der Literatur auch als „Vorbehaltssystem", das zweite Modell „Ermächtigungssystem" bezeichnet.[232]

Der EuGH legt dar, dass die Verpflichtung zur Notifizierung jedoch nicht zu einer übermäßigen Behinderung der Satzungsgebung der Berufsverbände führe, wie das die deutsche Regierung behauptet habe, da die Kommission die Möglichkeit habe, eine Gruppenfreistellungsverordnung nach Art. 81 III EG-Vertrag zu erlassen.[233] Die Tatsache, dass die vom EuGH beschriebenen Systeme jeweils unterschiedliche Folgen im Hinblick auf das Gemeinschaftsrecht hätten,

---

227 Vgl. EuGH-Urteil zur Rs. C-309/99 vom 19.2.2002, Slg. 2002, I-1577 (Wouters), Rn. 71.

228 Vgl. EuGH-Urteil Wouters, a.a.O., Rn. 68 f.

229 So auch *Henssler*, JZ 2002, 983, 984.

230 EuGH-Urteil zur Rs. C-309/99 vom 19.2.2002, Slg. 2002, I-1577 (Wouters), Rn. 67.

231 EuGH-Urteil Wouters, a.a.O., Rn. 68.

232 Vgl. *Römermann/Wellige*, BB 2002, 633, 635.

233 EuGH-Urteil zur Rs. C-309/99 vom 19.2.2002, Slg. 2002, I-1577 (Wouters), Rn. 69.

ändere nichts an der Freiheit der Mitgliedstaaten, sich für das ein oder andere System zu entscheiden.[234]

dd) Prüfungsfolge

Für die deutsche Rechtslage ergibt sich daher die Frage, ob das Anwaltsberufssatzungsrecht staatliches oder nicht-staatliches Recht im Sinne des EuGH ist. Nach der deutschen Terminologie ist entscheidend, ob das deutsche Satzungsrecht dem „Ermächtigungssystem“ oder dem „Vorbehaltssystem“ zuzuordnen ist. Nach der EuGH-Terminologie ist daher nicht entscheidend für die Zuordnung zum staatlichen Recht, ob es sich um ein formelles Gesetz im Sinne eines Parlamentsgesetzes handelt; vielmehr ist auf die Zurechenbarkeit der Regelung zum Staat abzustellen, die maßgeblich von den zu berücksichtigenden Allgemeininteressen, der Vorgabe von wesentlichen Grundsätzen und der Letztentscheidungsbefugnis des Staates abhängt.

Die Schwerpunktprüfung liegt daher zunächst bei der Frage, ob Art. 81 I EG-Vertrag auf die deutschen Anwaltsberufsrechtssatzungen überhaupt unmittelbar anwendbar ist. Fraglich ist danach, ob die Berufsregeln, die die Vertretung der deutschen Anwaltschaft erlässt, ebenso als ein Beschluss einer Unternehmensvereinigung anzusehen sind. Dafür muss untersucht werden, ob die deutschen Rechtsanwälte Unternehmen und die deutsche Berufsvertretung der Rechtsanwälte Unternehmensvereinigungen im Sinne des europäischen Wettbewerbsrechts sind. Sodann wäre zu prüfen, wer Adressat des Wettbewerbsrechts in Deutschland ist. Anschließend muss geklärt werden, ob die wesentlichen Grundsätze sowie die Allgemeininteressen vom Staat vorgegeben sind. Dann wird zu untersuchen sein, ob die Letztentscheidungsbefugnis in Deutschland den Anforderungen des EuGH genügt. Kommt man zu dem Ergebnis, dass die deutschen Regelungen analog den niederländischen Regelungen zu behandeln sind, muss geprüft werden, ob aufgrund Allgemeinwohlinteressen eine tatbestandsmäßige Ausnahme gegeben ist. Dann müsste geprüft werden, ob bei einer „case by case“-Untersuchung der einzelnen Regelungen der BORA ein Verstoß gegen das Kartellverbot vorliegt.

b) Die Bezugnahme des EuGH auf die Stellungnahme der deutschen Bundesregierung[235]

Die Bedeutung der Bezugnahme auf die Stellungnahme der deutschen Bundesregierung durch den EuGH bei der Entwicklung der beiden Satzungserlassmo-

---

[234] EuGH-Urteil Wouters, a.a.O., Rn. 70.

[235] EuGH-Urteil Wouters, a.a.O., Rn. 54 f. und 67 ff.

delle ist nicht zu unterschätzen.[236] Die Bundesregierung sah bei einer Subsumtion der Normsetzungstätigkeit der berufsautonomen Kammern durch die Kommission unter Art. 81 I EG-Vertrag die institutionelle Selbstständigkeit gefährdet.[237] Nach Ansicht der Bundesregierung stünde es den zuständigen gesetzgebenden Organen eines Mitgliedstaats zu, im Rahmen der nationalen Souveränität zu entscheiden, wie die Ausübung ihrer Hoheitsbefugnisse organisatorisch ausgestaltet sei. Dazu gehöre auch, einen demokratisch legitimierten Sondergesetzgeber in Form einer öffentlich-rechtlichen Körperschaft, also eine Kammer, mit solchen Aufgaben zu betrauen. Dies sei dann mittelbare Staatsverwaltung. Durch die Anwendung des europäischen Wettbewerbsrechts und die mögliche Pflicht zur Notifizierung der erlassenen Normen nach Art. 81 III EG-Vertrag würde die Satzungsgebung insgesamt in Frage gestellt.[238] Ein bewährtes Verfahren zur Entlastung der Parlamente werde zerstört.

Im Übrigen liege der Schwerpunkt der vom Gesetzgeber übertragenen Aufgaben im Rahmen der Selbstregulierung und -überwachung des jeweiligen Berufsstandes im Gemeinwohlinteresse. Der Staat habe die berufständischen Vereinigungen mit der Schaffung eines Regelwerks in Form von Satzungen betraut und damit hoheitliche Funktionen übertragen. Dieses Satzungsrecht habe wie auch andere Normen und Gesetze das Gemeinschaftsrecht zu beachten. Die ordnungsgemäße Ausführung der übertragenen Aufgaben werde durch die Aufsichtsbehörden überwacht.[239] Die Gemeinwohlbindung der berufständischen Vertretungen in Form von öffentlich-rechtlichen Kammern ergebe sich aus den Tätigkeiten, wie z.B. die Aufsicht über die Berufsträger, die Förderung des Berufsstandes durch Ausbildung, Fortbildung und Versorgung. Daher führe die Idee der eigenverantwortlichen Selbstverwaltung bestimmter Berufsgruppen unter der Rechtsaufsicht des Staates mit der Übertragung originär staatlicher Aufgaben und der Befugnis, im sachlich und persönlich begrenzten Wirkungsbereich eigene Rechtssätze zu erlassen (Satzungsautonomie), zu einer Entlastung des Gesetzgebers.[240]

Mit der Bezugnahme auf die Stellungnahme der Bundesregierung und der Entwicklung eines neuen Systems für die Anwendbarkeit von europäischem Wettbewerbsrecht macht der EuGH zweierlei deutlich. Die Tatsache, dass das Modell chronologisch erst entwickelt wird, nachdem der EuGH festgestellt hat, dass die streitige niederländische Verordnung in den Anwendungsbereich des europäischen Wettbewerbsrechts fällt, zeigt, dass der EuGH vorweggenommen hat,

---

236 Stellungnahme der Bundesregierung in der Rs. C-309/99 vom 7.12.1999 (unveröffentlicht).

237 Stellungnahme der Bundesregierung, a.a.O., 15.

238 Stellungnahme der Bundesregierung, a.a.O., 13.

239 Stellungnahme der Bundesregierung, a.a.O., 14.

240 Stellungnahme der Bundesregierung, a.a.O., 15.

dass das niederländische Berufsrecht, insbesondere die streitige Verordnung den Anforderungen des staatlichen Rechts nicht genügt.[241]

Vielmehr legt der EuGH bei der Prüfung des niederländischen Rechts einen anderen Prüfungsmaßstab zu Grunde. Er stellt fest, dass der NOvA keine typisch hoheitlichen Befugnisse ausübt, die Leitungsorgane ausschließlich mit von Rechtsanwälten gewählten Rechtsanwälten besetzt und auch nicht verpflichtet sind, bestimmte Allgemeininteressen zu berücksichtigen.[242] Diese Prüfungskriterien decken sich mit den Vorgaben des Vorbehaltssystems nur teilweise.[243] Mit der Entwicklung eines neuen Prüfungsschemas unter der Bezugnahme auf die Stellungnahme der deutschen Regierung indiziert der EuGH also, dass er das deutsche System anders als das niederländische Recht als staatliches Recht qualifiziert.[244] Dem in den bisherigen Stellungnahmen zum Teil in den Vordergrund gestellten Vergleich mit der niederländischen Rechtslage kann dabei nur eine Hilfsfunktion zukommen.[245] Es gilt demnach, im Detail darzulegen, dass das deutsche Berufssatzungsrecht staatliches Recht im Sinne des EuGH darstellt.

c) Der deutsche Rechtsanwalt als Unternehmer im Sinne des Wettbewerbsrechts

aa) Vorbemerkung

Der Begriff des Unternehmens ist ein gemeinschaftsrechtlicher und hängt daher nicht davon ab, ob ein Unternehmen etwa eine juristische Person im Sinne einer nationalen Rechtsordnung ist. Vielmehr ist ein funktionales Verständnis angebracht. Das Kartellrecht regelt das Wettbewerbsverhalten der auf dem gemeinsamen Markt Tätigen. Entscheidend ist damit die wirtschaftliche Betätigung.[246] Der EuGH versteht unter einem Unternehmen jede eine wirtschaftliche Tätigkeit ausübende Einheit unabhängig von Rechtsform oder Art der Finanzierung.[247] Wirtschaftlich ist jede Tätigkeit, die darin besteht, Güter oder Dienstleistungen

---

241 So auch *Henssler*, JZ 2002, 983, 984.

242 Vgl. oben Sachverhaltsdarstellung unter C. V. 2.-5.

243 Vgl. *Henssler*, JZ 2002, 983, 984.

244 So auch: *Eichele*, EuZW 2002, 182, 183; *Hartung*, EWS 2002, 133; *Huff*, Stbg 2002, Editorial Heft 3; *Lörcher*, NJW 2002, 1092, 1093; *Hund*, DStR 2002, 519, 520; *Eichele/ Happe*, NJW 2003, 1214, 1218.

245 *Kilian*, MDR 2002, 849, 850.

246 *Weiß*, in: Calliess/Ruffert, EU/EG-Vertrag Art. 81 Rn. 31.

247 EuGH-Urteil Rs. C-41/90 vom 23.4.1991, Slg. 1991, I-1979 (Höfner und Elser), Rn. 21; EuGH-Urteil zur Rs. C-244/94 vom 16.11.1995, Slg. 1995, I-4013 (Fédération française des sociétés d'assurance), Rn. 14; vgl. oben V.1.; EuGH-Urteil Rs. C-55/96 vom 11.12. 1997, Slg. 1997, I-7119 (Job Centre II), Rn. 14.

auf einem bestimmten Markt anzubieten.[248] Die Rechtsprechung des EuG und die Kommission definieren als Unternehmen eine wirtschaftliche Einheit, die in einer einheitlichen Organisation personeller, materieller oder immaterieller Mittel besteht, die dauerhaft einen wirtschaftlichen Zweck verfolgt.[249] Im Folgenden sollen zunächst die EuGH-Vorgaben zum Unternehmensbegriff in den Verfahren *Wouters* und *Arduino* dargestellt werden, um in einem zweiten Schritt die Vorgaben auf die deutsche Rechtslage zu übertragen und zu prüfen.

bb) Vorgaben aus den Schlussanträgen Wouters

Der Generalanwalt stellt die Unternehmenseigenschaft der niederländischen Rechtsanwälte grundsätzlich nicht in Frage. Dabei verweist der Generalanwalt ausdrücklich auf den Vorlagebeschluss des Raad van Staate, in dem dieser festgestellt hat, dass Rechtsanwälte Unternehmen i.S.d. Art. 81 I EG-Vertrag sind.[250] Problematisch erachtet der Generalanwalt jedoch die Tatsache, dass die in den Niederlanden zugelassenen Rechtsanwälte ihre Tätigkeit in zwei verschiedenen Formen ausüben können. Je nachdem, ob der Rechtsanwalt angestellt oder selbstständig arbeitet, können nach Ansicht des Generalanwalts unterschiedliche Vertragsbestimmungen anwendbar sein.[251]

Die Rechtsanwaltstätigkeit konzentriere sich auf zwei grundlegende Funktionen, die beratende und die forensische.[252] Als selbstständig arbeitender Rechtsanwalt böte der Anwalt seine Dienste auf dem Markt für juristische Dienstleistungen an. Da er Entgelt als Gegenleistung erhalte und das finanzielle Risiko seiner Selbstständigkeit selbst trage, sei der Anwalt jedenfalls als Unternehmer im Sinne des EG-Wettbewerbsrechts einzustufen.[253] Zu unterscheiden hiervon sei jedoch der angestellte Anwalt, bei dem zwei Fallgruppen zu differenzieren seien.[254] Wenn der angestellte Anwalt seine Tätigkeit im Interesse und unter der Leitung einer anderen Person erbringe, die jenem dafür ein Gehalt zahle, gelte der Anwalt als Arbeitnehmer und falle damit schon nicht in den Anwendungsbereich des Wettbewerbsrechts der Gemeinschaft. Anders sei die Situation, wenn der Anwalt zwar angestellt sei, aber seine Tätigkeit nicht wirklich unter der

248 EuGH-Urteil zur Rs. 118/85 vom 16.6.1987, Slg. 1987, 2599 (Kommission/Italien I), Rn. 7; EuGH-Urteil zur Rs. C-35/96 vom 18.6.1998, Slg. 1998, I-3851 (Kommission/Italien II), Rn. 36.

249 EuGH-Urteil zur Rs. T-11/89 vom 10.3.1992, Slg. 1992, II-757 (Shell/Kommission), Rn. 311; Kommission, Kooperationsbekanntmachung vom 4.8.1990, ABl.EG 1990, Nr. C 203/10, Rn. 8.

250 Schlussanträge zur Rs. C-309/99 (Wouters), a.a.O., Rn. 45.

251 Schlussanträge Wouters, a.a.O., Rn. 49.

252 Schlussanträge Wouters, a.a.O., Rn. 50.

253 Schlussanträge Wouters, a.a.O., Rn. 51

254 Schlussanträge Wouters, a.a.O., Rn. 52.

Leistung ausübe und seine Gehaltszahlung umsatzabhängig sei. In dieser Situation falle der Anwalt in den Grenzbereich der Anwendbarkeit von EG-Wettbewerbsrecht.[255]

Der Generalanwalt bezieht sich bei seinen Ausführungen auf Schlussanträge in einer Überprüfung des Berufsstandes der Ärzte. Dort heißt es:

> „The classification of employed medical specialists is more difficult. In principle employees who offer labour against remuneration fall outside the scope of Art. 81 (1). Employed professionals are, however, not typical workers. Sometimes their pay is directly linked to the profits and losses of their employer and they do not really work under the direction of that employer. They therefore constitute one of the borderline categories envisaged in my Opinion in *Albany*."[256]

Dort wiederum wird ausgeführt:

> „... employees in principle fall outside the personal scope of the prohibition of Article 81 (1). The future will probably show whether that principle applies also in certain borderline areas such as for example professional sport."[257]

Die Tatsache, dass in den Niederlanden zwei getrennte rechtliche Formen der Berufsausübung bestehen, kann sich nach Ansicht des Generalanwalts auf die Auslegung des Begriffs „Unternehmensvereinigung" auswirken. Es sei problematisch, ob ein Berufsverband, dem sowohl Unternehmen als auch Arbeitnehmer angehören, als eine Unternehmensvereinigung i.S.v. Art. 81 I EG-Vertrag qualifiziert werden kann. Da jedoch diese Prüfung nicht Gegenstand der Vorlagefrage gewesen sei, geht der Generalanwalt davon aus, dass die niederländischen Rechtsanwälte Unternehmer im Sinne des EG-Wettbewerbsrechts sind.[258]

cc) Vorgaben aus dem Wouters-Urteil

Um die Frage 1 a des Raad van State beantworten zu können, ob eine Verordnung wie die Samenwerkingsverordening 1993 als Beschluss einer Unternehmensvereinigung i.S.d. Art. 81 I EG anzusehen sei, prüfte der EuGH im Gegensatz zum Generalanwalt zunächst, ob Rechtsanwälte generell Unternehmer im Sinne des Wettbewerbsrechts der Gemeinschaft sind.[259] Nach ständiger Rechtsprechung umfasse der Begriff des Unternehmens im Wettbewerbsrecht jede eine wirtschaftliche Tätigkeit ausübende Einheit unabhängig von ihrer Rechtsform

---

255 Schlussanträge Wouters, a.a.O., Rn. 52.

256 EuGH-Urteil zur Rs. C-180/98 bis 184/98 vom 12.9.2000, Slg. 2000, I-6451 (Pavlov), Schlussanträge vom 23.3.2000, Rn. 112 (keine offizielle deutsche Übersetzung existent).

257 Schlussanträge Rs. C-67/96 vom 28.1.1999, Slg. 1999, I-5751 (Albany), Rn. 217 (keine offizielle deutsche Übersetzung).

258 Schlussanträge zur Rs. C-309/99 (Wouters), a.a.O., Rn. 53.

259 EuGH-Urteil zur Rs. C-309/99 vom 19.2.2002, Slg. 2002, I-1577 (Wouters), Rn. 45.

und der Art ihrer Finanzierung.[260], [261] Nach ständiger Rechtsprechung sei eine wirtschaftliche Tätigkeit eine solche, die darin bestehe, Güter oder Dienstleistungen auf einem bestimmten Markt anzubieten.[262], [263] Aufgrund der Tatsache, dass Rechtsanwälte gegen Entgelt juristische Dienstleistungen in Form der Erstattung von Gutachten, der Ausarbeitung von Verträgen und anderen Dokumenten sowie des Beistands und der Vertretung vor Gericht anböten und sie zudem die mit der Ausübung dieser Tätigkeiten verbundenen finanziellen Risiken tragen würden, übten die in den Niederlanden eingetragenen Rechtsanwälte eine wirtschaftliche Tätigkeit aus und seien daher Unternehmen i.S.d. Artt. 81, 82 und 86 EG-Vertrag. Auch die Tatsache, dass die Dienstleistungen der Rechtsanwälte komplex und fachspezifisch seien und dass ihre Berufsausübung Regeln unterliegt, könne an dem Ergebnis nichts ändern.[264], [265]

dd) Vorgaben aus den Schlussanträgen Arduino

Der Generalanwalt stellt fest, dass die in Italien tätigen Rechtsanwälte als Selbstständige Dienstleistungen im Bereich der Rechtsberatung und der Vertretung ihrer Mandanten vor Gericht anböten. Somit würden durch die italienischen Rechtsanwälte Dienstleistungen auf dem Markt für juristische Dienstleistungen angeboten. Im Übrigen würden die italienischen Rechtsanwälte ihre Tätigkeit zum Zweck der Gewinnerzielung ausüben.[266] Weder die Verpflichtung zur Einhaltung des Berufsrechts noch der Umstand, dass ihre Tätigkeit mit der Rechtspflege zusammenhänge, ändere etwas an der Qualifizierung der italienischen Rechtsanwälte als Unternehmer.[267] Der EuGH habe auch die italienischen Zollspediteure als Unternehmen angesehen, obwohl auch für sie Disziplinarregeln galten, die von einer berufständischen Vertretung aufgestellt worden waren.[268]

---

260 Der EuGH nimmt Bezug auf die Entscheidung Rs. C-41/90 vom 23.4.1991, Slg. 1991, I-1979 (Höfner und Elser), Rn. 21; ebenso nimmt der EuGH Bezug auf sein Urteil Rs. C-244/94 vom 16.11.1995, Slg. 1995, I-4013 (Fédération française des sociétés d'assurance), Rn. 14. Auch verweist der EuGH auf die Entscheidung Rs. C-55/96 vom 11.12.1997, Slg. 1997, I-7119 (Job Centre II), Rn. 21.

261 EuGH-Urteil zur Rs. C-309/99 vom 19.2.2002, Slg. 2002, I-1577 (Wouters), Rn. 46.

262 Der EuGH nimmt Bezug auf die Entscheidung Rs. 118/85 vom 16.6.1987, Slg. 1987, 2599 (Kommission/Italien I), Rn. 7 und auf seine Entscheidung Rs. C-35/96 vom 18.6.1998, Slg. 1998, I-3851 (Kommission/Italien II), Rn. 36.

263 EuGH-Urteil zur Rs. C-309/99 vom 19.2.2002, Slg. 2002, I-1577 (Wouters), Rn. 47.

264 Der EuGH nimmt Bezug auf die Ärzte in seinem Urteil Rs. C-180/98 bis 184/98 vom 12.9.2000, Slg. 2000, I-6451 (Pavlov), Rn. 77.

265 EuGH-Urteil zur Rs. C-309/99 vom 19.2.2002, Slg. 2002, I-1577 (Wouters), Rn. 49.

266 Schlussanträge zur Rs. C-35/99 (Arduino), a.a.O., Rn. 47.

267 Schlussanträge Arduino, a.a.O., Rn. 49.

268 EuGH-Urteil Rs. C-35/96 vom 18.6.1998, Slg. 1998, I-3851 (Kommission/Italien II), Rn. 7.

Die Tatsache, dass die Rechtsanwälte mit einem öffentlichen Dienstleistungsauftrag betraut seien, bewirke im Übrigen nicht, dass sie vom Anwendungsbereich des Wettbewerbsrechts ausgenommen sind. Dies könne lediglich zu einer Eröffnung des Anwendungsbereichs des Art. 86 II EG-Vertrag führen.[269]

ee) Vorgaben aus dem Arduino-Urteil

Der EuGH geht von der Unternehmereigenschaft der italienischen Rechtsanwälte aus, das Tatbestandsmerkmal wird im Urteil nicht problematisiert.[270]

ff) Zwischenergebnis

Sowohl in den Schlussanträgen zu *Wouters* als auch zu *Arduino* thematisiert der Generalanwalt die Unternehmereigenschaft der Rechtsanwälte. Grundsätzlich wird diese im Falle der italienischen Rechtsanwälte nicht in Frage gestellt, jedoch eröffnet sich ein Problemfeld im Bereich der angestellten und teilweise der frei mitarbeitenden Rechtsanwälte in den Niederlanden, da diese als Arbeitnehmer und abhängig Arbeitende nicht in den Anwendungsbereich des europäischen Wettbewerbs- und Kartellrechts fallen. Im Verfahren *Arduino* wird der Vergleich mit den italienischen Zollspediteuren gezogen und im Übrigen festgestellt, dass italienische Rechtsanwälte Dienstleistungen mit Gewinnerzielungsabsicht anböten und daher Unternehmer sind.

Der EuGH jedenfalls hat für die niederländischen Rechtsanwälte unter Verweis auf seine ständige Rechtsprechung apodiktisch festgestellt, dass diese Unternehmen sind. Sie böten beratend und forensisch juristische Dienstleistungen an und würden darüber hinaus die mit ihrer Tätigkeit verbundenen finanziellen Risiken tragen. Unter Hinweis auf seine Rechtsprechung zu Ärzten[271] führt der EuGH weiter aus, dass die komplexe und fachspezifische Art der Dienstleistung sowie die reglementierte Berufsausübung an dem Ergebnis nichts ändere.[272]

gg) Bedeutung für die deutsche Rechtslage

Die Frage, ob deutsche Rechtsanwälte als Unternehmen i.S.d. Art. 81 I EG-Vertrag zu qualifizieren sind, wird bei der Prüfung relevant, ob die deutsche Berufsvertretung der Rechtsanwälte als Unternehmensvereinigung im Sinne des europäischen Wettbewerbsrechts anzusehen ist. Die Annahme einer Unternehmensvereinigung setzt nämlich voraus, dass es sich bei ihren Mitgliedern um

---

269 Schlussanträge zur Rs. C-35/99 (Arduino), a.a.O., Rn. 49.

270 Vgl. EuGH-Urteil zur Rs. C-35/99 vom 19.2.2002, Slg. 2002, I-1529 (Arduino), Rn. 34.

271 EuGH-Urteil zur Rs. C-180/98 bis 184/98 vom 12.9.2000, Slg. 2000, I-6451 (Pavlov), Rn. 77.

272 Vgl. EuGH-Urteil zur Rs. C-309/99 vom 19.2.2002, Slg. 2002, I-1577 (Wouters), Rn. 48.

Unternehmen i.S.d. Art. 81 I EG-Vertrag handelt.[273] Im Hinblick auf das kartellrechtlich funktionale Verständnis des Unternehmensbegriffs müssen verschiedene Ausprägungen des deutschen Anwaltsberufs betrachtet werden.

Dies hat im Schrifttum unterschiedliche Bewertungen hervorgebracht. Teilweise wird der Rechtsanwalt als „Unternehmer besonderer Art" bezeichnet. Es wird ausgeführt, dass er sich von allen Angehörigen anderer freier Berufe unterscheide, da er eine besondere Rolle im Interesse des Gemeinwohls wahrnehme. Er habe eine gewisse Art „Zwitterstellung" inne, da er einerseits die Aufgaben des Organs der Rechtspflege wahrnehmen und andererseits in eigenen Angelegenheiten in der Tat Unternehmer im wahrsten Sinne sein müsse.[274]

Auch wird vertreten, dass gerade der Rechtsanwaltsberuf geprägt sei von freier, staatlich unreglementierter Selbstbestimmung bei teilweiser Neigung, sich „über die Niederungen gewerblicher Tätigkeit zu erheben".[275] Dieses Selbstverständnis wird besonders durch die „Eckpfeiler" des Berufsbildes „Rechtsanwalt", namentlich Freiheit, Unabhängigkeit, Eigenverantwortung und Allgemeinverpflichtung durch die Eingangsregelungen der BRAO in den §§ 1-3 bestärkt.[276] Aufgrund dessen wird das Vorhaben, Dienste und Leistungen in der Rechtspflege in den einzelnen Mitgliedstaaten nach den europarechtlichen Vorgaben über grenzüberschreitende Wirtschaftsbetätigung auszurichten, als ein ehrgeiziges Projekt bezeichnet.[277] Der voran ausgeführten Meinung schloss sich auch die Bundesregierung an, die zumindest zweifelte, ob Rechtsanwälte Unternehmen im Sinne der europäischen Kartellrechtsbestimmungen seien, da ihre Tätigkeit den Aspekt einer öffentlichen Aufgabe aufweise.[278] In der Tat ist die Verwirklichung der Ziele eines wahren Rechtsstaats ohne die Rechtsanwaltschaft nicht möglich. Die Verteidigung der Rechte des Individuums, sowohl natürlicher als auch juristischer Art, hat besondere Bedeutung gegenüber den gesellschaftlich mächtigen Positionen inklusive dem Staat selbst.

Allen Ansichten gemein ist die Überzeugung, dass die von den Generalanwälten und EuGH-Entscheidungen gewählten Charakterisierungen des Anwalts als Un-

---

273 Vgl. *Weiß*, in: Calliess/Ruffert, EU/EG-Vertrag Art. 81 Rn. 48.

274 Vgl. *Weil*, BRAK-Mitt. 2002, 50, 51.

275 Vgl. *Mailänder*, BRAK-Mitt. 2003, 114, 115.

276 § 1 BRAO: „Der Rechtsanwalt ist ein unabhängiges Organ der Rechtspflege."
§ 2 BRAO: „Der Rechtsanwalt übt einen freien Beruf aus. Seine Tätigkeit ist kein Gewerbe."
§ 3 BRAO: „Der Rechtsanwalt ist der berufene, unabhängige Berater und Vertreter in allen Rechtsangelegenheiten."

277 Vgl. *Mailänder*, BRAK-Mitt. 2003, 114, 115.

278 Vgl. Stellungnahme der Bundesregierung in der Rs. C-309/99 vom 7.12.1999 (unveröffentlicht), 7.

ternehmen i.S.d. Art. 81 I EG-Vertrag zu einseitig und oberflächlich sind, damit die eigentliche Bedeutung des Anwaltsberufs nicht richtig aufgezeigt wird.

Die effektive Justizgewährung i.S.v. Art. 19 IV GG ist ohne eine unabhängige Anwaltschaft nicht denkbar. Aufgrund des Rechtsberatungsgesetzes, das im Übrigen vom EuGH in seiner Gültigkeit bestätigt wurde,[279] darf in Deutschland nur der Rechtsanwalt umfassend rechtsberatend tätig sein. Ihm ist durch § 3 I BRAO eine besondere Rolle im Allgemeininteresse innerhalb des Rechtstaats anvertraut worden. Zur Sicherung dieser Funktion gibt es bestimmte Berufsausübungsregelungen, die allerdings unter dem verfassungsrechtlichen Vorbehalt von Art. 12 GG stehen.[280] Die Einstufung des Rechtsanwalts als Unternehmer im Sinne des Wettbewerbsrechts könnte eine Gefährdung des Rechtsstaats bedeuten, da eine Säule der Rechtspflege verloren ginge.

Es muss auch berücksichtigt werden, dass sich der Beruf des Rechtsanwalts im Wandel befindet. Das gegenwärtige Bild des Anwalts ist differenziert zu betrachten. Die Vorstellung, dass der Anwalt ausschließlich als Einzel- oder Sozietätsanwalt mit Lokalisation und gerichtlicher Einzelzulassung am Sitz seiner Kanzlei ohne Zweigniederlassung im Rahmen einer überregionalen Vernetzung praktiziert, entspricht nicht mehr der Wirklichkeit. Tatsächlich gibt es nationale und internationale Zusammenschlüsse von Kanzleien, deren Haftungsbegrenzungen mannigfaltig bestimmt sind. Wirtschaftliche Vorgaben der „managing partner" im Hinblick auf „billable hours" und abzurechnende Stundensätze werden entgegengenommen, wie sie unternehmerischer kaum sein können.[281] Aber 90% aller deutschen Rechtsanwälte arbeiten entweder in einer Einzelkanzlei oder in einer örtlichen Sozietät. Dabei beträgt das Nettomonatseinkommen des in der Einzelkanzlei arbeitenden Anwalts 1.511,51 Euro vor Abzug der Kranken- und Rentenversicherungskosten. Nur 10% der deutschen Anwälte arbeiten in einer Großkanzlei mit den oben erwähnten „Unternehmensstrukturen".[282]

Einer anderen Meinung im Schrifttum ist die Einbindung des Anwalts in die staatliche Rechtspflege gänzlich suspekt.[283] Im Vordergrund soll der Anwalt als berufener Berater des Klienten in allen Rechtsangelegenheiten stehen.[284] Danach bestehe die Notwendigkeit einer Abkehr vom einseitigen objektiven Organdenken und der Orientierung hin zum Mandanten.[285]

---

279 EuGH-Urteil zur Rs. C-3/95 vom 12.12.1996, Slg. 1996, I-6511, Rn. 37 (Broede) = EuZW 1997, 53, 55; vgl. ausführlich dazu oben B. IV. 9. d).

280 Vgl. dazu ausführlich unten unter C. IV. 1. f).

281 Vgl. *Mailänder*, BRAK-Mitt. 2003, 114, 115.

282 *V. Seltmann*, BRAK-Magazin 2/2003, 12.

283 Vgl. *Jessnitzer/Blumberg*, BRAO, § 1 Rn. 1.

284 *Redeker*, AnwBl. 1988, 16; *Senniger*, AnwBl. 1990, 238 ff.

285 *Kleine-Cosack*, BRAO, § 1 Rn. 7.

Die Diskussion über die Charakterisierung des Anwaltsberufs erinnert einerseits sehr an diejenige über die Anwendbarkeit des EG-Vertrages im Allgemeinen und die Regeln der Freizügigkeit im Besonderen auf die Rechtsanwaltschaft.[286] Damals wie heute wurde das Argument des Anwalts als „Organ der Rechtspflege“ herangezogen.

Damals sollte aufgrund der besonderen Stellung des Rechtsanwalts seine Tätigkeit von den Freizügigkeitsbestimmungen wie der Notarberuf ausgenommen sein. Heute wird teilweise gefordert, dass der Anwalt als „Unternehmer besonderer Art“ kein Unternehmer im wettbewerbsrechtlichen Sinne des Art. 81 I EG-Vertrag sein könne. Mit dem Argument des „Organs der Rechtspflege“ konnten die ablehnenden Stimmen aber weder gestern noch heute ihre Gegner überzeugen. Bezeichnend ist, dass die deutsche Bundesregierung schon bei den Diskussionen zur Einbeziehung der Anwaltschaft in die Regelungen zur Freizügigkeit im EG-Vertrag die Auffassung vertrat, der Rechtsanwalt übe als Organ der Rechtspflege, insbesondere wegen der obligatorischen Mitwirkung in bestimmten Gerichtsverfahren, eine Tätigkeit mit enger Verbindung zu der Ausübung öffentlicher Gewalt durch die Gerichte aus.[287]

Eine ähnliche Diskussion fand auf nationaler Ebene Mitte der achtziger Jahre in Deutschland statt, als erste europarechtliche Einflüsse im Hinblick auf die Marktzugangsöffnung zu spüren waren.[288] Seinerzeit war die Qualifizierung des Rechtsanwalts als „Dienstleister“ streitig.[289] Es musste zunächst einmal definiert werden, worin die Dienstleistungstätigkeit überhaupt bestand, wobei festgestellt wurde, dass der Anwalt insbesondere seine Beraterrolle vernachlässigte.[290] Es ging sogar so weit, dass festgestellt wurde, dass „unter allen potentiellen Beratungsberufen der Anwalt als der einzige erscheine, der sich den Bedingungen der modernen Dienstleistungsgesellschaft nicht angepasst habe“.[291] Schließlich werde sich aufgrund der europarechtlichen Freizügigkeit die Dienstleistungseinstellung in Deutschland ändern – „ob wir wollen oder nicht“.[292]

Aus europarechtlicher Sicht ist die Qualifizierung des Rechtsanwalts als Unternehmer im wettbewerbsrechtlichen Sinne auch vor diesem Hintergrund eine konsequente Fortführung der Rechtsprechung zur Anwaltschaft seit 1974.[293]

---

286 Vgl. die Darstellung oben B. III.

287 Vgl. den Vortrag der deutschen Regierung im EuGH-Urteil NJW 1975, 513 ff. (Reyners).

288 Zur Marktzugangsöffnung vgl. die einleitenden Ausführungen oben unter B.

289 Vgl. *Schiefer*, NJW 1987, 1969, 1970.

290 Vgl. *Schiefer*, NJW 1987, 1969.

291 Vgl. Prognos/Infratest im Sonderheft AnwBl. März 1987 als Zitat bei *Schiefer*, NJW 1987, 1969.

292 Vgl. *Schiefer*, NJW 1987, 1969, 1977 f.

293 EuGH-Urteil NJW 1975, 513 ff. (Reyners); vgl. auch oben unter B. III.

Damals hatte der EuGH zu entscheiden, ob der Beruf des Rechtsanwalts unter Art. 45 EG fällt, also mit der Ausübung öffentlicher Gewalt verbunden ist und deshalb das Kapitel über das Niederlassungsrecht nicht anwendbar sei.[294] Berufliche Dienstleistungen, die einen Verkehr mit den Gerichten mit sich brächten, stellten als solche keine Teilnahme an der Ausübung öffentlicher Gewalt dar, selbst wenn sie regelmäßig erbracht würden, organisch in das Gerichtsverfahren eingebettet seien und auf eine obligatorische Mitarbeit bei der Erfüllung der Aufgaben hinausliefen. Insbesondere könnten die typischen Tätigkeiten des Anwaltsberufs wie Rechtsberatung und Rechtsbeistand nicht als eine derartige Tätigkeit angesehen werden, ebenso wenig wie die Vertretung und die Verteidigung des Auftraggebers vor Gericht, selbst wenn die Einschaltung oder die Betreuung durch Gesetz zwingend vorgeschrieben oder ausschließlich einem Rechtsanwalt vorbehalten sei. Die Wahrnehmung dieser Aufgaben ließe die richterliche Beurteilung und die freie Ausübung der Rechtsprechungsbefugnis unberührt.[295]

Der Schritt zur Qualifizierung des selbstständigen Rechtsanwalts als „dienstleistender Unternehmer" war damit folgerichtig und entspricht unter Berücksichtigung der oben genannten Gründe wohl auch der Realität.[296] Dennoch darf nicht vergessen werden, dass der Rechtsanwalt darüber hinaus Pflichten und Rechte innerhalb des Rechtsstaats innehat, die ihn zum Garanten desselbigen machen.

Ein Punkt, den der Generalanwalt im Hinblick auf die niederländischen Rechtsanwälte ausgeführt hat,[297] soll hier kurz aufgegriffen, um unter dem Punkt „Unternehmensvereinigungen" vertieft zu werden.[298] Auch in Deutschland besteht die Möglichkeit, als selbstständiger wie als angestellter Rechtsanwalt zu praktizieren. Unberührt bleibt hiervon die Möglichkeit, auch als Syndikusanwalt im Rahmen des § 46 BRAO tätig zu werden. Für den selbstständigen Rechtsanwalt gilt das oben Ausgeführte uneingeschränkt. Den Schlussanträgen des Generalanwalts folgend kann der angestellte Rechtsanwalt jedoch auch in Deutschland nicht als Unternehmen im Sinne des europäischen Wettbewerbsrechts qualifiziert werden. Dies gilt jedenfalls für den angestellten Rechtsanwalt, der ein festes Gehalt bekommt und seinem Arbeitgeber gegenüber weisungsgebunden ist. In diesem Falle ist der Rechtsanwalt Arbeitnehmer auch im Sinne des Europarechts. Zweifelhaft ist die Einordnung der Rechtsanwälte, die in freier Mitarbeit bei einer Kanzlei mitarbeiten und solcher Anwälte, die umsatzabhängig im Untergeordnetenverhältnis bei einer Kanzlei beschäftigt sind. Nach Ansicht des

294 EuGH-Urteil NJW 1975, 513, 515 (Reyners); vgl oben unter B. III.

295 EuGH-Urteil NJW 1975, 513, 515 (Reyners).

296 Vgl. dazu auch *Weil*, BRAK-Mitt. 202, 51.

297 Schlussanträge zur Rs. C-309/99 (Wouters), a.a.O., Rn. 52; vgl. oben C. IV. 1. c) bb).

298 Vgl. unten unter C. IV. 1. e).

Generalanwalts handelt es sich hierbei um Grenzfälle, die jedenfalls nicht eindeutig als Unternehmen zu qualifizieren sind.[299] Die Problematik wird bei der Prüfung der Voraussetzungen einer Unternehmensvereinigung Relevanz haben.

Zusammenfassend lässt sich damit sagen, dass sich mit der Entwicklung des Europäischen Marktes auch der Charakter des Anwaltsberufs geändert hat. Ihm kommt gleichsam eine Doppelfunktion zu.[300] Einerseits bleibt der Anwalt als Organ der Rechtspflege in die staatliche Rechtspflege eingebunden; andererseits muss realisiert werden, dass sich das Berufsbild des Anwalts seit Inkrafttreten der BRAO deutlich verändert, da mannigfaltige außergerichtliche Betätigungsfelder hinzugetreten sind.[301] Richtigerweise muss der Begriff „Organ der Rechtspflege" mit den Grundwerten und Grundpflichten des Anwalts beispielsweise der Unabhängigkeit und seiner Beraterrolle gleichgestellt werden.[302] Der Anwalt ist folglich in der Tat ein Unternehmer besonderer Art.

d) Wer ist Adressat des europäischen Wettbewerbsrechts im deutschen Anwaltsberufsrecht

aa) Adressat im deutschen Berufsrechtssystem

Fraglich ist, wer im deutschen Satzungsberufsrecht Adressat des europäischen Wettbewerbs- und Kartellrechtes im Sinne des Urteils ist.

Aufgrund der Berufsrechtsnovelle vom 2. September 1994 wurden die §§ 191a bis 191e BRAO eingefügt. Damit wurde die mit Satzungskompentenz ausgestattete Satzungsversammlung geschaffen, deren Mitglieder von den Rechtsanwälten selbst gewählt werden. Die Satzungsversammlung erließ die am 11. März 1997 in Kraft getretene Berufs- und Fachanwaltsordnung.[303] Der Satzungserlass ist hingegen nicht als einmaliger Vorgang gedacht, sondern Aufgabe der Satzungsversammlung ist es, in regelmäßigen Abständen, gleichsam als Parlament der Anwälte, die beschlossene Berufs- und Fachanwaltsordnung den sich verändernden Gegebenheiten anzupassen.[304]

Teilweise wird im Schrifttum vertreten, dass Adressat des Europäischen Wettbewerbs- und Kartellrechts im deutschen Berufsrechtssystem die Satzungsversammlung als Zusammenschluss der Rechtsanwälte sei, soweit es um die berufsrechtlichen Satzungsregelungen geht. Dies wird aus dem Wortlaut des § 191a BRAO hergeleitet. Dieser bestimmt, dass „bei" der Bundesrechtsanwaltskam-

---

299 Schlussanträge zur Rs. C-309/99 (Wouters), a.a.O., Rn. 52.

300 So auch *Kleine-Cosack*, BRAO, § 1 Rn. 5 ff.

301 Vgl. *Jessnitzer/Blumberg*, BRAO, § 1 Rn. 1; BT-Drucks. 12/4993, 22 f.

302 *Haas*, BRAK-Mitt. 1992, 1, 65.

303 BGBl. 1994 I, 2278.

304 *Hartung/Holl*, BORA § 59b BRAO Rn. 2 f.

mer (BRAK)[305] eine Satzungsversammlung eingerichtet wird. Daraus soll folgen, dass die Satzungsversammlung kein Organ der BRAK sei. Das Wort „bei" verdeutliche, dass die Satzungsversammlung nicht der BRAK unterstellt sei, sondern gleichsam unabhängig von ihr existiere. Daher stelle die Satzungsversammlung ein Institut sui generis dar und sei damit ein autonomes Organ der deutschen Anwaltschaft.[306]

Deshalb sei auch die Satzungsversammlung eine Unternehmensvereinigung im Sinne des Kartellrechts. Die Satzungsversammlung regle das Marktverhalten der Rechtsanwälte und beeinflusse deren unternehmerische Tätigkeit. Die Koordinierung der fremden wirtschaftlichen Betätigung reiche aus, ohne dass es einer eigenen unternehmerischen Aktivität bedürfe.[307]

Andererseits wird vertreten, dass die Satzungsversammlung nur ein Beschlussorgan der Bundesrechtsanwaltskammer (BRAK) sei, der einzige Adressat des Europäischen Wettbewerbs- und Kartellrechts könne daher nur die BRAK als Gesamtvertretung der deutschen Anwaltschaft selbst sein. Die Satzungsversammlung verfüge schon nicht über materielle Mittel, habe keine eigene Organisationsstruktur, schließlich sei Vorsitzender der Satzungsversammlung der Präsident der BRAK gem. § 191d I BRAO.[308] Dieser Auffassung ist beizupflichten. Schon aus der Gesetzesbegründung ergibt sich, dass die Satzungsversammlung als Beschlussorgan der BRAK fungiert. In der Begründung heißt es, dass man mit der Ansiedlung des neuen Organs bei der Bundesrechtsanwaltskammer auf bewährte Strukturen zurückgreife.[309]

Daher kann davon ausgegangen werden, dass die Satzungsversammlung ein Beschlussorgan der BRAK ist. Folglich ist die BRAK Adressat des Europäischen Wettbewerbs- und Kartellrechts. Die Mindermeinung würde dazu führen, dass die Satzungsversammlung in quasi rechtsfreiem Raum stehen würde ohne Einbindung in bestehende Strukturen. Im Übrigen ließe sich eine sachgerechte Haftung nur über die herrschende Meinung konstruieren gem. Artt. 81 ff. EG-Vertrag i.V.m. Verordnung Nr. 17 des Rates. Würde man der Mindermeinung folgen, müsste nämlich entweder der Präsident der BRAK als Vorsitzender der Satzungsversammlung, aber höchstwahrscheinlich jedes einzelne Mitglied der Satzungsversammlung selbst für einen etwaigen wettbewerbsrechtlichen Verstoß haften. Über die herrschende Meinung ließe sich jedenfalls mittelbar eine Staatshaftung im Falle eines hypothetischen Kartellrechtsverstoßes herleiten.

---

305 Nähere Ausführungen zur BRAK vgl. unten C. IV. 1. e).

306 *Henssler/Prütting-Hartung*, BRAO, § 191a Rn. 8 ff.; *Kleine-Cosack*, BRAO, § 191a Rn. 3 ff.

307 *Michalski/Römermann*, AnwBl. 1996, 191, 192.

308 *Feuerich/Braun*, BRAO 3. Aufl., § 191a Rn. 2.

309 BT-Drucks. 12/4993, 36 = BR-Drucks. 93/93, 109.

bb) Zwischenergebnis

Die BRAK wäre nach den vorausgegangenen Überlegungen Adressat des Europäischen Wettbewerbs- und Kartellrechts.

Konsequenterweise gilt es, im Folgenden zu prüfen, ob die BRAK als Gesamtvertretung der deutschen Anwaltschaft tatsächlich als Unternehmensvereinigung i.S.v. Art. 81 I EG-Vertrag qualifiziert werden muss.

e) Deutsche Berufsvertretung der Rechtsanwälte eine Unternehmensvereinigung im Sinne des europäischen Wettbewerbsrechts

aa) Vorbemerkung

Unterstellt man mit dem EuGH, dass Rechtsanwälte Unternehmer im Sinne des europäischen Wettbewerbsrechts sind, ist nach der Rechtsprechung des EuGH nunmehr zu prüfen, ob die Berufsorganisation der Rechtsanwälte sich beim Satzungserlass wie eine Unternehmensvereinigung i.S.d. Art. 81 I EG-Vertrag verhält.[310] Art. 81 I EG-Vertrag gilt für Unternehmensvereinigungen, wenn die eigene Tätigkeit oder die der angehörenden Unternehmen auf Wettbewerbsbeschränkungen zielt.[311] Unternehmensvereinigungen sind Zusammenschlüsse von Unternehmen.[312] Die Vorschrift erfasst auch Unternehmensverbände. Organisationsform, Rechtsform und Rechtsfähigkeit sind unerheblich.[313] Zunächst sollen wiederum die Vorgaben aus den *Wouters*- und *Arduino*-Verfahren analysiert werden, um anschließend die deutsche Rechtslage zu überprüfen.

bb) Vorgaben aus den Schlussanträgen Wouters

Hinsichtlich des persönlichen Anwendungsbereichs ist der Generalanwalt der Auffassung, dass der NOvA als Unternehmensvereinigung angesehen werden kann.[314] Nachdem der Generalanwalt festgestellt hatte, dass in den Niederlanden zugelassene Rechtsanwälte als Unternehmen angesehen werden,[315] lässt er ausdrücklich die Frage unbeantwortet, ob auch ein Zusammenschluss von angestellten und selbstständigen Rechtsanwälten zu einem Berufsverband eine Un-

---

310 EuGH-Urteil zur Rs. C-35/96 vom 18.6.1998, Slg. 1998, I-3851 (Kommission/Italien II), Rn. 39.

311 EuGH-Urteil zur Rs. 71/74 vom 15.5.1975, Slg. 1975, 563 (FRUBO/Kommission), Rn. 30 f.

312 Vgl. *Weiß*, in: Calliess/Ruffert, EU/EG-Vertrag Art. 81 Rn. 47 f.

313 EuGH-Urteil zur Rs. 123/83 vom 30.1.1985, Slg. 1985, 391 (BNIC), Rn. 17.

314 Schlussanträge zur Rs. C-309/99 (Wouters), a.a.O., Rn. 75.

315 Schlussanträge Wouters, a.a.O., Rn. 55.

ternehmensvereinigung i.S.d. Art. 81 EG-Vertrag darstellt, da diese Problematik nicht Gegenstand der Vorlage sei.[316]

Auch sei es Sinn und Zweck des Tatbestandsmerkmals der Unternehmensvereinigung zu verhindern, dass Unternehmen allein durch die Form, in der sie ihr Marktverhalten abstimmen, sich den Wettbewerbsregeln entziehen könnten. Daher erfasse Art. 81 EG-Vertrag auch die institutionalisierte Form der Zusammenarbeit, also Fallgruppen, in denen die Wirtschaftsteilnehmer durch eine kollektive Struktur oder ein gemeinsames Organ handeln.[317] Im Falle, dass berufsständische Vertretungen von Rechtsanwälten ausschließlich aus Berufsangehörigen bestünden[318] und nicht gesetzlich verpflichtet seien, bei ihren Entscheidungen bestimmte Kriterien des Allgemeininteresses zu berücksichtigen,[319] seien sie bei allen von ihnen ausgeübten Tätigkeiten unabhängig vom Gegenstand und Zweck der getroffenen Maßnahmen, insbesondere unabhängig davon, ob gleichzeitig öffentliche und private Interessen berührt werden, als Unternehmensvereinigungen i.S.v. Art. 81 I EG-Vertrag anzusehen.[320] Die Tatsache, dass einer berufsständischen Vertretung von Rechtsanwälten durch Gesetz die Befugnis zum Erlass von Verordnungen und Disziplinargewalt verliehen worden sei, ändere nichts an ihrer Einstufung als Unternehmensvereinigung i.S.v. Art. 81 I EG-Vertrag.[321]

cc) Vorgaben aus dem Wouters-Urteil

Der EuGH stellte fest, dass der NOvA als eine Unternehmensvereinigung i.S.d. Art. 81 I EG-Vertrag[322] und nicht als Organ der öffentlichen Gewalt anzusehen sei, wenn er eine Verordnung wie die streitgegenständliche erlasse.[323] Zwar habe die niederländische Rechtsanwaltskammer vorgetragen, dass sie als öffentlich-rechtliche Körperschaft vom niederländischen Gesetzgeber gegründet und deshalb ihr die Befugnis zum Erlass von Verordnungen zur Erfüllung einer im öffentlichen Interesse liegenden Aufgabe verliehen worden sei. Deswegen könne sie bei der Ausübung ihrer Rechtsetzungsbefugnisse nicht als Unternehmens-

---

316 Schlussanträge Wouters, a.a.O., Rn. 49-54.

317 Schlussanträge Wouters, a.a.O., Rn. 62.

318 Schlussanträge Wouters, a.a.O., Rn. 72.

319 Schlussanträge Wouters, a.a.O., Rn. 74.

320 Schlussanträge Wouters, a.a.O., Rn. 85.

321 Schlussanträge Wouters, a.a.O., Rn. 86.

322 Der EuGH nimmt Bezug auf die Entscheidung zum Nationalen Rat der Zollspediteure (CNSD). In diesem Verfahren stellte sich die Frage, ob ein Berufsverband wie der CNSD bei der Erstellung einer Gebührenordnung als eine Unternehmensvereinigung i.S.v. Art. 81 EG einzuordnen sei; vgl. EuGH-Urteil zur Rs. C-35/96 vom 18.6.1998, Slg. 1998, I-3851 (Kommission/Italien II), Rn. 39.

323 EuGH-Urteil zur Rs. C-309/99 vom 19.2.2002, Slg. 2002, I-1577 (Wouters), Rn. 64.

vereinigung i.S.v. Art. 81 I EG-Vertrag angesehen werden.[324] Dieser Auffassung waren auch der Streithelfer des Verfahrens[325] sowie die deutsche, die österreichische und die portugiesische Regierung. Sie meinten, dass die niederländische Regierung öffentliche Gewalt ausübe und daher nicht in den Anwendungsbereich des Art. 81 I EG-Vertrag fallen könne.[326] Der Streithelfer machte weiter geltend, dass die Tätigkeit der niederländischen Rechtsanwaltskammer eine im Allgemeininteresse liegende Aufgabe darstelle, die zu den wesentlichen Staatsaufgaben gehöre. Diese Aufgabe liege darin, den Bürgern einen angemessenen Zugang zum Recht und zu den Gerichten zu gewähren.[327]

Die deutsche Bundesregierung trug vor, dass es Aufgabe der zuständigen gesetzgebenden Organe sei, die interne Aufteilung der Ausübung der Hoheitsrechte auszugestalten. Diese Aufgabe müsse vom Grundsatz der institutionellen Selbstständigkeit gedeckt sein. Das müsse deshalb auch die Entscheidung umfassen, einer demokratisch legitimierten Einrichtung – wie eine berufständische Vertretung – die Befugnis zum Erlass von allgemeinverbindlichen Regeln zu übertragen.[328] Diesem Grundsatz würde es widersprechen, wenn derart ausgestaltete Einrichtungen als Unternehmensvereinigungen i.S.d. Art. 81 I EG-Vertrag qualifiziert würden, da eine mögliche Notifizierung bei der Kommission nach Art. 81 III EG-Vertrag die Satzungsgebung insgesamt in Frage stellen würde.[329]

Nach Ansicht des EuGH unterliegt eine Tätigkeit nicht den Wettbewerbsregeln des EG-Vertrages, wenn sie „nach ihrer Art, den für sie geltenden Regeln und ihrem Gegenstand keinen Bezug zum Wirtschaftsleben hat“[330] oder wenn sie „mit der Ausübung hoheitlicher Befugnisse zusammenhängt“.[331], [332] Daraufhin stellte der EuGH fest, dass die niederländische Rechtsanwaltskammer beim Erlass der streitgegenständlichen Verordnung keine auf dem Solidarprinzip beru-

---

324 EuGH-Urteil Wouters, a.a.O., Rn. 51.

325 Der Rat der Anwaltschaften der Europäischen Gemeinschaften (CCBE) war Streithelfer in der Rs. C-309/99 (Wouters).

326 EuGH-Urteil zur Rs. C-309/99 vom 19.2.2002, Slg. 2002, I-1577 (Wouters), Rn. 52.

327 EuGH-Urteil Wouters, a.a.O., Rn. 53.

328 EuGH-Urteil Wouters, a.a.O., Rn. 54.

329 EuGH-Urteil Wouters, a.a.O., Rn. 55.

330 Der EuGH nimmt Bezug auf seine Entscheidung zur Verwaltung der öffentlichen Aufgabe der sozialen Sicherheit; EuGH-Urteil zur Rs. C-159/91 und C-160/91 vom 17.2.1993, Slg. 1993, I-637 (Poucet und Pistre), Rn. 18 f.

331 Der EuGH nimmt Bezug auf seine Entscheidung zur Kontrolle und Überwachung des Luftraums; EuGH-Urteil zur Rs. C-364/92 vom 19.1.1994, Slg. 1994, I-43 (SAT Fluggesellschaft), Rn. 30. Ebenso bezieht sich der EuGH auf sein Urteil im Hinblick auf die Überwachung zur Bekämpfung der Umweltverschmutzung im Meeresbereich; EuGH-Urteil zur Rs. C-343/95 vom 18.3.1997, Slg. 1997, I-1547 (Diego Cali & Figli), Rn. 22 f.

332 EuGH-Urteil zur Rs. C-309/99 vom 19.2.2002, Slg. 2002, I-1577 (Wouters), Rn. 57.

hende Aufgabe erfülle[333] und auch keine typischerweise hoheitlichen Befugnisse ausübe.[334] Vielmehr handele die Berufsorganisation als Organ zur Regelung eines Berufs, dessen Ausübung im Übrigen eine wirtschaftliche Tätigkeit darstelle.[335] Die Tatsache, dass gem. Art. 26 der Advocatenwet[336] der Allgemeine Rat die Aufgabe hat, sich für die Rechte und Interessen der Anwälte einzusetzen, bedeute nicht, dass der Anwendungsbereich der Artt. 81ff. EG-Vertrag verschlossen sei.[337, 338]

Folgende Kriterien seien ausschlaggebend, dass die Einrichtung als Unternehmensvereinigung zu qualifizieren sei. Aus der Advocatenwet ergebe sich, dass die Leitungsorgane der niederländischen Rechtsanwaltskammer ausschließlich aus Rechtsanwälten bestehe. Die staatlichen Behörden hätten keinen Einfluss auf die Zusammensetzung der Vorstände, der Delegiertenversammlung und des allgemeinen Rates.[339, 340] Der Berufsverband verantworte die Regelung eines Berufs, dessen Ausübung im Übrigen wirtschaftliche Tätigkeit darstelle. Die Sicherstellung der „ordnungsgemäßen Berufsausübung" gem. Art. 28 der Advocatenwet[341] bedeute nicht, dass bestimmte Kriterien des Allgemeininteresses berücksichtigt werden müssten.[342]

---

333 Der EuGH nimmt Bezug auf sein Urteil Rs. C-159/91 und C-160/91 vom 17.2.1993, Slg. 1993, I-637 (Poucet und Pistre), Rn. 18 f.

334 Der EuGH nimmt Bezug auf sein Urteil Rs. C-364/92 vom 19.1.1994, Slg. 1994, I-43 (SAT Fluggesellschaft), Rn. 30.

335 EuGH-Urteil zur Rs. C-309/99 vom 19.2.2002, Slg. 2002, I-1577 (Wouters), Rn. 58.

336 Art. 26 der Advocatenwet bestimmt: „Der Allgemeine Rat und die Vorstände tragen Sorge für eine ordnungsgemäße Berufsausübung und sind befugt, alle Maßnahmen zu treffen, die dazu beitragen können. Sie setzen sich für die Rechte und Interessen der Rechtsanwälte ein, achten auf die Einhaltung der den Rechtsanwälten als solchen obliegenden Pflichten und erfüllen die ihnen durch Verordnung übertragenden Aufgaben."

337 Der EuGH nimmt Bezug auf sein Urteil im Hinblick auf Ärzte Rs. C-180/98 bis 184/98 vom 12.9.2000, Slg. 2000, I-6451 (Pavlov), Rn. 86.

338 EuGH-Urteil zur Rs. C-309/99 vom 19.2.2002, Slg. 2002, I-1577 (Wouters), Rn. 59.

339 Der EuGH nimmt Bezug auf seine Entscheidung zum Nationalen Rat der Zollspediteure (CNSD) als Berufsverband, in Rs. C-35/96 vom 18.6.1998, Slg. 1998, I-3851, Rn. 42 (Kommission/Italien II). Ebenso bezieht sich der EuGH auf sein Urteil zu einem Berufsverband von Ärzten, im Hinblick auf Ärzte Rs. C-180/98 bis 184/98 vom 12.9.2000, Slg. 2000, I-6451 (Pavlov), Rn. 88.

340 EuGH-Urteil zur Rs. C-309/99 vom 19.2.2002, Slg. 2002, I-1577 (Wouters), Rn. 61.

341 Art. 28 der Advocatenwet bestimmt:
„(1) Die Delegiertenversammlung kann Verordnungen im Interesse der ordnungsgemäßen Berufsausübung einschließlich Verordnungen über die Versorgung der Rechtsanwälte im Alter und bei völliger oder teilweiser Arbeitsunfähigkeit sowie der Angehörigen verstorbener Rechtsanwälte erlassen. Die Versammlung erlässt ferner die erforderlichen Verordnungen in Bezug auf den Haushalt und die Organisation der Niederländischen Rechtsanwaltskammer.

Der EuGH führt weiter aus, dass sich der Bezug zum Wirtschaftsleben aus der Tatsache ergebe, dass das Verbot bestimmter multidisziplinärer Sozietäten einen Einfluss auf die Mitglieder der Niederländischen Rechtsanwaltskammer im Bereich des Marktes für juristische Dienstleistungen habe.[343] Die Verordnung selbst bringe den Willen der Vertreter des Berufsstandes zum Ausdruck, den Angehörigen des Berufsstandes bei ihrer wirtschaftlichen Tätigkeit zu einem bestimmten Verhalten zu veranlassen.[344] Keinerlei Rolle spiele die Tatsache, dass die niederländische Rechtsanwaltskammer als öffentlich-rechtliche Körperschaft institutionalisiert sei.[345]

Nach den Ausführungen des EuGH gelte Art. 81 EG-Vertrag seinem Wortlaut nach für Vereinbarungen zwischen Unternehmen und Beschlüsse von Unternehmensvereinbarungen. Der rechtliche Rahmen, in dem solche Vereinbarungen geschlossen und solche Beschlüsse gefasst würden, sei für die Anwendbarkeit der Wettbewerbsregeln der Gemeinschaft ebenso unerheblich wie die rechtliche Einordnung dieses Rahmens durch die nationalen Rechtsordnungen.[346, 347]

dd) Vorgaben aus den Schlussanträgen Arduino

Der Generalanwalt verweist auf die Urteile zu den italienischen Zollspediteuren[348] und den Ärzten[349] und stellt fest, dass eine Einrichtung dann nicht als Unternehmensvereinigung i.S.v. Art. 81 I EG-Vertrag anzusehen sei, wenn sie überwiegend aus Vertretern der öffentlichen Gewalt bestehe und nach nationalem Recht verpflichtet sei, bei ihren Entscheidungen eine Reihe von Kriterien des öffentlichen Interesses zu berücksichtigen.[350] Diese Voraussetzungen erfülle die

---

(2) Vorschläge für Verordnungen können der Delegiertenversammlung durch den Allgemeinen Rat oder durch mindestens fünf Delegierte unterbreitet werden. Der Allgemeine Rat kann die Stellungnahme der Vorstände einholen, bevor er der Delegiertenversammlung einen Verordnungsvorschlag unterbreitet.

(3) Die Verordnungen werden nach ihrem Erlass unverzüglich dem Minister der Justiz mitgeteilt und im Staatsanzeiger veröffentlicht."

342 EuGH-Urteil zur Rs. C-309/99 vom 19.2.2002, Slg. 2002, I-1577 (Wouters), Rn. 62.

343 EuGH-Urteil Wouters, a.a.O., Rn. 63.

344 EuGH-Urteil Wouters, a.a.O., Rn. 64.

345 EuGH-Urteil Wouters, a.a.O., Rn. 65.

346 Der EuGH nimmt Bezug auf sein Urteil Rs. 123/83 vom 30.1.1985, Slg. 1985, 391 (BNIC), Rn. 17. Ebenso nimmt er Bezug auf sein Urteil Rs. C-35/96 vom 18.6.1998, Slg. 1998, I-3851 (Kommission/Italien II), Rn. 40.

347 EuGH-Urteil zur Rs. C-309/99 vom 19.2.2002, Slg. 2002, I-1577 (Wouters), Rn. 66.

348 EuGH-Urteil zur Rs. C-35/96 vom 18.6.1998, Slg. 1998, I-3851 (Kommission/Italien II), Rn. 39 ff.

349 EuGH-Urteil zur Rs. C-180/98 bis 184/98 vom 12.9.2000, Slg. 2000, I-6451 (Pavlov), Rn. 83 ff.

350 Schlussanträge zur Rs. C-35/99 (Arduino), a.a.O., Rn. 53.

nationale Anwaltskammer nicht. Sie bestehe ausschließlich aus Rechtsanwälten, die von den Mitgliedern des Berufsstandes gewählt würden. Außerdem sei die nationale Anwaltskammer durch keine Bestimmung des nationalen Rechts verpflichtet oder auch nur angehalten, bei der Festsetzung der Gebührenordnung Kriterien des Allgemeininteresses zu berücksichtigen.[351]

Weiterhin sei unschädlich, dass die nationale Anwaltskammer eine öffentlich-rechtliche Einrichtung sei, die Disziplinargewalt besitze. Es spiele auch keine Rolle, dass die nationale Anwaltskammer selbst keine wirtschaftliche Tätigkeit ausübe, dass sie mit einer im öffentlichen Interesse liegenden Aufgabe betraut sei oder dass sie im Allgemeininteresse liegende Beschlüsse erlassen könne.[352] Nach allem sei die nationale Anwaltskammer als Unternehmensvereinigung und die Gebührenordnung als Beschluss einer Unternehmensvereinigung anzusehen.[353]

ee) Vorgaben aus dem Arduino-Urteil

Der EuGH macht deutlich, dass dann keine Unternehmensvereinigung vorliegt, wenn die Mitglieder des Berufsverbandes als von den betroffenen Wirtschaftsteilnehmern unabhängige Sachverständige angesehen werden könnten, die gesetzlich verpflichtet seien, bei der Gebührenfestsetzung nicht nur die Interessen der Unternehmen oder der Unternehmensvereinigungen des Sektors, den sie vertreten, sondern auch das Interesse der Allgemeinheit zu berücksichtigen und das Interesse der Unternehmen anderer Sektoren oder derjenigen, die die betreffenden Dienstleistungen in Anspruch nehmen.[354], [355] Die nationale Anwaltskammer, die ausschließlich aus Rechtsanwälten besteht, die von den Angehörigen des Anwaltsstandes gewählt würden, werde vom italienischen Staat dazu verpflichtet, alle zwei Jahre einen Vorschlag für eine Gebührenordnung mit Mindest- und Höchstsätzen für die Leistungen der Rechtsanwälte vorzulegen. Zwar seien die Gebühren und Vergütungen nach Art. 58 des Real Decreto Legislativo anhand des Streitwerts und des Ranges der mit der Sache befassten Sache sowie in Strafsachen nach der Verfahrensdauer festzulegen, doch stelle das Real Decreto Legislativo nicht wirklich Kriterien des Allgemeininteresses auf, die die nationale Anwaltskammer zu beachten hätte.[356]

---

351 Schlussanträge Arduino, a.a.O., Rn. 54.

352 Schlussanträge Arduino, a.a.O., Rn. 56.

353 Schlussanträge Arduino, a.a.O., Rn. 57.

354 EuGH-Urteil zur Rs. C-35/99 vom 19.2.2002, Slg. 2002, I-1529 (Arduino), Rn. 37.

355 Der EuGH nimmt Bezug auf seine Urteile: Rs. C-185/91 vom 17.11.1993, Slg. 1993, I-5801 (Reiff), Rn. 17 ff.; Rs. C-153/93 vom 9.6.1994, Slg. 1994, I-2517 (Delta), Rn. 16 ff.; Rs. C-140/94, C-141/94, C-142-94 vom 17.10.1995, Slg. 1995, I-3407 (DIP), Rn. 18 ff.; Rs. C-35/96 vom 18.6.1998, Slg. 1998, I-3851 (Kommission/Italien II), Rn. 44.

356 EuGH-Urteil zur Rs. C-35/99 vom 19.2.2002, Slg. 2002, I-1529 (Arduino), Rn. 38.

Daher enthalte die dem Ausgangsverfahren zu Grunde liegende nationale Regelung weder Verfahrensvorschriften noch materielle Bestimmungen, durch die mit hinreichender Wahrscheinlichkeit sichergestellt werden kann, dass die nationale Anwaltskammer bei der Ausarbeitung des Vorschlags für die Gebührenordnung als eine im Allgemeininteresse tätige Ausprägung der öffentlichen Gewalt handele.[357]

ff) Zwischenergebnis

Der EuGH hat im Falle *Wouters* entschieden, dass die niederländische Rechtsanwaltskammer eine Unternehmensvereinigung sei, wenn sie eine Verordnung erlasse wie die streitige.[358] Genau genommen hat jedoch nicht die niederländische Rechtsanwaltskammer die streitige Verordnung erlassen, sondern die Delegiertenversammlung gem. Art. 28 I der Advocatenwet.[359] Die Zurechnung der Handlung der Delegiertenversammlung erfolgt dann über deren Organstellung zur niederländischen Rechtsanwaltskammer als Körperschaft des öffentlichen Rechts gem. Art. 17 I der Advocatenwet. Die Mitglieder der Delegiertenversammlung werden nach Art. 20 der Advocatenwet von den Versammlungen der Kammern der jeweiligen Bezirke gewählt.[360]

Entscheidend für die Einstufung einer Berufsorganisation als Unternehmensvereinigung in den *Wouters*- und *Arduino*-Verfahren ist aber, ob die Berufsorganisation nach nationalen Rechtsvorschriften dazu verpflichtet oder auch nur angeregt wird, Kriterien des öffentlichen Interesses und nicht nur die eigenen Interessen zu berücksichtigen.[361] So hat der EuGH etwa bei bestimmten Einrichtungen der Sozialversicherung, die auf dem Grundsatz der Solidarität beruhende Aufgaben erfüllen, entschieden, dass Wettbewerbsrecht keine Anwendung findet.[362] Ebenso hat der EuGH im Rahmen der Beurteilung von Tarifsystemen, die unter Beteiligung der entsprechenden verbandsinternen Tarif-Kommissionen festgesetzt wurden, festgestellt, dass diese Betätigung nicht gegen Art. 81 I EG-Vertrag verstößt, solange das Allgemeininteresse beachtet wird. Insoweit sind die

---

357 EuGH-Urteil Arduino, a.a.O., Rn. 39.

358 Vgl. EuGH-Urteil zur Rs. C-309/99 vom 19.2.2002, Slg. 2002, I-1577 (Wouters), Rn. 64.

359 Vgl. EuGH-Urteil Wouters, a.a.O., Rn. 38, 71. Hier spricht der EuGH selbst von einer „Einrichtung" der Niederländischen Rechtsanwaltskammer; zu Art. 28 I Advocatenwet vgl. oben C. II.

360 Vgl. oben C. II.

361 EuGH-Urteil Rs. C-35/96 vom 18.6.1998, Slg. 1998, I-3851 (Kommission/Italien II), Rn. 43 f.

362 Vgl. EuGH-Urteil Rs. C-159/91 und C-160/91 vom 17.2.1993, Slg. 1993, I-637 (Poucet und Pistre), Rn. 18.

entsprechenden Sachverständigen als unabhängig einzustufen.[363] Hingegen urteilte der EuGH bei den italienischen Zollspediteuren, dass deren Berufsorganisation bei der Festsetzung einer Gebührenordnung eine Unternehmensvereinigung sei, da die Organisation nicht durch Gesetz gehindert werde, im ausschließlichen Interesse des eigenen Berufsstandes zu handeln. Dadurch seien die Sachverständigen nicht unabhängig am Gemeinwohl orientiert.[364] Dies wurde insbesondere im *Arduino*-Verfahren bestätigt.

Der EuGH stellte im Falle *Wouters* fest, dass die niederländische Rechtsanwaltskammer beim Erlass der streitigen Verordnung anders als bestimmte Einrichtungen der Sozialversicherung keine auf dem Solidaritätsgrundsatz beruhende Aufgabe erfülle und auch keine typischerweise hoheitlichen Befugnisse ausübe. Vielmehr handele sie als Organ zur Regelung eines Berufs, dessen Ausübung im Übrigen eine wirtschaftliche Tätigkeit darstelle.[365]

Mit der kurzen Begründung, die erstaunlicherweise ohne größere Ausführungen zu den vom EuGH selbst entwickelten Prüfungskriterien auskommt, wird die Qualifikation als Unternehmensvereinigung gleichsam festgestellt. Der EuGH geht davon aus, dass Berufsorganisationen unabhängig von ihrer öffentlich- oder privatrechtlichen Ausgestaltung bei der Setzung berufsrechtlicher Normen als Unternehmensvereinigungen i.S.d. Art. 81 I EG-Vertrag anzusehen sein können.[366] Dennoch hat der EuGH nicht geurteilt, dass die Berufsorganisationen in allen ihren Tätigkeiten als Unternehmensvereinigungen i.S.d. Art. 81 EG-Vertrag zu qualifizieren seien.[367] Er hat vielmehr auch im *Wouters*-Urteil ausdrücklich zwischen den verschiedenen Tätigkeitsbereichen differenziert.[368]

Konsequent hat der EuGH damit sehr genau die Vorlagefrage des Raad van State beantwortet und ist nicht dem Schlussantrag des Generalanwalts gefolgt.[369] Dieser argumentierte, dass Art. 81 I EG-Vertrag so auszulegen sei, dass der Begriff der Unternehmensvereinigung generell eine Berufsvertretung von Rechtsanwälten wie den Nederlandse Orde van Advocaten erfasse. Wenn eine Berufsvertretung von Rechtsanwälten ausschließlich aus Berufsangehörigen bestehe

---

363 EuGH-Urteil zur Rs. C-185/91 vom 17.11.1993, Slg. 1993, I-5801 (Reiff), Rn. 24; EuGH-Urteil zur Rs. C-153/93 vom 9.6.1994, Slg. 1994, I-2517 (Delta), Rn. 23; EuGH-Urteil zur Rs. C-140/94, C-141/94, C-142-94 vom 17.10.1995, Slg. 1995, I-3407 (DIP), Rn. 18; EuGH-Urteil, Rs. C-96/94 vom 5.10.1995, Slg. 1995, I-2883 (Centro), Rn. 24.

364 Vgl. EuGH-Urteil Rs. C-35/96 vom 18.6.1998, Slg. 1998, I-3851 (Kommission/Italien II), Rn. 41-44.

365 Vgl. EuGH-Urteil zur Rs. C-309/99 vom 19.2.2002, Slg. 2002, I-1577 (Wouters), Rn. 58.

366 EuGH-Urteil Wouters, a.a.O., Rn. 64.

367 So aber: *Hund*, DstR 2002, 519, 520.

368 Vgl. *Fleischhauer*, DNotZ 2002, 325, 338; *Eichele/Happe*, NJW 2003, 1214.

369 Schlussanträge des Generalanwalts Léger vom 10.7.2001, Rs. C-309/99 (Wouters), Nr. 258.

und nicht gesetzlich verpflichtet sei, bei ihren Entscheidungen bestimmte Kriterien des Allgemeininteresses zu berücksichtigen, so sei sie bei allen von ihr ausgeübten Tätigkeiten unabhängig vom Gegenstand und Zweck der getroffenen Maßnahmen als Unternehmensvereinigung i.S.v. Art. 81 I EG-Vertrag anzusehen. Der Umstand, dass einer berufsständischen Vertretung von Rechtsanwälten durch Gesetz die Befugnis zum Erlass von Verordnungen und Disziplinargewalt verliehen worden sei, ändere nichts an ihrer Einstufung als Unternehmensvereinigung i.S.v. Art. 81 I EG-Vertrag.

Nach Ansicht des EuGH allerdings unterfallen im Einklang mit den allgemeinen Abgrenzungskriterien sämtliche Tätigkeiten, die mit der Ausübung hoheitlicher Befugnisse zusammenhängen oder die keinen Bezug zum Wirtschaftsleben haben, nicht dem Wettbewerbsrecht[370]. Im Bereich der berufsrechtlichen Normsetzung freilich kann den Berufsorganisationen die Eigenschaft einer Unternehmensvereinigung zukommen, wenn diese Normsetzung nicht unmittelbar dem Staat zuzurechnen ist.[371]

Im Hinblick auf das Tatbestandsmerkmal „Beschluss" geht der EuGH im *Wouters*-Urteil gleichsam davon aus, dass die streitige Verordnung der niederländischen Rechtsanwaltskammer ein Beschluss einer Unternehmensvereinigung i.S.v. Art. 81 I EG-Vertrag ist.[372] Auch im *Arduino*-Urteil wird die Thematik nicht weiter problematisiert.[373]

Aus der Rechtsprechung des EuGH lassen sich demnach zwei Schlussfolgerungen ziehen. Zum einen ist auf die konkrete Tätigkeit der Berufsorganisation abzustellen, um sie ggf. als Unternehmensvereinigung zu qualifizieren. Zum anderen muss geprüft werden, ob die Berufsorganisation bei dieser konkreten Tätigkeit Kriterien des Allgemeininteresses mitberücksichtigt.

gg) Bedeutung für die deutsche Rechtslage

Fraglich ist, wie diese Abgrenzungskriterien in der deutschen Praxis tatsächlich umgesetzt werden können.

---

370 EuGH-Urteil zur Rs. C-309/99 vom 19.2.2002, Slg. 2002, I-1577 (Wouters), Rn. 57.

371 Vgl. dazu auch die Presseerklärung des EuGH vom 19.2.2002 zum Urteil in der Rs. C-309/99 (Wouters): „Der EuGH entschied zunächst, dass die Niederländische Rechtsanwaltskammer, soweit sie als satzungsgebendes Organ eines Berufsstands eine für die Berufsangehörigen verbindliche Verordnung erlasse, als Unternehmensvereinigung im Sinne des Wettbewerbsrechts der Gemeinschaft zu betrachten sei. Die Rechtsanwaltskammer, die ausschließlich aus Rechtsanwälten bestehe und nicht gesetzlich verpflichtet sei, ihre Entscheidungen im Allgemeininteresse zu treffen, sei eine Unternehmensvereinigung, wenn sie eine Verordnung über das Verbot bestimmter Formen der beruflichen Zusammenarbeit erlasse"; vgl. dazu auch *Eichele/Happe*, NJW 2003, 1214.

372 Vgl. EuGH-Urteil zur Rs. C-309/99 vom 19.2.2002, Slg. 2002, I-1577 (Wouters), Rn. 71.

373 Vgl. EuGH-Urteil zur Rs. C-35/99 vom 19.2.2002, Slg. 2002, I-1529 (Arduino), Rn. 38.

Höchst problematisch erscheint jedenfalls aus deutscher Sicht, dass der EuGH zwar im Anschluss an seine eigene Rechtsprechung, aber im Widerspruch zum deutschen Rechtssystem argumentiert, dass die Berufsorganisation unabhängig von ihrer öffentlich-rechtlichen Rechtsform eine Unternehmensvereinigung sein könne. Hier wird das deutsche System der mittelbaren Staatsverwaltung unmittelbar in Frage gestellt. In Deutschland ist es Ausdruck der Selbstverwaltung der freien Berufe, dass diese in öffentlich-rechtlich strukturierten Kammern mit einer Pflichtmitgliedschaft strukturiert sind. Diese Kammern sind damit Ausdruck der verfassten Staatlichkeit und notwendig im Sinne des Allgemeininteresses. Im Falle der Rechtsanwaltschaft gilt nach der Bundesrechtanwaltsordnung (BRAO) die Selbstverwaltung seit dem 1. August 1959.[374] Die Aufgaben der Rechtsanwaltskammern sind entsprechend in der BRAO geregelt.

Danach gilt, dass gem. § 60 I BRAO die Rechtsanwälte und Rechtsanwaltsgesellschaften, die in dem Bezirk eines Oberlandesgerichts ihren Sitz haben, die regionale Rechtsanwaltskammer bilden. Die Rechtsanwaltskammern sind Körperschaften des öffentlichen Rechts gem. § 62 I BRAO. Dabei hat die jeweilige Landesjustizverwaltung die Staatsaufsicht über die entsprechende regionale Rechtsanwaltskammer inne gem. § 62 II BRAO.[375] Handlungsfähig wird die Rechtsanwaltskammer durch den Vorstand gem. § 63 BRAO, der durch die Kammerversammlung, ein Gremium aller Rechtsanwälte des Kammerbezirks, gem. § 64 I BRAO gewählt wird. Der Vorstand seinerseits wählt aus seiner Mitte das Präsidium nach § 78 I BRAO, das wiederum die Geschäfte des Vorstands erledigt nach § 79 I BRAO, wobei der Präsident die Kammer gerichtlich und außergerichtlich vertritt nach § 80 I BRAO. Aufgaben des Vorstands sind nach § 73 II BRAO insbesondere, die Mitglieder der Kammer in Fragen der Berufspflichten zu beraten und zu belehren, auf Antrag bei Streitigkeiten unter den Mitgliedern der Kammer zu vermitteln, auf Antrag bei Streitigkeiten zwischen Mitgliedern und ihren Auftraggebern zu vermitteln, die Erfüllung der den Mitgliedern der Kammer obliegenden Pflichten zu überwachen und das Recht der Rüge zu handhaben, Rechtsanwälte für die Ernennung zu Mitgliedern des Anwaltsgerichts und des Anwaltsgerichtshofs vorzuschlagen, Vorschläge gem. § 107 BRAO, also Rechtsanwälte als Beisitzer beim Bundesgerichtshof für Anwaltssachen, und § 166 BRAO, also Vorschläge für die Wahl zum Rechtsanwalt beim Bundesgerichtshof, vorzulegen, der Versammlung der Kammer über die Verwaltung des Vermögens jährlich Rechnung zu legen, Gutachten zu erstatten, die eine Landesjustizverwaltung, ein Gericht oder eine Verwaltungsbehörde des Landes anfordert, bei der Ausbildung der Referendare mitzuwirken, insbesondere qualifizierte Arbeitsgemeinschaftsleiter und Prüfer vorzuschlagen und die anwaltlichen Mitglieder der juristischen Prüfungsausschüsse vorzuschlagen. Im

---

374 Vgl. BGBl. 1959 I, 565 f.

375 Zum Begriff der Staatsaufsicht vgl. unten unter C. IV. 1. h).

Rahmen der Berufsaufsicht hat der Vorstand gem. § 74 BRAO das Rügerecht inne und kann den Einspruch gegen den Rügebescheid zurückweisen; dagegen kann der betroffene Rechtsanwalt Antrag auf anwaltsgerichtliche Entscheidung stellen gem. § 74a BRAO.

Auf Bundesebene sind die regionalen Rechtsanwaltskammern in der Bundesrechtsanwaltskammer (BRAK) gem. § 175 I BRAO zusammengeschlossen. Diese ist wie die regionalen Kammern nach § 176 I BRAO eine Körperschaft des öffentlichen Rechts. Das Bundesministerium der Justiz führt die Staatsaufsicht über die BRAK nach § 176 II BRAO.[376] Organe der BRAK sind das Präsidium nach § 179 I BRAO und die Hauptversammlung gem. § 187 BRAO, welche die Versammlung der regionalen Rechtsanwaltskammern ist, die durch ihre Präsidenten vertreten werden gem. § 188 I BRAO. Die Hauptversammlung wählt das Präsidium der BRAK aus seiner Mitte gem. § 180 I BRAO. Die Hauptversammlung fasst ihre Beschlüsse gem. § 190 BRAO. Die Satzungsversammlung ist gem. § 191a BRAO Organ der BRAK und erlässt die berufsrechtlichen Satzungen.[377]

Zu den Aufgaben der BRAK gehört es nach § 177 II BRAO insbesondere, bei Fragen, welche die Gesamtheit der Rechtsanwaltskammern angehen, die Auffassung der einzelnen Kammern zu ermitteln und im Wege gemeinschaftlicher Aussprache die Auffassung der Mehrheit festzustellen, Richtlinien für die Fürsorgeeinrichtungen der Rechtsanwaltskammern aufzustellen, in allen die Gesamtheit der Rechtsanwaltskammern berührenden Angelegenheiten die Auffassung der BRAK den zuständigen Gerichten und Behörden gegenüber zur Geltung zu bringen, die Gesamtheit der Rechtsanwaltskammern gegenüber Behörden und Organisationen zu vertreten, Gutachten zu erstatten, die eine an der Gesetzgebung beteiligte Behörde oder Körperschaft des Bundes oder ein Bundesgericht anfordert, und die berufliche Fortbildung der Rechtsanwälte zu fördern.

Aufgrund des Gesetzes zur Änderung der BRAO, der Patentanwaltsordnung und anderer Gesetze vom 31. August 1998[378] wurde ein neuer § 224a BRAO eingeführt. Dieser ermächtigt die Länder aufgrund von Rechtsverordnungen, die den Landesjustizverwaltungen nach der BRAO zugewiesenen Aufgaben und Befugnisse ganz oder teilweise auf die Rechtsanwaltskammern zu übertragen. Was das Zulassungs- und Widerrufsverfahren angeht, haben alle Länder zwischenzeitlich diese Kompetenzen auf die Rechtsanwaltskammern übertragen.[379]

Fraglich ist, woran das Allgemeinwohl zu erkennen ist. Im deutschen Schrifttum wird teilweise vertreten, dass die Stellung der Rechtsanwälte verfassungsrecht-

---

376 Vgl. zur Staatsaufsicht unten unter C. IV. 1. h).

377 Vgl. die Ausführungen zur Satzungsversammlung oben C. IV. 1. d).

378 BGBl. 1998 I, 2600 ff.

379 Vgl. dazu *Braun*, BerlAnwBl. 2003, 209.

lich und europarechtlich dadurch geprägt sei, dass sie auf einem nach Ausbildung und ethischer Verantwortung hohen Stand Dienstleistungen anböten, die einer Gemeinwohlbindung unterlägen, die sich unter anderem in der „Verkammerung“ manifestiere.[380] Diese Sichtweise habe auch das BVerfG zur Zulässigkeit von öffentlich-rechtlich organisierten Industrie- und Handelskammer bestätigt.[381] Im Anschluss an ältere Rechtsprechung habe das Gericht zwei unterscheidbare Aufgabenkomplexe als legitime öffentliche Aufgaben eingeordnet.[382] Einerseits ginge es um die Vertretung der gewerblichen Wirtschaft, andererseits um die Wahrnehmung von Verwaltungsaufgaben auf wirtschaftlichem Gebiet. Bei jenem handele es sich nicht um reine Interessenvertretung, wie Fachverbände sie wahrnehmen, sondern um die Vertretung des Gesamtinteresses der gewerblichen Wirtschaft mit der im Vordergrund stehenden Aufgabe, die Staatsorgane zu beraten.

Bei kombinierten Aufgaben komme es darauf an, ob jede einzelne nur in dieser oder auch in einer anderen Form wahrgenommen werden könne. Es bedürfe daher nicht der Prüfung, ob auch reine Interessenvertretung in einer Gesellschaft mit entwickeltem Verbandswesen noch öffentlich-rechtlich organisiert werden dürfe. Jedenfalls seien private Verbände mangels Gemeinwohlbindung nicht in der Lage, die Aufgaben insgesamt wahrzunehmen, die die Industrie- und Handelskammern mit Hilfe der Pflichtmitgliedschaft zu erfüllen befähigt seien, insbesondere öffentliche Aufgaben in mittelbarer Staatsverwaltung.[383] Diese Gemeinwohlbindung gilt entsprechend für die öffentlich-rechtlich strukturierten Rechtsanwaltskammern. Deren Aufgaben liegen zum einen in der Aufsicht der Berufsträger im Sinne von Überwachung und Durchsetzung von gesetzlich geregelten Disziplinarmaßnahmen und zum anderen in der Interessenvertretung der Gesamtanwaltschaft unter Berücksichtigung der öffentlich-rechtlichen Bindungen. Weiterhin soll der Berufsstand, im Falle der Bundesrechtsanwaltskammer etwa durch Angebote von Fortbildungsmaßnahmen, gefördert werden.[384]

Würde man diese Ansicht konsequent auf die Gesamtvertretung der öffentlich-rechtlichen Rechtsanwaltskammern, namentlich die Bundesrechtsanwaltskammer, anwenden, so erscheint die Trennung von Aufgabenbereichen, wie sie der EuGH im Falle der Qualifizierung als Unternehmensvereinigung vorgenommen hat, praktisch kaum sinnvoll. Die Bundesrechtsanwaltskammer ist einerseits Interessenvertretung aller deutschen Rechtsanwälte.[385] Dies ist nach Ansicht des

380 *Jaeger*, Stbg 2002, 163.

381 BVerfG-Urteil vom 7.12.2001 – 1 BvR 1806/98.

382 Vgl. BVerfGE 15, 235, 240.

383 *Jaeger*, Stbg 2002, 164.

384 Vgl. *Tettinger*, Recht der wirtschaftlichen und der freiberuflichen Selbstverwaltung, S. 86 f.

385 Im Gegensatz dazu vertritt der Deutschen Anwaltverein nur etwa die Hälfte der deutschen Rechtsanwälte und steht daher für eine Partikularinteressenvertretung.

BVerfG eine legitime öffentliche Aufgabe, da eben das Gesamtinteresse der deutschen Rechtsanwälte vertreten wird. Andererseits nimmt die Bundesrechtsanwaltskammer Verwaltungsaufgaben wahr, die sie als mittelbare Staatsverwaltung im Rahmen der Selbstverwaltung zu erfüllen hat.[386] Würde man die Kriterien des EuGH übernehmen, so könnte das Ergebnis sein, dass die Bundesrechtsanwaltskammer als Körperschaft des öffentlichen Rechts je nach Betätigung entgegen den Ausführungen des BVerfG einerseits als Unternehmensvereinigung zu qualifizieren wäre, hingegen bei rein verwaltungstechnischen Angelegenheiten nicht. Das ist nicht überzeugend und verkennt die tatsächlichen Gegebenheiten zulasten des Allgemeininteresses.

Fraglich ist darüber hinaus, ob die deutsche Berufsvertretung der Rechtsanwälte grundsätzlich überhaupt eine Unternehmensvereinigung vor dem Hintergrund sein kann, dass ihre Mitglieder anders als bei der niederländischen Rechtsanwaltskammer gem. Art. 17 I Advocatenwet[387] nicht die Rechtsanwälte selbst sind, sondern die regionalen Rechtsanwaltskammern gem. § 175 I BRAO, bei denen wiederum die einzelnen Rechtsanwälte als „Unternehmen" nach § 60 I BRAO zugelassen sind. Die Bundesrechtsanwaltskammer als zentrale Berufsvertretung wäre also eine „Unternehmensvereinigung der Unternehmensvereinigungen".[388]

Die Europäische Kommission hat dazu entschieden, dass Vereinigungen von Unternehmensvereinigungen ebenso zu den Unternehmensvereinigungen i.S.v. Art. 81 EG-Vertrag zählen.[389] Unter der Prämisse, dass die regionalen Rechtsanwaltskammern als Unternehmensvereinigungen qualifiziert werden, wäre die Bundesrechtsanwaltskammer als Vereinigung von Unternehmensvereinigungen auch eine Unternehmensvereinigung i.S.d. Art. 81 EG-Vertrag.

Zusätzlich problematisch erscheint die Qualifizierung einer regionalen Rechtsanwaltskammer als Unternehmensvereinigung vor den Ausführungen des Generalanwalts in seinen Schlussanträgen zu Rechtsanwälten als Unternehmen. Angestellte Anwälte, die ein festes Gehalt erhalten und ihrem Arbeitgeber gegenüber weisungsgebunden sind, fallen als Arbeitnehmer unstreitig nicht in den Anwendungsbereich des europäischen Wettbewerbsrechts.[390] Da bei der regionalen Kammer jedenfalls selbstständige und angestellte Rechtsanwälte zugelassen sind, erscheint eine Qualifizierung der Kammer als Unternehmensvereini-

---

386 Im Ergebnis so auch *Tettinger*, Tätigkeitsfeld der Bundesrechtsanwaltskammer, S. 71.

387 Vgl. oben unter C. II.

388 So auch *König*, Standesrechtliche Wettbewerbsbeschränkungen im gemeinsamen Markt, S. 222.

389 Kommission, Entscheidung vom 30.11.1994, ABl.EG 1994 Nr. L 343/1 (Zement), Rn. 44; vgl. *Gleiss/Hirsch/Burkert*, Art. 81 I Rn. 71.

390 Schlussanträge zur Rs. C-309/99 (Wouters), a.a.O., Rn. 52.

gung schon deswegen höchst problematisch.[391] Der EuGH hat über diese Konstellation bis jetzt noch nicht entscheiden müssen. Wäre also schon die regionale Rechtsanwaltskammer keine Unternehmensvereinigung, dann kann die BRAK als Dachorganisation ebenso wenig eine Unternehmensvereinigung sein. Die Frage kann jedoch unbeantwortet bleiben, wenn schon aus anderen Gründen die Qualifizierung der BRAK als Unternehmensvereinigung scheitert. Deshalb werden die vom EuGH entwickelten Kriterien zum „Ermächtigungssystem" und Vorbehaltssystem" entscheidend sein. Dies entspricht auch einer Meinung in der Literatur, die das Kriterium des „wahren Regelungsautors" zur Bestimmung des Tatbestandsmerkmals „Unternehmensvereinigung" eingeführt hat. Maßgeblich sei insoweit die Frage nach dem wahren Autor und Veranlasser der wettbewerbsbeschränkenden Maßnahme. Konsequent hieße das, dass der interne Entscheidungsvorgang daraufhin zu untersuchen ist, ob sich die Beschlüsse letztlich als Willensbetätigung der Unternehmen oder des Staates darstellen. Sollte die nachfolgende Prüfung daher zu dem Ergebnis führen, dass das deutsche Anwaltsberufssatzungsrecht im Verfahren des „Ermächtigungssystems" zustande käme, wäre das Tatbestandsmerkmal „Unternehmensvereinigung" erfüllt. Sollte die Untersuchung ergeben, dass das Anwaltssatzungsrecht im Wege des „Vorbehaltssystems" zustande kommt, läge staatliches Recht vor, das als Willensbetätigung des Staates zu werten ist.[392]

hh) Beschlüsse

Die zweite Form wettbewerbsbeschränkender Maßnahmen, gegen die sich Art. 81 I EG-Vertrag richtet, sind Beschlüsse von Unternehmensvereinigungen, die den Beschlüssen von Zusammenschlüssen von Unternehmensvereinigungen gleich stehen.[393] Unter Beschlüssen sind nach Art. 81 I EG-Vertrag alle Rechtsakte zu verstehen, durch die eine Unternehmensvereinigung ihren Willen bildet. Auf das Verfahren der Willensbildung und die rechtliche Qualifizierung des Beschlusses nach nationalem Recht kommt es nicht an. Selbst wenn es sich bei der Vereinigung um eine öffentlich-rechtliche Körperschaft handelt, deren Beschlüsse nach nationalem Recht beispielsweise als Verwaltungsakte qualifiziert werden, die nach nationalem Recht vor den Verwaltungsgerichten angefochten werden können, besteht die Möglichkeit der Anwendung des Art. 81 I EG-Vertrag.[394] Nicht nur verbindliche Rechtsakte kommen in Betracht, sondern auch an

---

391 Vgl. Schlussanträge Wouters, a.a.O., Rn. 53.

392 In diesem Sinne auch *König*, Standesrechtliche Wettbewerbsbeschränkungen im gemeinsamen Markt, S. 139.

393 Vgl. oben IV. 1. a).

394 Kommission, Entscheidung vom 30.1.1995, 95/188/EG, ABl.EG 1995 Nr. L 122/37 (COAPI), 49; vgl. unten unter C. V. 6. d) bb) (1).

sich unverbindliche Empfehlungen oder Rundschreiben von Unternehmensvereinigungen, wenn sich die Mitglieder überwiegend daran halten.[395]

Fraglich ist, welche Rechtsakte im Falle des deutschen Anwaltsrechts als Beschlüsse in Betracht kämen, vorausgesetzt, dass die BRAK als Unternehmensvereinigung qualifiziert würde. Wie bereits festgestellt, werden die berufsrechtlichen Satzungen von der Satzungsversammlung als Organ der BRAK erlassen. Prüfungsgegenstand ist vorliegend das Anwaltsberufsrecht in Form von Satzungen. Dies bedeutet, dass verbindliches Berufsrecht in Form von Satzungsrecht heute ausschließlich von der Satzungsversammlung gesetzt wird. Also kommen auch nur etwaige Beschlüsse der Satzungsversammlung in Betracht. § 191d BRAO bestimmt, dass die Beschlüsse der Satzungsversammlung zur Berufsordnung mit der Mehrheit aller stimmberechtigten Mitglieder gefasst werden und sonstige Beschlüsse mit der Mehrheit der anwesenden stimmberechtigten Mitglieder. Demgegenüber regelt § 191e BRAO, dass die Satzung drei Monate nach Übermittlung an das Bundesministerium der Justiz in Kraft tritt, soweit nicht dieses die Satzung oder Teile derselben aufhebt.

Aus dem Wortlaut der beiden Vorschriften ergibt sich, dass nur die Satzungsbeschlüsse der Prüfung des Bundesministeriums der Justiz nach § 191e BRAO unterliegen. Die sonstigen Beschlüsse werden nicht von der Vorschrift umfasst.[396] Ungeklärt ist daher, ob die sonstigen Beschlüsse einer Prüfung des Bundesministeriums der Justiz unterliegen. Ungeachtet der Tatsache, dass die Satzungsversammlung grundsätzlich nur die Kompetenz nach § 59b BRAO übertragen bekommen hat, kann die Frage nach dem Prüfungsumfang im Hinblick auf die sonstigen Beschlüsse vorliegend offen bleiben, da die sonstigen Beschlüsse jedenfalls kein Anwaltsberufsrecht setzen können. Würde die Satzungsversammlung Berufsrecht im Verfahren der sonstigen Beschlüsse setzen, wären diese mangels Ermächtigungsgrundlage wohl schon verfassungsrechtlich nichtig. Das bedeutet, dass nur die Satzungsbeschlüsse der Satzungsversammlung im Rahmen einer weiteren Prüfung zu Art. 81 EG-Vertrag relevant sind. Daraus ergibt sich, dass jedenfalls in der weiteren Prüfung nur noch die Satzungen der Anwaltschaft untersucht werden müssen.

ii) Zwischenergebnis

Die entscheidende Prüfung wird daher sein, ob die von der Satzungsversammlung erlassenen Berufsregeln als nichtstaatliches Recht im Sinne des EuGH zu qualifizieren sind. Nur dann könnte nämlich die Bundesrechtsanwaltskammer überhaupt eine Unternehmensvereinigung sein. Eine Prüfung der EuGH-Voraussetzungen zum Satzungsrecht ist daher unumgänglich. Die bloße Feststellung, dass die Bun-

395 Vgl. die Ausführungen bei *Immenga/Mestmäcker*, Art. 85 Rn. 93 ff.

396 *Henssler/Prütting*, BRAO, § 191e Rn. 2.

desrechtsanwaltskammer eine Unternehmensvereinigung sei, weil sie sich ebenso wie die niederländische Rechtsanwaltskammer für die Wirtschaftstätigkeit der Mitglieder ihres Berufsstandes einzusetzen gehalten ist, verkennt den neu entwickelten Prüfungsmaßstab des EuGH und die Vorüberlegungen des Generalanwalts.[397] Im Hinblick auf das deutsche System hat der EuGH eben ein anderes Schema entwickelt, das sich bewusst von dem auf das niederländische Rechtssystem angewandte Schema unterscheidet.[398]

f) Wesentliche Grundsätze

Fraglich ist, ob vorliegend der „Mitgliedstaat bei der Übertragung von Rechtsetzungsbefugnissen an einen Berufsverband wesentliche Grundsätze festgelegt hat, die bei der Satzungsgebung zu beachten sind.“ Es ist also zu prüfen, ob in Deutschland der Gesetzgeber bei der Übertragung von „Rechtsetzungsbefugnissen“ an die Satzungsversammlung der BRAK wesentliche Grundsätze festgelegt hat, die diese wiederum beachten muss.

aa) Rechtslage bis 1987 und § 43 BRAO

Die Berufspflichten der Rechtsanwälte waren vor 1987 gesetzlich nur in wenigen Grundzügen und in der Generalklausel des § 43 BRAO geregelt. Maßgeblich wurde die Generalklausel durch die von der Bundesrechtsanwaltskammer gem. § 177 II BRAO Nr. 2 a.F.[399] erlassenen Richtlinien konkretisiert. In der amtlichen Begründung zu § 43 BRAO hieß es:

> „Die Pflichten, die der Beruf des Anwalts dem Auftraggeber, der Anwaltschaft und der Allgemeinheit gegenüber mit sich bringt, lassen sich nicht erschöpfend festlegen. Dazu ist das Berufsleben des Anwalts zu vielseitig. Es wird zudem vornehmlich von ethischen Geboten beherrscht, die nur in allgemeinen Normen ihren Niederschlag finden können. Zu den allgemeinen Grundsätzen, die (im Dritten Teil der BRAO a.F.) enthalten sind, treten die besonderen Vorschriften anderer Gesetze hinzu, die bestimmte Einzeltatbestände regeln.“[400]

Zwar sah der ursprüngliche Gesetzesentwurf der Bundesrechtsanwaltsordnung in seinem § 191 vor, dass es der Bundesrechtsanwaltskammer obliegen sollte, Richtlinien „aufzustellen“.[401] Im Rechtsausschuss des Bundestages bestand jedoch Konsens dahingehend, dass in den Richtlinien nur die Auffassungen der Standesgenossen zu registrieren waren, die Richtlinien deshalb keinen normati-

---

397 So aber *Mailänder*, BRAK-Mitt. 2003, 114, 116.

398 Vgl. oben unter C. IV. 1. a).

399 § 177 II Nr. 2 BRAO a.F. bestimmte: „Der (Bundesrechtsanwalts-)Kammer obliegt insbesondere die allgemeine Auffassung, über Fragen der Ausübung des Anwaltsberufs in Richtlinien festzustellen.“

400 Amtliche Begründung zu § 43 BRAO, BT-Drucks. III/120, 47 ff.

401 Vgl. BT-Drucks. III/120.

ven Charakter haben sollten.[402] Die § 43 BRAO a.F. konkretisierenden Standesrichtlinien selbst stellten deshalb nach herrschender Meinung keine ausreichende normative Grundlage für Eingriffe in die Berufsausübungsfreiheit nach Art. 12 I 2 GG dar, sondern dienten als eine wesentliche Erkenntnisquelle dafür, was im Einzelfall nach der Auffassung angesehener und erfahrener Standesgenossen der Meinung aller anständig und gerecht denkender Anwälte und der Würde des Standes entspricht.[403] Die Standesrichtlinien werden daher auch von der herrschenden Meinung und in der ehemaligen Ehrengerichtsrechtsprechung nicht als Rechtsnormen i.S.v. Art. 12 I 2 GG angesehen, sondern sind nur eine Sammlung von Erfahrungssätzen.[404] Damit schaffte die Hauptversammlung der BRAK kein Standesrecht, sondern stellte es nur fest. Diese Feststellung musste die allgemeine Standesauffassung betreffen. Strittige Auffassungen konnten nicht durch Mehrheitsbeschlüsse als nach allgemeiner Auffassung standesgemäß oder standeswidrig festgestellt werden. Solange sich keine allgemeine Auffassung durchgesetzt hatte, durfte keine Standesrichtlinie aufgestellt werden.[405]

Rechtsgestaltend wirkende Richtlinienbeschlüsse, die neues Standesrecht schaffen sollten, waren gesetzeswidrig.[406] Die Standesrichtlinien hatten nicht wie die ärztlichen Berufsordnungen die Rechtsnatur von autonomem Satzungsrecht.[407] Obschon also die Richtlinien keine Normqualität hatten, wurde ihnen insbesondere von den damaligen Ehrengerichten eine gewisse rechtserhebliche Bedeutung beigemessen. Die schwierige Situation entstand dadurch, dass die Berufspflichten in der Generalklausel des § 43 BRAO umschrieben waren und dieser als formell ausreichende Rechtsgrundlage für Eingriffe in die Berufsfreiheit nach Art. 12 I GG angesehen wurde.[408] Bei der Auslegung und Anwendung der Generalklausel wurde sich deshalb an die Standesrichtlinien gehalten. Dies wurde von Literatur und Rechtsprechung weitestgehend gebilligt.[409]

---

402 Vgl. BT-Drucks. III/778, 110.

403 *Feuerich/Weyland*, BRAO, § 43 Rn. 2.

404 Vgl. Nachweise bei *Lingenberg/Hummel/Zuck/Eich*, Anwaltliches Standesrecht, Einleitung, Anm. 5.

405 Vgl. *Feuerich*, BRAO, § 177 Rn. 20.

406 BGH NJW 1978, 2298.

407 Vgl. BVerfGE 36, 212, 217 = NJW 1974, 232.

408 Vgl. BVerfGE 26, 186, 204 = NJW 1969, 2192; BVerfGE 36, 212, 219 = NJW 1974, 232; BVerfGE 57, 121, 132 = NJW 1981, 2239; BVerfGE 66, 337, 355 = NJW 1984, 2341.

409 BVerfGE 36, 212, 217 = NJW 1974, 232; BVerfGE 57, 121, 132 = NJW 1981, 2239; BVerfGE 60, 215, 230 = NJW 1982, 2487; BVerfGE 66, 337, 356 = NJW 1984, 2321; vgl. *Feuerich*, BRAO.

bb) Rechtslage nach 1987 und die Neuregelung des Dritten Teils der BRAO

In seinen beiden Grundsatzentscheidungen[410] stellte das BVerfG 1987 fest, dass die von der BRAK erlassenen Richtlinien keine ausreichende Grundlage für Einschränkungen der anwaltlichen Berufsausübung darstellen. Nach Art. 12 I 2 GG wird die Berufausübung durch Gesetz oder aufgrund Gesetzes geregelt. Das Erfordernis einer gesetzlichen Grundlage für einen Eingriff beruht darauf, dass das Grundrecht der Berufsfreiheit die menschliche Persönlichkeit, nach der Ordnung des Grundgesetzes der oberste Rechtswert, in einem für ihre Selbstbestimmung in der arbeitsteiligen Industriegesellschaft besonders wichtigen Bereich schützt. Weiterhin muss die Inanspruchnahme dieser Freiheit mit den Belangen der Allgemeinheit in Einklang gebracht werden und die Abwägung, gegenüber welchen Gemeinschaftsinteressen und wie weit das Freiheitsrecht des Einzelnen zurücktreten muss, in den Verantwortungsbereich des Gesetzgebers fallen.[411] Entsprechend legte das BVerfG dem Gesetzgeber auf, „statusbildende“ Normen zu erlassen. Allerdings wurde nicht ausdrücklich definiert, was „statusbildend“ bedeutet. Aus der Rechtsprechung des BVerfG lässt sich jedoch entnehmen, dass es sich um Regelungen handelt, die von grundsätzlicher Bedeutung für den Status des Rechtsanwalts sind.[412] Bloße Ausgestaltungsregelungen, also Berufsausübungsregelungen, können durch Satzung erlassen werden.[413] Dieser Verantwortung kann sich der Gesetzgeber nicht entziehen. In einem System, in dem das Volk unmittelbar vom Parlament repräsentiert wird, ist daher allein das Parlament befugt, im öffentlichen Willensbildungsprozess unter Abwägung der verschiedenen widerstreitenden Interessen die von der Verfassung offen gelassenen Fragen zu entscheiden.[414] Einschränkungen der Berufsfreiheit müssen nicht ausschließlich durch den staatlichen Gesetzgeber oder durch die von ihm ermächtigte staatliche Exekutive angeordnet werden. Innerhalb bestimmter Grenzen sind solche Regelungen auch in Gestalt von Satzungen zulässig, die von einer mit Autonomie ausgestatteten Körperschaft erlassen werden.

Vom Gesetzgeber muss jedoch berücksichtigt werden, dass besondere Gefahren für die Betroffenen und die Allgemeinheit bestehen. Sie können für Berufsan-

---

410 BVerfG-Beschluss vom 14.7.1987 – 1 BvR 537/81, BVerfGE 76, 171 = NJW 1988, 191; BVerfG-Beschluss vom 14.7.1987 – 1 BvR 362/79, BVerfGE 76, 196 = NJW 1988, 194.

411 Ständige Rechtsprechung des BVerfG, vgl. BVerfGE 7, 377, 397, 404 f. = NJW 1958, 1035; BVerfGE 13, 97, 104 f. = NJW 1961, 2011; BVerfGE 33, 125, 158 f. = NJW 1972, 1504; BVerfGE 41, 251, 263 f. = NJW 1976, 1309; BVerfGE 63, 266, 286 = NJW 1963, 1535.

412 BVerfGE 57, 121, 132.

413 *Lingenberg/Hummel/Zuck/Eich*, Anwaltliches Standesrecht, N 37.

414 Vgl. BVerfGE 33, 125, 159 = NJW 1972, 1504; BVerfGE 64, 208, 214 = NJW 1984, 1225.

fänger und Außenseiter nachteilig sein, weil durch ein Übergewicht von Verbandsinteressen ein verengtes Standesdenken begünstigt wird. Ein Berufsverband darf daher zur Normierung solcher Pflichten ermächtigt werden, die keinen statusbildenden Charakter haben und nur in die Freiheit der Verbandsmitglieder eingreifen. Im Einzelnen hängt die Abgrenzung von der Intensität des Eingriffs in das Grundrecht der Berufsfreiheit ab, wobei die Anforderungen an die Bestimmtheit der erforderlichen gesetzlichen Ermächtigung umso höher sind, je empfindlicher der Berufsangehörige in seiner freien beruflichen Betätigung beeinträchtigt und je stärker die Interessen der Allgemeinheit an der Art und Weise der Tätigkeit berührt werden.[415]

In der nunmehr gültigen Ermächtigungsgrundlage § 59b BRAO sind die wesentlichen Grundsätze, insbesondere die Forderung des BVerfG nach einer Ermächtigungsnorm für eine anwaltliche Berufsordnung, die selbst wesentliche Grundsätze regelt, für den Erlass der Berufsordnung bzw. Fachanwaltschaftsordnung geregelt.

Das in Deutschland existente System der Wesentlichkeitstheorie müsste auch den Anforderungen der Europäischen Kommission genügen. Diese hatte in einem kartellrechtlichen Verfahren gegen die Berufsvertretung der spanischen Patentanwälte im Rahmen einer Prüfung von Mindesttarifen in Form einer Kammersatzung zu entscheiden. Die Berufvertretung der Patentanwälte hatte geltend gemacht, dass die Festsetzung von Mindesttarifen aufgrund eines Gesetzes erlassen war. Dem entgegnete die Kommission, dass das erwähnte Gesetz zwar regle, dass es Sache der Berufsverbände sei, für ihren Berufsstand Mindesthonorare festzulegen. Weder regle das Gesetz aber die Tarife selbst, noch gebe es die Kriterien für ihre Festsetzung an. Das parlamentarische Gesetz überlasse es den Berufskammern, die Verantwortung für die Festsetzung von Tarifen zu übernehmen. Daher bestehe eine Einschränkung durch die Mindesttarife nicht aufgrund Gesetzes. Die Festsetzung von Mindesttarifen bei der spanischen Patentanwaltskammer sei daher nicht Teil der Ausübung hoheitlicher Gewalt.[416]

Aus den Ausführungen der Kommission lässt sich der Rückschluss ziehen, dass eine Ermächtigungsgrundlage, die bestimmte wesentliche statusbildende Regelungsvorgaben selbst enthält, den Anforderungen an das hoheitliche Handeln erfüllt. Zwar verpflichtet die BRAO im Allgemeinen und § 59b BRAO im Besonderen nicht dazu, eine Berufssatzung zu erlassen. Jedoch wird exakt vorgegeben, was in einer Berufssatzung geregelt werden kann.[417]

---

415 BVerfGE 33, 125, 155ff, NJW 1972, 1504; BVerfGE 71, 162, 172 = NJW 1986, 1533.

416 Entscheidung der Kommission vom 30.1.1995, 95/188/EG, ABl.EG Nr. L 122 (COAPI), 49; vgl. unten C. V. 6. d) bb) (1).

417 Zur Problematik eines Gebührensystems, das festgesetzte Mindestgebühren vorschreibt, vgl. unten unter C. VI. 2. f).

cc) Zwischenergebnis

Das erste der vom EuGH aufgestellten Kriterien ist erfüllt. § 59b II BRAO enthält einen abschließenden Katalog derjenigen Gegenstände, auf die sich die Satzungsermächtigung an die Satzungsversammlung erstreckt.[418] Dadurch wird die Satzungsversammlung inhaltlich an strikte Vorgaben gebunden. Diese Befugnisbeschränkung wirkt aufgrund der noch zu behandelnden Letztentscheidungsbefugnis nach § 191e BRAO wie eine Vorabkontrolle der Satzung.[419]

Soweit in der Literatur behauptet wird, dass es in den Niederlanden vergleichbare Beschränkungen der Satzungsgewalt durch den Gesetzgeber gäbe, ist dies nicht zutreffend.[420] Einerseits enthält das Advocatenwet keinen § 59b II BRAO vergleichbaren Katalog. Der den Umfang der Satzungsgewalt regelnde Art. 28 I Advocatenwet[421] ermächtigt vielmehr umfassend zum Erlass von „Verordeningen" und hebt nur beispielhaft hervor, dass davon auch Versorgungsregelungen umfasst sind. Inhaltliche Vorgaben ergeben sich lediglich aus dem auch in Deutschland gem. Art. 20 III GG zu beachtenden Vorrang des Gesetzes nach Art. 29 II, III Advocatenwet[422] sowie daraus, dass der NOvA nur Regelungen „im Interesse der ordnungsgemäßen Berufsausübung" treffen darf gem. Art. 28 I Advocatenwet.[423]

Darüber hinaus „hinkt" auch hier der Vergleich mit dem Sachverhalt *Wouters*. Der EuGH bringt zum Ausdruck, dass die streitgegenständliche niederländische Verordnung den Willen der Vertreter des Berufsstandes zum Ausdruck bringt, die Angehörigen dieses Berufsstandes bei ihrer Wirtschaftstätigkeit „zu einem bestimmten Verhalten zu veranlassen".[424]

---

418 Zur enumerativen Aufzählung vgl. *Feuerich/Weyland*, BRAO, § 59b Rn. 1; BT-Drucks. 12/7556, 50.

419 *Eichele/Happe*, NJW 2003, 1214, 1215.

420 *Kilian*, MDR 2002, 850.

421 Art. 28 Abs. 1 Advocatenwet bestimmt: „Die Delegiertenversammlung kann Verordnungen im Interesse der ordnungsgemäßen Berufsausübung einschließlich Verordnungen über die Versorgung der Rechtsanwälte im Alter und bei völliger oder teilweiser Arbeitsunfähigkeit sowie der Angehörigen verstorbener Rechtsanwälte erlassen. Die Versammlung erläßt ferner die erforderlichen Verordnungen in Bezug auf den Haushalt und die Organisation der Niederländischen Rechtsanwaltskammer".

422 Art. 29 Abs. 2 und 3 Advocatenwet bestimmen:
„(2) [Die Verordnungen] sind für die Mitglieder der Niederländischen Rechtsanwaltskammer und für Gastanwälte [...] verbindlich. [...]
(3) Bestimmungen in Verordnungen, die sich auf Gegenstände beziehen, die durch Gesetz oder auf Grund eines Gesetzes geregelt werden, treten außer Kraft."

423 *Eichele/Happe*, NJW 2003, 1214, 1215.

424 Vgl. EuGH-Urteil zur Rs. C-309/99 vom 19.2.2002, Slg. 2002, I-1577 (Wouters), Rn. 64.

Keineswegs kommt in der BORA der Willen der Vertreter des Berufsstandes zum Ausdruck, die Kollegen zu einem bestimmten Verhalten bei ihrer Wirtschaftstätigkeit zu veranlassen. Vielmehr erlässt die Satzungsversammlung Regelungen, die ihr vom Gesetzgeber aufgrund der Wesentlichkeitsrechtsprechung des BVerfG genau vorgegeben sind. Schon bei diesem ersten Kriterium des EuGH gibt es somit Unterschiede zwischen beiden Rechtsordnungen. Keineswegs entsprechen die beiden Systeme demnach einander beinahe bis ins Detail.[425]

g) Bestimmte Allgemeininteressen

aa) Der Begriff des Allgemeininteresses

Problematischer erscheinen die Vorgaben des EuGH zum Allgemeininteresse. Dabei ist man sich im Schrifttum weitgehend einig, dass die Begriffe des Allgemeininteresses und des Gemeinwohls für den EuGH gleichbedeutend sind.[426]

Der EuGH stellt fest, dass die niederländische Rechtsanwaltskammer beim Erlass von Rechtsakten wie der streitigen Verordnung nicht verpflichtet sei, „bestimmte Kriterien des Allgemeininteresses“ zu berücksichtigen. In Art. 28 der Advocatenwet, welcher der Kammer die Befugnis zum Erlass von Verordnungen verleihe, sei lediglich vorgesehen, dass die Verordnungen im Interesse der „ordnungsgemäßen Berufsausübung“ ausgestaltet sein müssten.[427] Die Bedeutung der „bestimmten Allgemeininteressen“ soll daher näher untersucht werden.

Zunächst ist fraglich, wie der Begriff des Allgemeininteresses zu verstehen ist. In Betracht käme eine europarechtliche oder eine nationale Definition des Allgemeininteresses. Der Unterschied zwischen beiden Möglichkeiten liegt darin, dass im Falle einer nationalen Definition die Eigenheiten des Mitgliedstaats mitberücksichtigt werden müssten. Demnach wäre der Begriff des Allgemeininteresses nicht zwangsläufig harmonisiert. Legte man hingegen eine europarechtliche Definition des Begriffs „Allgemeininteresse“ zu Grunde, so müsste eine einheitliche, für alle Mitgliedstaaten gleiche Definition und Auslegung des Begriffs gelten. Nationale Besonderheiten könnten nur begrenzt berücksichtigt werden.

Für eine europarechtlich-harmonisierte Definition des Begriffs „Allgemeininteresse“ spräche, dass unabhängig von nationalen Besonderheiten eine einheitliche Anwendung des europäischen Wettbewerbsrechts ohne weitere Differenzierungen möglich wäre.

---

425 So aber *Kilian*, MDR 2002, 850; *Römermann/Wellige*, BB 2002, 633, 637.

426 Vgl. *Sagawe*, ZRP 2002, 281, 284; *Kleine-Cosack*, BRAO, § 59b Rn. 10, Rn. 14; *Jaeger*, Stbg 2002, 163.

427 EuGH-Urteil zur Rs. C-309/99 vom 19.2.2002, Slg. 2002, I-1577 (Wouters), Rn. 62 und vgl. oben unter C. II.

Gegen eine europarechtlich-harmonisierte Definition des Begriffs „Allgemeininteresse“ sprechen jedoch zahlreiche Argumente. Zum einen widerspräche es dem Grundsatz der Subsidiarität, wenn Anforderungen an das Allgemeininteresse europarechtlich definiert würden. In Bereichen, die im Kern nationale Angelegenheiten sind, würden durch europarechtliche Vorgaben Kompetenzen auf die europäische Ebene verlagert. Im Beispiel des Berufsrechts, von dem der EuGH ausdrücklich erklärte, dass es Aufgabe des Mitgliedstaats sei, dieses zu erlassen und anzuwenden, bekäme der europäische Gesetzgeber unmittelbaren Einfluss über diesen Rechtsbegriff eingeräumt. Ganze Rechtssysteme würden dadurch berührt. Während in Deutschland z.B. die Kostenerstattung und das Prozesskostenhilfesystem im Allgemeininteresse eingeführt worden sind, existiert im Vereinigten Königreich kein vergleichbares System, sondern man glaubt, das Erfolgshonorarsystem, das in Deutschland untersagt ist, stelle ein vergleichbares „access to justice“-System im Allgemeininteresse dar.[428]

Auch der Wortlaut und die Systematik der vom EuGH vorgegebenen Voraussetzungen sprechen für eine nationale Definition des Begriffs „Allgemeininteresse“. Der EuGH fordert für die Qualifizierung als staatliches Recht, dass der Mitgliedstaat bei der Übertragung von Rechtsetzungsbefugnissen an einen Berufsverband Kriterien des Allgemeininteresses und wesentliche Grundsätze festlegt, die bei der Satzungsgebung zu beachten sind.[429] Schon daraus ergibt sich, dass der Mitgliedstaat selbst neben den wesentlichen Grundsätzen die Kriterien des Allgemeininteresses festzulegen hat, nicht die Europäische Union.

Schließlich rekurriert der EuGH auf vorangegangene Entscheidungen.[430] Nach der Rechtsprechung des EuGH ist es Sache der nationalen Rechtsordnung, diejenigen Allgemeininteressen festzulegen, die sie mit ihren Regelungen verfolgt.[431]

Nachdem also feststeht, dass sich die Definition des Allgemeininteresses nach nationalstaatlichem Recht ergibt, stellt sich die Frage, ob die Allgemeininteressen ausdrücklich genannt sein müssen oder sich auch implizit ergeben können, sei es durch die spezielle nationale Gesetzessystematik, sei es aufgrund bestimmter nationaler anderer Eigenheiten.

Nach deutscher Rechtslage gilt es festzustellen, dass § 59b II BRAO keinen expliziten Katalog der bei der Normsetzung zu berücksichtigenden Allgemeininteressen enthält. Fraglich ist, ob der EuGH eine solche Auflistung überhaupt fordert.

---

428 Vgl. dazu die sehr instruktiven Ausführungen von *Henssler/Kilian*, Positionspapier zur Studie des Instituts für Höhere Studien in Wien, bisher unveröffentlicht.

429 EuGH-Urteil zur Rs. C-309/99 vom 19.2.2002, Slg. 2002, I-1577 (Wouters), Rn. 68.

430 Der EuGH bezieht sich auf den Berufsverband von Zollspediteuren, EuGH-Urteil Rs. C-35/96 vom 18.6.1998, Slg. 1998, I-3851 (Kommission/Italien II), Rn. 43; vgl. EuGH-Urteil zur Rs. C-309/99 vom 19.2.2002, Slg. 2002, I-1577 (Wouters), Rn. 62.

431 EuGH-Urteil Wouters, a.a.O., Rn 68; EuGH-Urteil Rs. C-35/96 vom 18.6.1998, Slg. 1998, I-3851 (Kommission/Italien II), Rn. 43.

Der EuGH hat niemals bemängelt, dass es der Rechtstradition etlicher Mitgliedstaaten, insbesondere Deutschlands,[432] entspricht, die mit einer Regelung verfolgten Allgemeininteressen nicht jeweils ausdrücklich zu benennen, sondern sie aus verfassungsrechtlichen oder sonstigen allgemeinen Grundsätzen herzuleiten.[433]

In Deutschland gilt das verfassungsrechtliche Modell entsprechend dem Prinzip des Vorrangs und des Vorbehalts des Gesetzes. Danach ergeben sich die zu berücksichtigenden Allgemeininteressen aus dem Grundgesetz, insbesondere aus den Grundrechten und hierbei vor allem aus dem Grundrecht der Berufsfreiheit nach Art. 12 I GG. Das Allgemeininteresse ist in Deutschland danach im Grundgesetz selbst manifestiert. Danach wird die Satzungsversammlung durch zweierlei Vorgaben gebunden. Einerseits enthält der Katalog des § 59b II BRAO nicht nur eine neutrale Auflistung von Regelungskompetenzen, auf die sich die Satzungsgewalt erstreckt.[434]

Er stellt vielmehr zugleich die nach der Wesentlichkeitsrechtsprechung des BVerfG geforderte Entscheidung des Gesetzgebers dar, in welchen statusausfüllenden Bereichen die verschiedenen, für berufsrechtliche Schranken sprechenden Interessen andere Belange überwiegen können. Ohne eine solche Wertentscheidung des staatlichen Gesetzgebers über die zulässige Reichweite von Regelungen des Satzungsgebers wäre schon die Ermächtigungsgrundlage verfassungswidrig. Die statusbildenden wesentlichen Vorschriften werden also durch den Gesetzgeber selbst und die statusausfüllenden Normen durch die Satzungsversammlung erlassen.[435] Schon durch diesen Mechanismus wird die Bindung der Satzungsversammlung an die in der parlamentarischen Willensbildung zum Ausdruck kommenden Allgemeininteressen sichergestellt.[436] Auf zweiter Ebene kommt freilich hinzu, dass die Satzungen der Satzungsversammlung bei der Bundesrechtsanwaltskammer unmittelbar an die verfassungsrechtlichen Vorgaben des Verhält-

---

432 Vgl. dazu die instruktiven Ausführungen von *Jaeger*, Stgb. 2002, 163, 166 f.

433 Vgl. nur EuGH-Urteil Rs. C-35/96 vom 18.6.1998, Slg. 1998, I-3851 (Kommission/Italien II), Rn. 43 f., in dem EuGH feststellt: „Dabei werden die Mitglieder des CNSD wie auch der Bezirksräte durch keine nationale Rechtsvorschrift dazu verpflichtet oder auch nur angeregt, Kriterien des öffentlichen Interesses zu berücksichtigen." Daraus ergibt sich, dass der EuGH keine explizite Nennung des Allgemeininteresses in der jeweils betroffenen Rechtsgrundlage fordert, sondern lediglich „eine Verpflichtung oder Anregung durch eine nationale Rechtsvorschrift."

434 *Eichele/Happe*, NJW 2003, 1214, 1215.

435 Vgl. dazu die Ausführungen zu den wesentlichen Grundsätzen oben C. IV. 1. f).

436 Vgl. *Jaeger*, Stbg. 2002, 163, 165, 166, die sogar noch weitergeht und feststellt, dass es im Bereich des autonom gesetzten Kammerrechts überhaupt keine Regelungen gebe, die nicht in irgendeiner Form objektiv berufsregelnde Tendenz hätten und sich nicht schon deshalb an der Verfassung messen lassen müssten. Der Gesetz- und Verordnungsgeber habe einen weitreichenden Gestaltungs- und Einschätzungsspielraum hinsichtlich seiner Ordnungsvorstellungen und Zweckverwirklichungen.

nismäßigkeitsgrundsatzes gebunden sind. Die Verhältnismäßigkeitsprüfung enthält aber die Abwägung sämtlicher betroffener Allgemeininteressen.[437]

Denkbar wäre es jedoch, dass der EuGH seine ständige Rechtsprechung revidiert haben könnte, wenn die Urteile *Wouters* und *Arduino* so zu verstehen sein sollten, dass die jeweilige Ermächtigungsgrundlage selbst die schützenswerten Allgemeininteressen ausdrücklich enthalten muss. Ein Indiz dafür könnte eine Formulierung im *Arduino*-Urteil[438] sein. Der EuGH führt aus, dass die Ermächtigungsgrundlage für den Erlass der Gebührenordnungen, das Real Decreto Legislativo, derartige Kriterien nicht aufweise. Demgegenüber finden sich im *Wouters*-Urteil diese Einschränkungen jedoch nicht. Vielmehr nimmt der EuGH dort sogar ausdrücklich Bezug auf seine Entscheidung zur Gebührenordnung für Zollspediteure, in der er deutlich ausgesprochen hat, dass eine Verpflichtung zur Berücksichtigung von Kriterien des öffentlichen Interesses sich nur aus einer „nationalen Rechtsvorschrift" ergeben muss.[439] Daraus kann deshalb nicht geschlossen werden, dass der EuGH fordern würde, die Allgemeininteressen müssten explizit in der Ermächtigungsnorm genannt werden. Es entspricht den Vorgaben des EuGH, wenn Kriterien des Allgemeininteresses nach einer nationalen Rechtsvorschrift zu beachten sind. Das ist in Deutschland, wie ausgeführt, schon deshalb der Fall, weil die Grundrechtsbindung und insbesondere der Verhältnismäßigkeitsgrundsatz, der unmittelbar aus dem Grundgesetz abzuleiten ist, vorschreiben, dass die betroffenen Belange zu beachten sind.[440]

Ein Erfordernis der expliziten Nennung der zu berücksichtigenden Allgemeininteressen könnte sich nur daraus ableiten lassen, dass der EuGH in der deutschen Fassung des *Wouters*-Urteils von „bestimmten" Allgemeininteressen spricht. Daraus wird geschlossen, dass eine schriftliche Manifestierung der jeweiligen Allgemeininteressen erfolgen müsse. Das überzeugt nicht; zum einen spricht dagegen, dass die entsprechende Formulierung in der niederländischen Originalfassung des *Wouters*-Urteils bedeutend zurückhaltender ist. Dort wird gesprochen von „een aantal criteria van algemeen belang". Diese Formulierung ist bei richtigem Verständnis dagegen gerichtet, dass die Ermächtigungsnorm des Advocatenwet mit der „ordnungsgemäßen Berufsausübung" nur ein einzelnes Interesse herausgreift und damit die Gefahr hervorruft, dass die übrigen betroffenen Interessen nicht hinreichend berücksichtigt werden.[441]

Es geht deshalb weniger um eine bestimmte Benennung der Interessen, als vielmehr darum, dass nach den gesetzlichen Vorgaben mehrere Allgemeininteressen

---

437 *Jaeger*, Stgb. 2002, 166; *Feuerich/Weyland*, BRAO, § 59b Rn. 2.

438 EuGH-Urteil zur Rs. C-35/99 vom 19.2.2002, Slg. 2002, I-1529 (Arduino), Rn. 38.

439 EuGH-Urteil Arduino, a.a.O., Rn. 43.

440 *Eichele/Happe*, NJW 2003, 1214, 1216.

441 *Eichele/Happe*, NJW 2003, 1214, 1216.

zu berücksichtigen sein müssen. Dass dem EuGH die Benennung eines einzelnen bestimmten Allgemeininteresses in Art. 28 I Advocatenwet nicht genügt, macht deutlich, dass es ihm nicht um eine ausdrückliche Benennung des oder der verfolgten Allgemeininteressen geht, sondern um die Pflicht zur Berücksichtigung der verschiedenen Interessen. Zudem stützt sich der EuGH bei seiner Formulierung ausdrücklich auf die Entscheidung zu den Gebührenregelungen der italienischen Zollinspekteure, ohne einen Hinweis auf den Willen zu einer inhaltlichen Abweichung von dieser Entscheidung zu geben. Die in Bezug genommene Entscheidung fordert lediglich, dass aufgrund nationaler Rechtsvorschriften „Kriterien des öffentlichen Interesses" zu berücksichtigen sein müssten[442]. Der zweifelhafte Zusatz „bestimmte" fehlt an dieser Stelle. Es kann aber nicht angenommen werden, dass der EuGH unter ausdrücklicher Berufung auf seine bisherige Rechtsprechung an einem derart zentralen Punkt von dieser so deutlich abweichen wollte, ohne das entsprechend klarzustellen. Das gilt umso mehr, als die Forderung nach bestimmter Benennung der Allgemeininteressen weitreichende Auswirkungen auf die Rechtsetzungspraxis derjenigen Mitgliedsstaaten hätte, in denen, wie bereits ausgeführt, eine entsprechende Tradition nicht besteht, zumal es sich beim Berufsrecht um einen Bereich handelt, dessen Regelung der EuGH ausdrücklich den Mitgliedsstaaten zuweist.[443] Die Anwendung von Berufsregelungen auf die Anwälte ist nach ständiger EuGH-Rechtsprechung aus zwingenden Gründen des Allgemeininteresses gerechtfertigt.[444]

Letzteres muss richtigerweise auch die rechtsetzungstechnische Frage umfassen, in welcher Form die entsprechenden staatlichen Regelungen getroffen werden, ob also ein Katalog zu berücksichtigender Interessen normiert wird, oder ob diese aufgrund verpflichtender Verfassungsrechtslage aus allgemeinen Grundsätzen herzuleiten sind. Zudem kann die (abschließende) Angabe bestimmter, zu berücksichtigender Interessen ihrerseits wegen Verstoßes gegen das Verhältnismäßigkeitsprinzip verfassungs- und europarechtswidrig sein, wenn sie die Berücksichtigung weiterer Allgemeininteressen vollständig ausschließt, deren mögliche Betroffenheit beim Erlass der Ermächtigungsgrundlage eventuell noch nicht erkennbar war.[445] Es erscheint nicht plausibel, dass der EuGH diese Gefahr durch seine Rechtsprechung herbeiführen wollte.[446]

---

442 EuGH-Urteil zur Rs. C-35/99 vom 19.2.2002, Slg. 2002, I-1529 (Arduino), Rn. 43.

443 Vgl. *Hartung/Holl*, BORA vor § 34 Rn. 28 m.w.N.

444 *Hartung/Holl*, BORA, vor § 34 Rn. 29 m.w.N.

445 Gerade diese Überlegung zeigt die Überlegenheit des flexibleren Regelungssystems, das ohne ausdrückliche Benennung der Allgemeininteressen vorgeht.

446 *Eichele/Happe*, NJW 2003, 1214, 1216.

bb) Zwischenergebnis

Als Ergebnis kann daher festgehalten werden, dass der EuGH entgegen dem ersten Eindruck nicht fordert, dass die jeweilige Rechtsgrundlage Allgemeinwohlbelange ausdrücklich auflistet, sondern dass die bisherige Rechtsprechung des Gerichtshofs zur impliziten Berücksichtigung der Allgemeininteressen bestätigt wird. Damit genügt § 59b II BRAO weiterhin den Anforderungen der Bindung an Allgemeinwohlbelange. Wenn teilweise argumentiert wird, dass nach der *Wouters*-Entscheidung bereits entschieden sei, dass auch das deutsche System nicht ausreiche, muss dem widersprochen werden. § 59b BRAO beinhaltet anders als Art. 28 I Advocatenwet nicht die problematische Beschränkung auf ein einzelnes Allgemeininteresse. Darin zeigt sich erneut eine erhebliche Abweichung zwischen beiden Regelungen. Oberflächlich handelt es sich zwar teilweise um ähnliche Formulierungen der Regelungen. Daraus den Schluss zu ziehen, es gebe keine nennenswerten inhaltlichen Unterschiede, verfehlt die Rechtslage.[447] Deshalb kann auch hier die Entscheidung des EuGH nicht unreflektiert auf die deutsche Rechtslage übertragen werden.[448]

Wie bereits ausgeführt, hat es der deutsche Gesetzgeber trotz des durch die Verfassung geschützten Grundrechts auf freie Berufsausübung gem. Art. 12 I GG für zulässig angesehen, die grundsätzlich unbegrenzte Berufsfreiheit durch Berufsausübungsregelungen einzuschränken. Inhaltlich regelt deshalb der Katalog des § 59 I BRAO die Satzungskompetenz hinsichtlich der Gewissenhaftigkeit, Wahrung der Unabhängigkeit, Verschwiegenheit, Sachlichkeit, Verbot der Vertretung widerstreitender Interessen, Umgang mit fremden Vermögenswerten, die Kanzleipflicht etc. Schutz von Qualitätsstandards und der Schutz der hohen moralischen und ethischen Standards dienen dem Verbraucherschutz, namentlich dem Mandanten.[449] Im Interesse des Allgemeinwohls müssen diese Standards aufrechterhalten werden.[450] Die Kommission gesteht diese Regelungen den Berufsorganisationen sogar ausdrücklich zu.[451]

---

447 *Kilian*, MDR 2002, 850.

448 *Eichele/Happe*, NJW 2003, 1214, 1215.

449 Zustimmend *Henssler/Prütting*, BRAO, § 59b Rn. 22, indem festgestellt wird, dass es Aufgabe der BORA sei, im Rahmen der Vorschriften der BRAO das Nähere zu den Rechten und Pflichten der Rechtsanwälte zu regeln, soweit dies im Interesse der Rechtsuchenden, der Rechtspflege oder der Allgemeinheit geboten sei.

450 Vgl. dazu *Sagawe*, ZRP 2002, 281, 284.

451 *Schaub*, AnwBl. 2002, 18.

h) Letztentscheidungsbefugnis

aa) Vorbemerkung

Entscheidend sind die Vorgaben des EuGH im Hinblick auf die Letztentscheidungsbefugnis. Der EuGH hat die italienische Gebührensatzung aufgrund der starken Letztkontrolle des Staates aufrechterhalten. Obwohl es nachweislich an den „bestimmten Allgemeininteressen" fehlte, hat der EuGH den Vorrang der Letztentscheidung anerkannt. Daraus kann aber nicht geschlossen werden, dass dieser Vorrang absolut ist. Denn dann käme es allein darauf an, ob die Letztentscheidungsbefugnis besteht oder nicht. Die übrigen EuGH-Vorgaben wären praktisch bedeutungslos.[452]

Damit ist auch eine Auffassung im Schrifttum endgültig widerlegt, die behauptet, dass das Kartellverbot in gleicher Weise greife, wenn die Berufsordnung auf Grundlage einer konkreten staatlichen Ermächtigung und mit staatlicher Genehmigung verabschiedet worden sei. Die Behauptung, dass die Berufsordnungen der Wirtschaftsprüfer, Steuerberater und Rechtsanwälte der kartellrechtlichen Prüfung unterlägen, obwohl sie aufgrund gesetzlicher Ermächtigung beschlossen und nachträglich durch das jeweilige Fachministerium kontrolliert worden seien, ist nach der *Wouters*-Entscheidung deshalb unhaltbar geworden.[453]

Widerlegt ist damit auch eine Meinung im Schrifttum, die behauptet, dass ein bloßer Genehmigungsvorbehalt des Gesetzgebers nicht ausreiche.[454] Hierbei wird Bezug genommen auf die Kommissionsentscheidung zur Gebührenordnung der spanischen Patentanwälte.[455] Es ist zwar beizupflichten, dass Satzungsbeschluss und anschließende Genehmigung grundsätzlich zwei autonome Akte sind; nicht nachvollziehbar ist dagegen die Behauptung, die Genehmigung gebe nur noch ein „grünes Licht" für Wettbewerbsregelungen, deren Inhalt durch Private bestimmt wird.[456] Dies gilt aus zweierlei Gründen. Zum einen wird die Kommissionsentscheidung zu den spanischen Patentanwälten falsch eingeordnet.[457] In dem von der Kommission zu entscheidenden Fall war überhaupt keine Genehmigung im Verfahren vorgesehen. Die Gebührensatzung „beruhte" auf dem Königlichen Dekret und ging diesem nicht voraus.[458] Bestätigt wird dies dadurch, dass das Königliche Dekret bereits am 27. Februar 1926 er-

---

452 *Eichele/Happe*, NJW 2003, 1214, 1215.

453 So aber: *Römermann*, MDR 1998, 1149.

454 *König*, DZWir 1997, 359, 364.

455 Vgl. oben unter C. IV. 1. f) bb).

456 So aber *König*, DZWir 1997, 359, 364.

457 Entscheidung der Kommission vom 30.1.1995, 95/188/EG, ABl.EG 1995 Nr. L 122/37 (COAPI), 50.

458 Entscheidung der Kommission COAPI, a.a.O., 40.

lassen wurde, während die Verabschiedung der Satzung erst am 29. November 1926 stattfand.[459] Ein Zweites Königliches Dekret vom 28. Februar 1927 „bestätigte“ dann die Satzung.[460] Bei diesem Dekret von einer Genehmigung der streitigen Gebührenordnung auszugehen, ist ebenso verfehlt. Die streitige Preisliste, die nach Art. 49 der Patentanwaltssatzung erlassen wurde, erlangte Gültigkeit am 1. Januar 1988.[461] Auch das Zweite Dekret kann demnach 60 Jahre vor Erlass der streitgegenständlichen Preisliste kaum deren Genehmigung sein.

Zum anderen ist nicht nachvollziehbar, warum in einem Genehmigungsverfahren regelmäßig „grünes Licht“ gegeben wird, faktisch dieses demnach überflüssig ist. Dass diese Auffassung nicht haltbar ist, hat der EuGH in seiner *Arduino*-Entscheidung deutlich gemacht. Die nachfolgenden Ausführungen werden im Falle Deutschlands zeigen, dass die Letztentscheidung des Staates als Fach-, aber auch Rechtsaufsicht kein stumpfes Schwert ist, sondern eine weitgehende Kontrolle über den Satzungsgeber darstellt.

Die Entscheidungen *Wouters* und *Arduino* müssen so verstanden werden, dass die Anforderungen an die Letztentscheidungsbefugnis in ihrer Reichweite davon abhängen, inwieweit die übrigen beiden Kriterien gewahrt sind. Nur bei diesem Verständnis ist die Auffassung des EuGH in sich schlüssig, indem sie ein einheitliches Kontrollniveau sicherstellt. Dort, wo der Staat keine oder nur geringe Vorgaben für den berufsständischen Satzungsgeber aufstellt, muss er eine intensive Kontrolle im Anschluss an dessen Beschluss vornehmen, um das erforderliche Niveau der staatlichen Einflussnahme sicherzustellen. Das gleiche Niveau kann er jedoch auch bei einer weniger ausgeprägten Letztentscheidungsbefugnis erreichen, wenn er – wie der deutsche Gesetzgeber – schon den Satzungsbeschluss an enge Grenzen bindet und dadurch eine Vorabkontrolle erreicht. Kurz gefasst lässt sich somit sagen, dass das Ausmaß notwendiger staatlicher Kontrolle der bereits beschlossenen Norm umso höher ist, je freier die Selbstverwaltungskörperschaft in der Normsetzung ist. Nur auf dieser Grundlage lässt sich auch die deutsche Letztentscheidungsbefugnis nach § 191e BRAO zutreffend einordnen.[462]

bb) Abgrenzung Fachaufsicht und Rechtsaufsicht

Grundsätzlich gilt im deutschen Staatsrecht nach Art. 20 III GG die Gesetzesbindung aller Verwaltungstätigkeiten und damit aller Verwaltungseinheiten an die (zentral-)staatliche Normbindung. In staatlicher Steuerung und Kontrolle verwirklicht sich die Einheit der Staatgewalt und es kommt zum Ausdruck, dass

459 Entscheidung der Kommission COAPI, a.a.O., 40.

460 Entscheidung der Kommission COAPI, a.a.O., 40.

461 Entscheidung der Kommission COAPI, a.a.O., 45.

462 *Eichele/Happe*, NJW 2003, 1214, 1217.

alle Verwaltungstätigkeit Ausübung von verteilter, aber in ihrem Ursprung einheitlicher Staatsgewalt nach Art. 20 II GG ist. Die Aufsicht zielt auf die Beachtung von Entscheidungsdeterminanten durch den Beaufsichtigten. Je nach Dichte der maßgeblichen Entscheidungsdeterminanten und je nach Reichweite der Zugriffsmöglichkeiten ist die Aufsicht inhaltlich und instrumental in ihrer Intensität gestaffelt. Die Kontrolldichte reicht von der Rechts- bis zur uneingeschränkten Aufsicht, die Zugriffsintensität von der Beobachtung, Information und Beratung bis zum Zwang. Bestimmungsfaktoren für die unterschiedlichen Aufsichtsmodalitäten sind die Art der von dem beaufsichtigten Verwaltungsträger wahrzunehmenden Aufgabe und die verfassungsrechtliche und gesetzliche Absicherung der Rechtsstellung des beaufsichtigten Verwaltungsträgers.[463] Unabhängig von der Frage, ob man vorliegend die Selbstverwaltung als mittelbare Staatsverwaltung[464], unmittelbare Staatsverwaltung[465] oder dritte Verwaltungsform sui generis[466] einordnet, ist allen Ansichten gemein, dass die Selbstverwaltung vom Staat normativ gesteuert werden kann und grundsätzlich einer Aufsicht des Staates unterliegt, die zumindest die Einhaltung der Rechtsvorschriften überwacht. Diese gilt als Korrelat der Selbstverwaltung, die dort existiert, wo dem Staat eingegliederte Institutionen Aufgaben wahrnehmen, die staatliche sind oder vom Staat wahrgenommen werden könnten.[467]

Für die Selbstverwaltung der Anwaltschaft gilt im Rahmen der Satzungsgebung § 191e BRAO, der bestimmt, dass die Satzung drei Monate nach Übermittlung an das Bundesministerium der Justiz in Kraft tritt, soweit dieses nicht die Satzung oder Teile der Satzung aufhebt. Die Frage stellt sich, welche Art an Aufsicht dem Bundesministerium der Justiz zusteht. In der Literatur werden generell mannigfache Aufsichtsformen unterschieden. In Betracht käme vorliegend grundsätzlich die Fachaufsicht oder die Rechtsaufsicht.[468] Unter Fachaufsicht wird allgemein ein Weisungsrecht verstanden, das sich sowohl auf die Recht- als auch auf die Zweckmäßigkeit einer Entscheidung bezieht. Der Begriff der Rechtsaufsicht bezeichnet eine Kontrolle der Rechtmäßigkeit des Verwaltungshandelns. Rechtsaufsicht besteht regelmäßig über die öffentlich-rechtlichen Rundfunkanstalten oder über die Hochschulen.[469] Die Fachaufsicht unterscheidet sich von der Rechtsaufsicht einerseits dadurch, dass jene auch die Kontrolle der Zweckmäßigkeit umfasst.[470] Wei-

---

463 *Isensee/Kirchhoff*, Handbuch des Staatsrechts III, S. 591 f.

464 Vgl. *Jellinek*, Allgemeine Staatslehre, S. 625 ff.

465 Vgl. *Forsthoff*, Lehrbuch des Verwaltungsrechts, S. 478.

466 Vgl. *Stern*, Staatsrecht der Bundesrepublik Deutschland II, S. 791.

467 *Stern*, Staatsrecht der Bundesrepublik Deutschland I, S. 402.

468 Vgl. die Ausführungen bei *Groß*, DVBl. 2002, 793, 795 ff.

469 *Groß*, DVBl. 2002, 793, 796.

470 *Maurer*, Allgemeines Verwaltungsrecht, § 22 Rn. 32; *Rudolf*, in: Erichsen (Hrsg.), Allgemeines Verwaltungsrecht, § 52 Rn. 48.

terhin umfasst die Fachaufsicht notwendig auch ein Weisungsrecht, welches sich ausschließlich auf Sachentscheidungen bezieht.[471] Um die Frage der Einordnung der Aufsichtsqualität beantworten zu können, soll ein kurzer Blick auf die Entstehungsgeschichte des § 191e BRAO geworfen werden.

cc) Entwicklung des § 191e BRAO

Ursprünglich lautete die Bestimmung des § 191e BRAO:

> „(1) Beschlüsse der Satzungsversammlung kann der Bundesgerichtshof auf Antrag des Bundesministeriums der Justiz für nichtig oder unwirksam erklären, wenn sie unter Verletzung des Gesetzes zustande gekommen oder ihrem Inhalt nach mit dem Gesetz nicht vereinbar sind. (2) Den Antrag kann auch jede Rechtsanwaltskammer stellen. (3) Im Übrigen ist § 191 anzuwenden."[472]

In der Regierungsbegründung wurde dazu ausgeführt:

> „Die Bestimmung regelt die Möglichkeit der richterlichen Nachprüfung von Beschlüssen der Satzungsversammlung. Im Wortlaut orientiert sie sich an der Bestimmung des § 191, die entsprechendes für Wahlen und Beschlüsse des Präsidiums und der Hauptversammlung der Bundesrechtsanwaltskammer bestimmt. Antragsberechtigt sind neben dem Bundesministerium der Justiz auch die Rechtsanwaltskammer, nicht dagegen auch das Mitglied der Rechtsanwaltskammer selbst."[473]

Dem Rechtsausschuss war diese Stellung des Bundesministeriums der Justiz unpassend. Vom Ausschuss wurden verfassungsrechtliche Bedenken vorgetragen. Das im Rahmen der Satzungsautonomie gesetzte Recht müsse mit höherrangigem Recht, vor allem mit dem Grundgesetz, voll in Übereinstimmung stehen. Für die Beachtung dieser Schranke der Satzungskompetenz komme der Staatsaufsicht eine wichtige Funktion zu, die sie nicht im Wege der Veranlassung lediglich einer gerichtlichen Nachprüfung delegieren könne. Nach Auffassung des Rechtsausschusses würde dem Gebot der staatlichen Aufsicht über die Satzungsgebung dadurch Rechnung getragen, dass die Aufsichtsbehörde die Möglichkeit erhalte, die Satzung oder einzelne Bestimmungen im Rahmen einer Frist aufzuheben.[474] Erst später wurde die aktuelle Fassung des § 191e BRAO vorgeschlagen, um einerseits sicherzustellen, dass die allgemeine Aufsicht auch im Hinblick auf Beschlüsse der Satzungsversammlung gilt, andererseits aber nicht die Selbstverwaltung der Anwaltschaft zu sehr beeinträchtigt werden würde.[475]

Aus der gesetzlichen Regelung und der Entstehung der Norm des § 191e BRAO lässt sich die Qualität der Aufsicht zwar nicht unmittelbar ableiten, jedoch ist mittelbar ein Rückschluss möglich. Aus den Überlegungen des Bundesrates und

---

471 Vgl. *Groß*, DVBl. 2002, 793, 795.

472 BR-Drucks. 93/93, 25.

473 BT-Drucks. 12/4993, 37.

474 BT-Drucks. 12/7656, 51.

475 Vgl. BR-Drucks. 504/94, 8.

des Bundestages ergibt sich, dass Aufhänger der Einordnung der Aufsicht über die Berufssatzungen die allgemeine Aufsicht des Bundesministeriums der Justiz über die BRAK war, namentlich § 176 II BRAO. Diese Vorschrift wird nach allgemeiner Auffassung als Rechtsaufsicht verstanden.[476]

dd) Staatsaufsicht i.S.d. § 191e BRAO

§ 191e BRAO eröffnet demnach nach herrschender Meinung eine Rechtsaufsicht des Bundesministeriums der Justiz.[477] Eine Zweckmäßigkeitsprüfung in Verbindung mit einer Weisungsbefugnis würde das Prinzip der Selbstverwaltung konterkarieren. Von einer Satzungsautonomie würde faktisch nichts übrig bleiben, da die Aufsichtsbehörde, also das Bundesministerium der Justiz, bei jedem Beschluss eine Zweckmäßigkeitsprüfung vornehmen würde. Somit wäre die Satzungsgebung in den Händen des Staates. Es würde sich dann anbieten, die Anwaltsberufssatzungen unmittelbar als Teil der BRAO zu regeln.

Vorliegend ist im Falle der Rechtsaufsicht aber davon auszugehen, dass eine Verpflichtung des Bundesministeriums der Justiz besteht, die Aufsichtsbefugnisse auch tatsächlich bei jedem ihm vorgelegten Satzungsbeschluss auszuüben und zwar innerhalb der Dreimonatsfrist bis zum Inkrafttreten der Satzung.[478] Wie noch darzulegen sein wird, entspricht dem auch die ständige Praxis des Justizministeriums. Es handelt sich also um eine Präventivkontrolle, bei der die Wahrnehmung der Aufhebungsbefugnis bereits das Inkrafttreten der Norm verhindert. Etwas ungewöhnlich ist allein der Umstand, dass das Wirksamwerden der Norm nicht von einer positiven Genehmigung abhängt, sondern vom Ausbleiben einer negativen Entscheidung.[479]

Letztlich handelt es sich dabei aber lediglich um einen zu vernachlässigenden Unterschied.[480] Das zeigt sich vor allem daran, dass ein mit dem bestehenden Rechtszustand identisches Ergebnis auch hätte erzielt werden können, indem zwar eine positive Genehmigung gefordert, diese allerdings nach Ablauf von drei Monaten fingiert wird, wie es etwa bei der Genehmigung von Flächennut-

---

476 *Henssler/Prütting*, BRAO, § 191e Rn. 3.

477 Vgl. *Feuerich*, in: Feuerich/Weyland, BRAO, § 191e Rn. 2 m.w.N.; soweit *Hartung*, in: Henssler/Prütting, BRAO, § 191e Rn. 3, eine über eine Rechtsaufsicht hinausgehende Kompetenz annimmt, dürfte das auf ein abweichendes Verständnis des Begriffs der Rechtsaufsicht zurückgehen; weitergehend noch *Römermann*, NJW 1998, 2249, 2251.

478 So erkennbar auch *Redeker*, AnwBl. 1995, 217, 219.

479 *Eichele/Happe*, NJW 2003, 1214, 1217.

480 Deshalb ist es auch sachlich zutreffend, wenn noch *Feuerich*, in: Feuerich/Braun, BRAO 5. Aufl., § 191e Rn. 2, das BMJ als Genehmigungsbehörde bezeichnet; die hier diskutierten Fragen sind i.Ü. unabhängig davon, ob man eine echte Mitwirkung des BMJ im Normsetzungsverfahren annimmt oder nicht (vgl. dazu nur *Becker-Eberhard*, JZ 2000, 418).

zungsplänen, geregelt nach § 6 IV 3 BauGB, ist. Auch zu einem echten Genehmigungserfordernis ohne Fiktion bestehen bei ordnungsgemäßer Aufgabenerfüllung durch die Aufsichtsbehörde keine tatsächlichen Unterschiede. Unabhängig von dem gewählten Regelungssystem ist die Aufsichtsbehörde zur rechtlichen Überprüfung der ihr vorgelegten Normen verpflichtet, sowie dazu, ihr Wirksamwerden zu verhindern, wenn sie zum Ergebnis der Rechtswidrigkeit gelangt. Lediglich im praktisch irrelevanten Fall der pflichtwidrigen Untätigkeit der Aufsichtsbehörde unterscheidet sich das Ergebnis, indem dann bei einem echten Genehmigungssystem ohne Fiktion die Norm nicht in Kraft tritt.[481]

Dies entspricht auch einer Meinung in der Literatur, wonach es sich bei einer Rechtsanwaltskammer um eine Selbstverwaltungskörperschaft handelt, die Verwaltungsfunktionen wahrnimmt, welche dem Staat zuzurechnen sind. Zwar gebe es keine geborenen Selbstverwaltungsaufgaben, doch sind diese im Rahmen eines Delegationsverhältnisses zu solchen der Selbstverwaltungsträger geworden. Die Selbstverwaltungsaufgaben unterfallen staatlicher Aufsicht. Denn die Erfüllung der innerhalb des Selbstverwaltungsbereichs bestehenden Aufgaben liege nicht nur im eigenen Interesse des Selbstverwaltungsträgers, sondern auch in demjenigen des Staates. Der Staatsaufsicht als notwendigem Korrelat des Selbstverwaltungsrechts komme die Aufgabe zu, auf die gesetzmäßige Erfüllung der Selbstverwaltungsaufgaben hinzuwirken.[482]

Vereinzelt wird vertreten, dass die in Deutschland existente Staatsaufsicht keine Letztentscheidung im Sinne des EuGH sei, da jene nicht dem Genehmigungsvorbehalt im Verfahren *Arduino* entspräche.[483] Dass es sich bei der deutschen Letztkontrolle gem. § 191e BRAO nicht um einen klassischen Genehmigungsvorbehalt handelt, wurde bereits dargestellt. Soweit behauptet wird, dass § 191e BRAO staatlichen Stellen keinen Gestaltungsspielraum und keine Mitwirkungsmöglichkeiten eröffnet, ist dies abzulehnen.[484] Wie noch im einzelnen darzustellen sein wird, hat das Bundesministerium der Justiz im Wege der Teilaufhebung der von der Satzungsversammlung erlassenen Regeln sehr wohl Gestaltungsspielraum und Mitwirkungsmöglichkeiten.[485] Doch darauf kommt es im vorliegenden Fall nicht an. Soweit es um die Anforderungen an die Letztentscheidung geht, wird verkannt, dass diese nicht isoliert von den anderen Anforderungen betrachtet werden können.

Es greift zu kurz, ausschließlich Vergleiche mit den Rechtslagen in den Niederlanden und in Italien anzustellen, um isoliert über die einzelnen Voraussetzun-

---

481 *Eichele/Happe*, NJW 2003, 1214, 1216.

482 Vgl. *Achterberg*, Allgemeines Verwaltungsrecht, S. 146-147.

483 *Kilian*, WRP 2002, 802, 807.

484 So aber *Kilian*, WRP 2002, 802, 807.

485 Vgl. Darstellung unten unter C. IV. 1. h) ff).

gen des EuGH zu spekulieren.[486] Es ist zwar richtig, dass in den Niederlanden nach Art. 28 III Advocatenwet die von der Delegiertenversammlung verabschiedeten Beschlüsse unverzüglich dem Minister der Justiz mitgeteilt werden müssen. Nach Art. 134 III Grondwet können Beschlüsse der so genannten Leitungsorgane wie der Delegiertenversammlung der niederländischen Anwaltskammer aufgehoben werden, wenn sie im Widerspruch zum geltenden Recht oder zum Allgemeininteresse stehen. Richtig ist auch die Feststellung, dass in Italien der Genehmigung durch das Justizministerium ein umfassender Konsultations- und Meinungsbildungsprozess vorausgeht. Sowohl das Comitato intermisteriale di prezzi als auch der Staatsrat geben zu dem dem Ministerium übermittelten Vorschlag ihre Stellungnahmen ab, über die der Consilio Nazionale Forense erneut berät. Abschließend findet dann die Genehmigung des Ministeriums statt. Wer aus dem vermeintlich „vergleichbaren Procedere“ der Niederlande zum deutschen System und den Unterschieden zum italienischen System jedoch schließt, dass das Letztentscheidungsbefugnis im Sinne des EuGH keine Rechtmäßigkeitskontrolle sein könne, unterschätzt die Urteilsfähigkeit des EuGH.[487]

Bei der in den Niederlanden vorgesehenen Aussetzungs- oder Aufhebungsmöglichkeit durch Königlichen Erlaß gem. Art. 30 Abs. 1 Advocatenwet[488] handelt es sich um eine reine Repressivkontrolle. Sie ist für das ursprüngliche Inkrafttreten der Normen irrelevant. Trotz der scheinbaren Ähnlichkeiten weichen die niederländischen und die deutschen Verfahrensregelungen damit gerade in diesem entscheidenden Punkt deutlich voneinander ab, was in der Literatur teilweise[489] verkannt wird. Es handelt sich dabei auch nicht um einen bloßen akademischen Unterschied, führt doch das niederländische Verfahren zu einer jedenfalls vorübergehenden Bindung der Normadressaten, ohne dass eine staatliche Stelle im Normsetzungsverfahren beteiligt gewesen wäre. Selbst wenn man annehmen will, dass der EuGH im Falle *Wouters* konkludent das Erfordernis der Letztentscheidungsbefugnis verneint hat, kann das deshalb nicht auf das deutsche Recht übertragen werden.

Tatsächlich steht der staatliche Einfluss in Deutschland damit sogar in deutlicher Nähe zu dem nach dem italienischen System. Der eigentliche Unterschied besteht in der inhaltlichen Reichweite der Kontrolle. An dieser Stelle ist allerdings zunächst auf einen etwas auffälligen Umstand in der Entscheidung des EuGH hinzuweisen. Während das ermächtigende Gesetz eindeutig und letztlich auch

---

486 So aber *Kilian*, WRP 2002, 802, 807.

487 *Kilian*, WRP 2002, 802, 807.

488 Art. 30 Abs. 1 Advocatenwet bestimmt: „Beschlüsse der Delegiertenversammlung, des allgemeinen Rates oder anderer Organe der Niederländischen Rechtsanwaltskammer können durch Königlichen Erlass ausgesetzt oder aufgehoben werden, soweit sie gegen das Recht oder das Allgemeininteresse verstoßen.“

489 *Kilian*, MDR 2002, 850.

unmissverständlich von einer Genehmigung durch den Minister spricht,[490] ohne dass dem unmittelbar zu entnehmen wäre, ob es sich um eine fach- oder rechtsaufsichtliche Genehmigung handelt, konstruiert der EuGH das Verfahren so, dass er in dem Satzungsbeschluss lediglich einen Vorschlag sieht und erst in der ministeriellen Erlaubnis den eigentlichen Rechtsetzungsakt. Unabhängig von der Frage der Richtigkeit dieser Konstruktion[491] ist jedenfalls festzuhalten, dass der EuGH von einer eigenen Zweckmäßigkeitsentscheidung des Ministers ausgegangen ist.

ee) Rechtsaufsicht contra Letztentscheidungsbefugnis

Es stellt sich deshalb die Frage, ob auch die weniger weitreichende Aufsicht nach § 191e BRAO, die allgemein als Rechtsaufsicht verstanden wird, den Anforderungen an die Letztentscheidungskompetenz genügt, oder ob diese eine Zweckmäßigkeitsprüfung des Staates voraussetzt. Das wird teilweise in der Literatur angenommen, ohne dass dafür allerdings ein Beleg aus der Entscheidung des EuGH genannt würde.[492]

Diese Auffassung erweckt den unzutreffenden Eindruck, dass der EuGH die Regelungen des italienischen Rechts als Mindeststandard angesehen habe, der gewahrt sein müsse, damit eine berufsrechtliche Regelung als staatliche Regelung angesehen werden könne. Eine dahingehende Aussage kann dem Urteil nicht entnommen werden. Der EuGH hat vielmehr lediglich entschieden, dass die italienische Regelung den Anforderungen an eine staatliche Normsetzung genügt. Ob und in welchem Umfang auch andere Gestaltungen ausreichen, bedurfte keiner Entscheidung. Deshalb hat der EuGH richtig daran getan, nicht zu in weiteren Mitgliedstaaten verwirklichten Systemen Stellung zu nehmen, auch wenn diese einem Gericht angemessene Zurückhaltung aus theoretischer Sicht bedau-

---

490 Art. 57 Real Decreto Legislativo Nr. 1578 vom 27.11.1933 (GURI Nr. 281 vom 5.12.1933), umgewandelt in das Gesetz Nr. 36 vom 22.1.1934 (GURI Nr. 24 vom 30.1.1934) bestimmt:

„(I) Il Consiglio dell'ordine degli avvocati e dei procuratori stabilisce ogni due anni per la propria circoscrizione i criteri per la determinazione degli onorari e delle indennità dovute agli avvocati ed ai procuratori in materia penale e stragiudiziale. Nello stesso modo provvede il Consiglio nazionale forense per quanto concerne la determinazione degli onorari nei giudizi penali davanti alla Corte suprema di cassazione ed al Tribunale supremo militare.

(II) Le deliberazioni con le quali si stabiliscono i criteri di cui al comma precedente devono essere approvate dal Ministro per la grazia e giustizia, sentito il parere, per quelle dei Consigli degli ordini, del Consiglio nazionale forense."

491 Vgl. auch *Schlosser*, EuLF 2002, 94, 98.

492 *Kilian*, MDR 2002, 850. Wäre das richtig, so müsste eine europarechtskonforme Auslegung des § 191e BRAO in Erwägung gezogen werden, wonach eine fachaufsichtliche Prüfungskompetenz anzunehmen wäre.

erlich scheinen mag. Etwas anderes kann auch der missverständlichen Formulierung des *Arduino*-Urteils, „soweit diese staatliche Maßnahme in einem Verfahren wie dem ergeht, das in der italienischen Regelung vorgesehen ist“[493], nicht entnommen werden.

Diese Formulierung ist so zu verstehen, dass das Verfahren insgesamt, also unter Berücksichtigung der inhaltlichen Vorgaben der Ermächtigungsgrundlage, einen vergleichbaren staatlichen Einfluss gewährleisten muss. Dass der EuGH gerade nicht beabsichtigte, Mindeststandards für nicht dem Wettbewerbsrecht unterfallende Regelungen zu bestimmen, erhellt daraus, dass er sonst seinen Ausführungen im *Wouters*-Urteil zu den drei Abgrenzungskriterien am gleichen Tag jegliche Relevanz entzogen hätte. Wie bereits ausgeführt, kommt der EuGH im *Arduino*-Urteil gerade zu dem Ergebnis, dass eine ausreichende staatliche Anknüpfung vorliegt, obwohl jedenfalls das zweite seiner Kriterien, namentlich die Anforderungen an das Allgemeininteresse, nicht erfüllt ist. Wäre die staatliche Kontrolle in diesem Ausmaß zwingend erforderlich, so wäre das Kriterium der Allgemeininteressen bedeutungslos und somit überflüssig.

Demnach kann die im Schrifttum vertretene Auffassung, dass die drei Voraussetzungen immer kumulativ vorliegen müssen, nicht richtig sein.[494] Wie ist sonst im Verfahren *Arduino* der staatliche Charakter der Norm ohne Beachtung der Allgemeininteressen zu erklären?

Des Weiteren betont der EuGH die Zulässigkeit der Übertragung von Normsetzungsbefugnissen auf Berufsorganisationen.[495] Damit wäre es nicht vereinbar, wenn nur eine staatliche Einflussnahme des Ausmaßes, wie es nach dem Verständnis des Gerichts im italienischen Recht besteht, den Erfordernissen der Letztentscheidungsbefugnis entspräche. In dieser Konzeption kann man nicht mehr von Normsetzungsbefugnissen des Berufsverbandes sprechen, denn danach handelt es sich um einen rein staatlichen Normsetzungsbeschluss, dem lediglich ein nicht staatliches Initiativrecht vorangeht.

Gegen die Auffassung, der EuGH habe Minimalanforderungen für die Letztentscheidungsbefugnis bei einem dem Staat zuzurechnenden berufsrechtlichen Normsetzungsverfahren aufgestellt, spricht auch die Erwägung, dass der EuGH ausdrücklich anerkennt, dass jedenfalls dann, wenn nicht ein berufsständisches, sondern ein unabhängiges Gremium tätig wird, keine Letztentscheidung unmittelbar staatlicher Stellen erforderlich ist. Daraus lässt sich schließen, dass die Anforderungen an die Letztentscheidungsbefugnis auch in anderen Fällen davon

---

493 EuGH-Urteil zur Rs. C-35/99 vom 19.2.2002, Slg. 2002, I-1529 (Arduino), Rn. 44.

494 So aber *Kilian*, WRP 2002, 802, 807.

495 Vgl. nur EuGH-Urteil zur Rs. C-309/99 vom 19.2.2002, Slg. 2002, I-1577 (Wouters), Rn. 70, hier stellt der EuGH fest, dass es in der Freiheit der Mitgliedstaaten steht, Normsetzungsdelegationen nach Belieben auszugestalten.

abhängen, inwieweit auch andere Interessen schon im Verfahren bis zum Normbeschluss eine Rolle spielen. Schließlich ist zu beachten, dass es sich in dem der *Arduino*-Entscheidung zu Grunde liegenden Sachverhalt bei wettbewerbsrechtlicher Betrachtung um die Gültigkeit einer Preisabsprache gehandelt hätte, also um eine besonders schwerwiegende Wettbewerbsbeeinträchtigung. Es ist durchaus denkbar, dass der EuGH deshalb schon bei der Abgrenzung zwischen nichtstaatlichen und staatlichen Maßnahmen höhere Anforderungen stellt als in anderen Fällen, in denen es „nur" um Fragen der Berufsausübung geht.

Kann damit festgehalten werden, dass der EuGH keine Mindestanforderungen an die staatliche Letztentscheidungsbefugnis bestimmt hat, ist die Frage noch nicht beantwortet, ob die rechtsaufsichtliche Präventivkontrolle des Bundesjustizministers eine solche Letztentscheidung darstellt. Das wird man davon abhängig machen müssen, ob diese Kontrolle ausreicht, um sicherzustellen, dass es nicht zu nicht hinreichend legitimierten Eingriffen in schützenswerte Positionen kommt, die dem staatlichen Willen nicht entsprechen.

Im Falle Deutschlands ist danach zunächst eine umfassende rechtliche Überprüfung der von der Berufsorganisation getroffenen Entscheidung erforderlich, die sich insbesondere auch auf die Abwägung der betroffenen Allgemeininteressen erstrecken muss, also auf die Verhältnismäßigkeit. Das ist in Deutschland durch die Rechtsaufsicht des Bundesjustizministeriums gewährleistet, die sich gerade auch auf die rechtsfehlerfreie Interessenabwägung erstreckt.[496] Darin liegt auch keine zu weitreichende Einschränkung der Satzungsautonomie der Satzungsversammlung.[497] Diese ist nur im Rahmen des höherrangigen Rechts eingeräumt, zu dem auch die Wahrung der Verhältnismäßigkeit gehört, sodass eine Kontrolle, ob deren Grenzen eingehalten sind, richtigerweise schon keinen Eingriff in die Satzungsautonomie darstellt.

Auf den ersten Blick erscheint das zweite Element der Letztentscheidungsbefugnis problematischer, die Übereinstimmung der Norm mit dem staatlichen Willen, wofür ein gewisser staatlicher Einfluss im Rahmen der Zweckmäßigkeitserwägungen erforderlich ist. Dieser ist nicht unmittelbar und allein durch die Rechtsaufsicht gewährleistet. Es greift jedoch zu kurz, den Blick allein auf diese zu konzentrieren, vielmehr bedarf es auch hier der Einbeziehung des § 59b II BRAO. Bereits durch den Katalog von Einzelbereichen, auf die die Satzungsgewalt beschränkt ist, hat der Gesetzgeber aufgrund eigener Erwägungen inhaltlich Stellung bezogen, welche Arten von Regelungen seinem Willen entsprechen. Damit hat der Staat selbst bereits die wesentlichen Zweckmäßigkeitsentscheidungen getroffen und der Satzungsversammlung nur einen eng begrenzten Raum für eigene Zweckmäßigkeitserwägungen eröffnet, sodass er sich jede Re-

496 *Feuerich/Weyland*, BRAO, § 191e Rn. 2 m.w.N.

497 So aber: *Henssler/Prütting*, BRAO, § 191e Rn. 4.

gelung, die diesen Rahmen einhält, als seinem Willen entsprechend zurechnen lassen muss. Die Einhaltung der staatlichen Vorgaben wird wiederum durch die Rechtsaufsicht des Bundesjustizministeriums sichergestellt, die sich auch auf diese Frage erstreckt.[498] Damit ist im deutschen Regelungssystem auch die staatliche Letztentscheidungsbefugnis gewahrt.[499]

An dieser Stelle gilt es, jedenfalls der Auffassung im Schrifttum beizupflichten, dass die Letztentscheidungsbefugnis nicht automatisch daraus folgt, dass der Staat bei der Übertragung von Rechtsetzungsbefugnissen Vorgaben für die Beschlussfassung der Berufsvertretung macht.[500] Die Beipflichtung gilt allerdings nur für den Automatismus. Selbstverständlich ist im Übrigen das Ausmaß der Verschränkungen von Präventiv- und Repressivkontrollen zu beachten.

Auch nach Ansicht des Bundesministeriums der Justiz ist die Staatsaufsicht ausreichend. Entscheidend sei das Ergebnis der staatlichen Aufsicht. Die Aufhebung einer rechtswidrigen Satzungsbestimmung führe dazu, dass die Frage, die die rechtswidrige Bestimmung regeln wollte, von der BRAO zu beantworten sei. Selbst wenn die staatliche Aufsichtsbehörde keine rechtmäßige Bestimmung an die Stelle der rechtswidrigen, aufgehobenen Satzungsbestimmung setzen würde, entstünde somit kein rechtsfreier Raum, der die praktische Wirksamkeit der für die Unternehmen geltenden Wettbewerbsbestimmungen gefährden könnte. In letzter Konsequenz kämen im Falle einer Kassation nämlich die verfassungsrechtlichen Bestimmungen des jeweiligen Mitgliedstaats und (soweit es unmittelbar anwendbar ist) das Gemeinschaftsrecht zur Anwendung.[501]

ff) Die Letztentscheidungsbefugnis des Bundesministeriums der Justiz in der Praxis

Im Rahmen seiner Rechtsaufsicht hat das Bundesministerium der Justiz im Jahre 2003 auch ausdrücklich auf die *Wouters*-Entscheidung Bezug genommen und die Anforderungen des EuGH an die Letztentscheidungsvoraussetzungen bestätigt.[502] Das Bundesministerium der Justiz hatte nach § 191e BRAO die Beschlüsse der 5. Sitzung der 2. Satzungsversammlung vom 7. November 2002 zu prüfen. Unter anderem wurde von der Satzungsversammlung beschlossen, § 9 II BORA zu ändern.[503] Die Vorschrift sollte nunmehr wie folgt lauten:

---

498 *Henssler/Prütting*, BRAO, § 191c Rn. 3; *Feuerich/Weyland*, BRAO, § 191e Rn. 2.

499 Vgl. *Eichele/Happe*, NJW 2003, 1214, 1218.

500 *Kilian*, WRP 2002, 802, 807.

501 Stellungnahme der Bundesregierung in der Rs. 309/99 vom 7.12.1999 Rn. 91, 92 (unveröffentlicht).

502 Vgl. dazu *Braun*, BerlAnwBl. 2003, 209, 210.

503 Vgl. *Braun*, BerlAnwBl. 2003, 209.

„(2) Die Kurzbezeichnung ist aus den Nachnamen früherer oder derzeitiger Mitglieder der Berufsausübungsgemeinschaft zu bilden. Zusätze sind nur erlaubt, soweit dadurch keine Sach- oder Fantasiebezeichnung entsteht."[504]

Das von der Satzungsversammlung beschlossene Verbot gilt für Rechtsanwaltsgesellschaften nach § 59k BRAO.[505] Der Beschluss der Satzungsversammlung wurde durch Bescheid des Bundesministeriums der Justiz[506] dahingehend aufgehoben, dass die Wörter „Sach- oder" gestrichen wurden.[507]

Das Ministerium machte geltend, dass § 9 II BORA, soweit aufgehoben, gegen Art. 12 I GG verstoße. Beschränkungen der Berufsausübung seien zulässig, wenn sie durch hinreichende Gründe des gemeinen Wohls gerechtfertigt sind und dem Grundsatz der Verhältnismäßigkeit entsprächen. Bei Auslegung und Anwendung von Satzungsrecht sei eine strikte Beachtung des Verhältnismäßigkeitsgrundsatzes unter konkreter Benennung der vom parlamentarischen Gesetzgeber vorgegebenen Gemeinwohlbelange erforderlich.[508] Entsprechendes müsse im Rahmen der Prüfung gem. § 191e BRAO gelten. Diesen Anforderungen genüge § 9 II 2 BRAO nicht.[509] Der Schutz der Bürgerinnen und Bürger vor Irreführungen erfordere kein Verbot von Sachbezeichnungen für anwaltliche Berufsausübungsgemeinschaften. Der erforderliche Schutz werde durch das allgemeine Recht gewährleistet. Ein weitergehender Schutz vor abstrakten Gefährdungen beeinträchtige das Interesse an einer Namensführung mit Sachbezeichnungszusätzen unverhältnismäßig.[510]

Demgegenüber erwiderte der Präsident der BRAK quasi „vorab" in seinem Schreiben an das Bundesministerium der Justiz[511], dass der Prüfungsmaßstab zur Verfassungsmäßigkeit einer Bestimmung sich nicht geändert habe. Als Prüfungsmaßstab gelte nach wie vor Art. 12 I GG. Etwas anderes könne auch nicht aus dem Beschluss des BVerfG vom 21. Dezember 2002 gefolgert werden.[512] Soweit in dieser Entscheidung Bezug genommen werde auf die EuGH-Entscheidungen *Wouters* und *Arduino,* werde damit lediglich ein Prüfungsmaßstab im europäischen Recht gefordert, der aufgrund des Grundgesetzes in Deutschland

504 Vgl. die amtliche Bekanntmachung in BRAK-Mitt. 2003, 67.

505 *Braun*, BerlAnwBl. 2003, 209.

506 Bescheid des Bundesministeriums der Justiz vom 21.2.2003, eingegangen bei der BRAK am 24.2.2003, abgedruckt als amtliche Bekanntmachung in: BRAK-Mitt. 2003, 68 f.

507 Vgl. die amtliche Bekanntmachung in: BRAK-Mitt. 2003, 68.

508 Dabei bezieht sich das BMJ auf BVerfG NJW 2003, 344.

509 Amtliche Bekanntmachung, in: BRAK-Mitt. 2003, 68.

510 Amtliche Bekanntmachung, in: BRAK-Mitt. 2003, 68.

511 Schreiben des Vorsitzenden der Satzungsversammlung vom 18.2.2003 an die Bundesministerin der Justiz, abgedruckt in: BRAK-Mitt. 2003, 67 f.

512 Zum Beschluss des BVerfG NJW 2003, 344) vgl. unter 7. Die Verweisung des BVerfG auf das EuGH-Urteil zur Rs. C-309/99 vom 19.2.2002, Slg. 2002, I-1577 (Wouters).

schon immer gegolten habe.[513] Im Übrigen sei § 9 II BORA nicht aufzuheben, da er § 59k BRAO entspreche und dieser verfassungsgemäß sei. Das Gebot, keine Sachbezeichnung für Kurzbezeichnungen zu führen, sei eine Berufsausübungsreglung. Die Regelung in § 59k BRAO sei durch Gründe des Allgemeinwohls gerechtfertigt.[514] Die Vorschrift diene zum einen dem Schutz der Verbraucher vor falschen Sachbezeichnungen, zum anderen diene die Vorschrift aber auch dem Konkurrenzschutz.[515]

Am oben genannten Beispiel wird die Reichweite der Letztentscheidungsbefugnis deutlich. Zum einen zeigt das Bundesministerium der Justiz auf, dass es selbst davon ausgeht, dass die von ihm ausgeübte Rechtsaufsicht den Voraussetzungen der vom EuGH geforderten Letztentscheidungsbefugnis für staatliches Recht genügt. Die Tragweite der Aufsicht macht ebenfalls deutlich, wie weit die Rechtsaufsicht des Bundesministeriums der Justiz tatsächlich reicht. Soweit im Schrifttum festgestellt wird, dass die durch § 191e BRAO vorgeschriebene Rechtsaufsicht staatlichen Stellen weder einen Gestaltungsspielraum noch sonstige Mitwirkungsmöglichkeiten eröffnet[516], kann dem vor dem aufgezeigten Hintergrund nur teilweise zugestimmt werden. Sicherlich ist richtig, dass eine Zweckmäßigkeitskontrolle von der Rechtsaufsicht gerade nicht erfasst ist. Aber die Verhältnismäßigkeitskontrolle als Ausfluss des Rechtsstaatsprinzips nach Art. 20 III GG gebietet es, dass unverhältnismäßige Berufsausübungsbeschränkungen verfassungswidrig sind.[517] Dies ist bei der Prüfung durch das Bundesministerium der Justiz zu berücksichtigen. Vorliegend wird deutlich, dass das Bundesministerium der Justiz allein durch die Ausübung der Verhältnismäßigkeitskontrolle im Rahmen der Rechtsaufsicht in der Tat einen gewissen Gestaltungsspielraum hat.

Soweit vom Schrifttum vorgeworfen wird, dass der Aufhebungsbescheid die Selbstverwaltung der Anwaltschaft in Frage stellt, indem zwar einerseits dem Berufsstand nach § 59b BRAO die Kompetenz übertragen werde, sich selbst eine Berufssatzung zu geben, andererseits der Staat dann aber nach § 191e BRAO regulierend in einzelne Bestimmungen in diese Selbstverwaltung eingreife, indem er einzelne Bestimmungen der Satzungsversammlung aufheben dürfe, verkennt diese Ansicht den Gesamtzusammenhang.[518] Das Zusammenspiel der Ermächtigungsnorm des § 59b BRAO und der Letztentscheidungsbefugnis des § 191e BRAO führt zur Konformität des deutschen Systems mit dem Wettbewerbsrecht. Nur aufgrund dieses komplexen deutschen Systems, das bereits dar-

---

513 Vgl. amtliche Bekanntmachung, in: BRAK-Mitt. 2003, 67.

514 Vgl. amtliche Bekanntmachung, in: BRAK-Mitt. 2003, 67.

515 Vgl. amtliche Bekanntmachung, in: BRAK-Mitt. 2003, 68.

516 *Henssler*, JZ 2002, 983, 986.

517 Vgl. *Redeker*, AnwBl. 1995, 217, 220.

518 Vgl. *Braun*, BerlAnwBl. 2003, 210.

gestellt wurde, fällt die Selbstverwaltung der deutschen Anwaltschaft unter die Kategorie staatliches Recht im Sinne des EuGH und aus dem unmittelbaren Anwendungsbereich des europäischen Wettbewerbsrechts. Wer also die Zurückhaltung der Staatsaufsicht fordert, provoziert eine viel weitergehende Aufsicht der Wettbewerbsbehörden.

Im Übrigen ist im Schrifttum streitig, wie der Begriff „aufheben" in § 191e BRAO zu definieren ist. Teilweise wird vertreten, dass der Begriff „aufheben" schon vom Wortlaut unpräzise sei. Aufgehoben werden könne nur etwas, was schon gelte. Mangels Veröffentlichung im Zeitpunkt der Rechtsaufsicht des Bundesministeriums der Justiz ist die Satzung jedoch noch nicht in Kraft getreten.[519] Zwar wird im Schrifttum teilweise vertreten, dass unter dem Begriff „Teile der Satzung" nicht einzelne Wörter eines Absatzes der Bestimmung der Berufsordnung zu verstehen seien, da sonst das Bundesministerium der Justiz als Satzungsgeber, nicht mehr als Genehmigungsbehörde tätig werde.[520] Dem lässt sich entgegenhalten, dass der Grundsatz der Verhältnismäßigkeit es gebietet, nicht die ganze Regelung aufzuheben, wenn das Bundesministerium davon überzeugt ist, dass eben nur der aufgehobene, nicht aber der verbleibende Teil verfassungswidrig ist. Weiterhin macht die Ausübung der Staatsaufsicht deutlich, dass es möglich ist, auch ohne Zweckmäßigkeitserwägungen einfließen zu lassen, dass eine starke Endkontrolle mit Differenzierungsmöglichkeiten besteht. Dies dürfte letztlich die Stimmen im Schrifttum überzeugen, die behaupten, dass das deutsche System nicht den Anforderungen des EuGH genüge, da die Letztentscheidung des Bundesministeriums der Justiz nicht ausreichend sei.[521]

i) Zwischenergebnis

Das komplexe deutsche Berufsrechtssystem entspricht den Vorgaben des Vorbehaltssystems des EuGH. Dies gilt insbesondere für die deutsche Ausgestaltung der Vorgabe der wesentlichen Grundsätze, der Allgemeininteressen und der Letztentscheidungsbefugnis des Bundesministeriums der Justiz. Die von der Satzungsversammlung erlassenen Regelungen sind daher staatliches Recht im Sinne der EuGH-Rechtsprechung.

j) Die Verweisung des BVerfG auf die *Wouters*-Entscheidung

Das BVerfG hat in seinem Nichtannahmebeschluss vom 21. November 2002[522] auf die *Wouters*-Entscheidung des EuGH verwiesen. Dort heißt es bei den Erklä-

---

519 Vgl. *Henssler/Prütting*, BRAO, § 191e Rn. 7.

520 Vgl. *Feuerich/Weyland*, BRAO, § 191e Rn. 2.

521 Im Ergebnis so auch *Fleischhauer*, DNotZ 2002, 325, 339.

522 BVerfG, 2. Kammer Erster Senat, Beschluss vom 21.11.2002 – 1BvR 1965/02, BVerfG NJW 2003, 344 f.

rungen zur Nichtannahme, dass bei der Anwendung von § 7 I BORA auch Ausführungen dazu fehlten, ob die Vorschrift den Anforderungen genüge, die in der Entscheidung des EuGH formuliert worden seien.[523] Danach lege bei der Übertragung von Rechtsetzungsbefugnissen an einen Berufsverband der Mitgliedstaat selbst die Kriterien des Allgemeininteresses und die wesentlichen Grundsätze fest, die bei der Normsetzung von den öffentlichen Kammern zu beachten seien. Bei der Auslegung und Anwendung von Satzungsrecht sei daher auch mit Rücksicht auf Art. 12 I GG eine strikte Beachtung des Verhältnismäßigkeitsgrundsatzes unter konkreter Benennung der vom parlamentarischen Gesetzgeber vorgegebenen Gemeinwohlbelange gefordert. Es hätte jedenfalls einer näheren Begründung bedurft, dass § 7 BORA diesen Anforderungen nicht genügt.[524]

Hintergrund der Entscheidung des BVerfG war folgender: Ein Rechtsanwalt hatte Verfassungsbeschwerde gegen einen Rügebescheid der regionalen Rechtsanwaltskammer eingelegt. In dem Bescheid wurde dem Anwalt unter Berufung auf § 43b BRAO untersagt, mit den Worten: „seit 25 Jahren ... erfolgreich in sieben Rechtsgebieten tätig zu sein" in den Gelben Seiten des Telefonbuchs zu werben.[525] Der Beschwerdeführer räumte selbst ein, damit gegen das Sachlichkeitsgebot des § 43b BRAO verstoßen zu haben. Er halte sich indes befugt, mehr als fünf Rechtsgebiete zu nennen. Die Rüge verletze ihn in seinem Grundrecht aus Art. 12 I GG.[526] Das BVerfG war der Auffassung, dass damit die Voraussetzungen des § 93a II BVerfGG nicht vorlägen, da ihr auch keine grundsätzliche verfassungsmäßige Bedeutung zukomme. Die erteilte Rüge sei verfassungsrechtlich nicht zu beanstanden.[527] Die Frage, ob § 7 BORA vor dem Hintergrund des Art. 12 GG rechtmäßig ist, wurde nicht geklärt.[528]

Die Bezugnahme des BVerfG auf die *Wouters*-Entscheidung des EuGH wurde im Schrifttum dahingehend gedeutet, dass eine „Weichenstellung" vom höchsten deutschen Gericht bei der Rezeption der *Wouters*-Entscheidung obiter dicens vorgenommen worden sei.[529] Es wird angenommen, dass das BVerfG mit Bezugnahme auf die Verhältnismäßigkeitsprüfung des EuGH im Rahmen der kartellrechtlichen Prüfung impliziere, dass es davon ausgehe, dass das deutsche System unmittelbar in den Anwendungsbereich des europäischen Wettbewerbs-

---

523 Hier nimmt das BVerfG ausdrücklich Bezug auf EuGH-Urteil zur Rs. C-309/99 vom 19.2.2002, Slg. 2002, I-1577 (Wouters).

524 BVerfG, 2. Kammer Erster Senat, Beschluss vom 21.11.2002 – 1BvR 1965/02, BVerfG NJW 2003, 345.

525 BVerfG, 2. Kammer Erster Senat, Beschluss vom 21.11.2002 – 1BvR 1965/02, BVerfG NJW 2003, 345 Absatz Nr. 1.

526 BVerfG, a.a.O., Absatz Nr. 3.

527 BVerfG, a.a.O., Absatz Nr. 4.

528 Zur Problematik des § 7 BORA vgl. unten C. VI. 2. c) cc).

529 *Kilian*, AnwBl. 2003, 256, 258.

und Kartellrechts falle. Die Verhältnismäßigkeitsprüfung des EuGH im Rahmen des von ihm entwickelten Modells für freie Berufe käme nämlich nur dann zum Zuge, wenn der EuGH davon überzeugt sei, dass die streitgegenständlichen Regelungen nichtstaatliches Recht seien. Dies sei dann der Fall, wenn die Voraussetzungen der Vorgabe der wesentlichen Grundsätze, des Allgemeininteresses und der Letztentscheidungsbefugnis nicht vorlägen.[530]

Dieser Meinung kann aus zwei Gründen nicht gefolgt werden. Zum einen spricht schon der Wortlaut der BVerfG-Entscheidung gegen die oben ausgeführte Argumentation. Das BVerfG spricht ausdrücklich das erste vom EuGH entwickelte Modell des staatlichen Rechts an (Vorbehaltssystem), indem es ausführt, dass bei der Übertragung von Rechtsetzungsbefugnissen an einen Berufsverband der Mitgliedstaat selbst die Kriterien des Allgemeininteresses und die wesentlichen Grundsätze festlege, die bei der Normsetzung von den öffentlichen Kammern zu beachten seien. Bei der *Auslegung und Anwendung* des Satzungsrechts sei schließlich auch mit Rücksicht auf Art. 12 der Verhältnismäßigkeitsgrundsatz strikt zu beachten. Die im Schrifttum vorzufindende Auffassung geht fälschlicherweise davon aus, dass das BVerfG auf den *Satzungserlass* abstelle. Es wird übersehen, dass das BVerfG davon ausgeht, dass die Satzung schon im Rahmen des wettbewerbskonformen Vorbehaltssystems erlassen wurde. Das Gericht folgert dann aber weiter, dass das, was für den Erlass gilt, auch bei der Auslegung und Anwendung beachten werden muss. Das Gericht befindet sich also bei seinen Ausführungen nicht mehr auf der legislativen Ebene, sondern gibt gleichsam im Wege der richterlichen Rechtsfortbildung Vorgaben für die Auslegung und Anwendung auf exekutiver bzw. judikativer Ebene. Der EuGH selbst hat, wie bereits dargelegt, in seiner *Wouters*-Entscheidung ein Modell für das Zustandekommen von berufsrechtlichen Regelungen entwickelt, nicht hingegen Vorgaben gemacht für eine Auslegung und Anwendung derselben. Streng genommen macht sich das BVerfG das erste Modell, also das Vorbehaltssystem für das deutsche System, zu Eigen und entwirft weitere Voraussetzungen für Auslegung und Anwendung.

Soweit im Schrifttum behauptet wird, dass der Verweis des BVerfG auf die EuGH-Entscheidung zur Begründung des Verhältnismäßigkeitsgebots der Satzungsversammlung schwerlich notwendig gewesen sei, da die Satzungsversammlung selbstverständlich auch ohne den EuGH dem Rechtsstaatsprinzip des Grundgesetzes verpflichtet sei, ist dem beizupflichten.[531] Dies wiederum gilt aber nur für den Satzungserlass, auf den sich das BVerfG aber eben nicht bezieht. Auch bei der Anwendung und Auslegung der Satzung sind die vom EuGH entwickelten Grundsätze zu beachten, also „die strikte Beachtung des Verhält-

530 *Kilian*, AnwBl. 2003, 258.

531 Vgl. *Kilian*, AnwBl. 2003, 256, 259.

nismäßigkeitsgrundsatzes unter Benennung der vom parlamentarischen Gesetzgeber vorgegebenen Gemeinwohlbelange“. Dies ist in der Tat eine neue Prüfungsebene. Zwar ist der Verhältnismäßigkeitsgrundsatz auch im Rahmen der Exekutive Ausfluss des Rechtsstaatsprinzips nach Art. 20 III GG. Bei diesen Abwägungen wurde bisher aber keine „konkrete Benennung der vom parlamentarischen Gesetzgeber vorgegebenen Gemeinwohlbelange“ gefordert. Dass diese Belange weder ausdrücklich vom EuGH noch von der deutschen Systematik her genannt werden müssen, sich vielmehr in Deutschland aus dem Grundgesetz bzw. aus Gesetzesmotiven herleiten lassen, wurde bereits dargelegt.[532] Nunmehr soll der Gesetzesanwender in Deutschland aber verpflichtet werden, bei Eingriffen in die Berufsfreiheit aufgrund eines Gesetzes, die Motive des Gesetzgebers zu den Regelungen zu nennen.

Gegen die oben genannte Meinung spricht weiterhin, dass die Richterin am BVerfG *Jaeger*[533] selbst davon ausgeht, dass die Voraussetzungen des „staatlichen Rechtsetzungsmodells“ für Deutschland gegeben seien. Sie macht geltend, dass der Aspekt der Gemeinwohlbindung zwar möglicherweise in dem unmittelbar ermächtigenden Gesetz nicht ausgesprochen werde, aber als selbstverständlich der jeweiligen staatlichen Gesamtregelung zu Grunde liege. Alle Berufsregelungen könnten – jedenfalls in Deutschland – nur vor dem Hintergrund der Verfassung wirksam sein. Art. 12 I GG gebiete, dass Einschränkungen durch öffentliche Belange geboten seien, dass sie gerade nicht nur den Interessen der Berufsangehörigen dienten. Der EuGH hätte im Falle einer deutschen Regelung für die Ermächtigung bis auf das Grundgesetz zurückgreifen müssen. Unter den verfassungsrechtlichen Aspekten, die in Deutschland wie selbstverständlich in die Abwägung eingestellt würden, greife der EuGH zu kurz, wenn er in den ermächtigenden Normen die Kriterien des Allgemeininteresses vermisse, und davon ausgehe, dass die von Kammern erlassenen Satzungsregelungen solche von Unternehmensvereinigungen seien, die Art. 81 EG unterfielen.[534]

Eine Anwendbarkeit der europäischen Wettbewerbsregeln sei demnach ausgeschlossen, wenn die nationalen Regelungen entweder Verfahrensvorschriften oder materielle Bestimmungen enthielten, durch die mit hinreichender Wahrscheinlichkeit sichergestellt werden könne, dass bei der Ausarbeitung der wettbewerbsbeschränkenden Satzungsregelungen im Allgemeininteresse anstelle sonst handelnder öffentlicher Gewalt ein Regelungswerk erlassen werde.[535] Dass dies in Deutschland durch ein in sich verzahntes komplexes System ge-

---

532 Vgl. oben die Ausführungen zu „bestimmten Allgemeininteressen“ unter C. IV. 1. g).

533 Richterin am BVerfG Jaeger hat zusammen mit den Richtern Hömig und Bryde als 2. Kammer des Ersten Senats des BVerfG am 21.11.2002 einstimmig beschlossen, vgl. Rubrum BVerfG, 1 BvR 1965/02 vom 21.11.2002.

534 *Jaeger*, Stbg. 2002, 163, 166 f.

535 *Jaeger*, Stbg. 2002, 163, 167.

währleistet ist, wurde ausführlich oben dargestellt.[536] Durch eine starke Vorabkontrolle, ein im Grundgesetz verankertes Prinzip der Garantie der Allgemeinwohlbelange und eine Rechtsaufsicht des Bundesministeriums der Justiz werden Aufgaben der Satzungsversammlung wahrgenommen.

Ob das BVerfG mit seiner Bezugnahme auf die *Wouters*-Entscheidung obiter dicens anklingen lassen wollte, dass es selbst vor dem nationalen Hintergrund des § 59b BRAO eine Überschreitung der Kompetenzen der Satzungsversammlung im Hinblick auf die Einschränkung von Art. 12 I GG sieht, soll im abschließenden Teil geprüft werden.

2. Zwischenergebnis

Nunmehr steht fest, dass das Deutsche Anwaltsberufsrecht in Form der Satzungen den Vorgaben des EuGH entspricht und damit staatliches Recht darstellt.[537] Dies wurde auch auf nationaler Ebene vom BVerfG ausdrücklich bestätigt. Damit handelt die BRAK, anders als die niederländische Rechtsanwaltskammer, nicht als Unternehmensvereinigung, sondern im hoheitlichen Sinne. Eine Einzelfallprüfung der einzelnen Satzungsnormen auf ihre Kartellrechtskonformität könnte damit entfallen, da europäisches Wettbewerbs- und Kartellrecht jedenfalls nicht unmittelbar auf die Satzungen anwendbar ist. Trotzdem soll im weiteren Verlauf anhand der Rechtsprechung des EuGH geprüft werden, wie sich das Kartellrecht weiter auf die deutsche Rechtslage im Allgemeinen und auf das Anwaltssatzungsrecht im Besonderen auswirken könnte.

V. Beschränkung des Wettbewerbs und Beeinträchtigung des innergemeinschaftlichen Handels

1. Vorbemerkung

Nachdem der EuGH in der Entscheidung *Wouters* die niederländische Rechtsanwaltskammer als Unternehmensvereinigung und die streitige Verordnung als Beschluss derselbigen beurteilt hatte, musste er nunmehr prüfen, ob die streitige Verordnung den Wettbewerb beschränkt und den innergemeinschaftlichen Handel gem. Art. 81 I EG-Vertrag beeinträchtigt. In der EuGH-Entscheidung *Arduino* galt es einerseits zu prüfen, welche „Beschlüsse" der italienischen Anwalts-

---

536 Vgl. oben die Ausführungen zu Vorgaben der „wesentlichen Grundsätze" unter C. IV. 1. f)., der „bestimmten Allgemeininteressen" unter C. IV. 1. g) und der Letztentscheidungsbefugnis" unter C. IV. 1. h).

537 So auch *Eichele*, EuZW 2002, 182; *Hartung*, EWS 2002, 133; *Lörcher*, NJW 2002, 1092, 1093; *Eichele/Happe*, NJW 2003, 1214, 1218.

kammer überhaupt wettbewerbsrechtlich relevant sind und ggf. ob der entsprechende Beschluss die Voraussetzungen des Art. 81 I EG-Vertrag erfüllt.

2. Vorgaben aus den Schlussanträgen *Arduino*

Bei der Prüfung der Einschränkung des Wettbewerbs wird zunächst untersucht, welche Maßnahme der nationalen Anwaltskammer überhaupt dafür qualifiziert sein könnte, eine Einschränkung des Wettbewerbs zu bezwecken oder bewirken. Der Generalanwalt geht in seinen Schlussanträgen davon aus, dass die nationale Anwaltskammer zwei getrennte Beschlüsse gefasst hat. Mit dem ersten Beschluss habe die Kammer den Vorschlag mit Mindest- und Höchstgebühren für die Leistungen der Angehörigen des Berufsstands angenommen. Mit dem zweiten Beschluss habe die nationale Anwaltskammer den Vorschlag für die Gebührenordnung an die italienischen Behörden weitergeleitet, um die Gebührensätze für verbindlich erklären zu lassen.[538] Hinsichtlich des ersten Beschlusses, also dem Vorschlag einer Gebührenordnung, führt der Generalanwalt aus, dass Preisabsprachen im Wettbewerbsrecht der Gemeinschaft ein besonderes Gewicht einnähmen. Eine Vereinbarung über die Festsetzung von Preisen für Waren und Dienstleistungen bezwecke ihrer Natur nach bereits eine Beschränkung des Wettbewerbs[539] und Art. 81 I EG-Vertrag verböte Kartelle zur Festsetzung von Fest-, Mindest-, Höchst- oder Richtpreisen.[540] Diese Grundsätze könnten jedoch nicht auf den Beschluss der nationalen Anwaltskammer angewandt werden, da der Beschluss eine Einschränkung des Wettbewerbs nicht bezwecke. Die nationale Anwaltskammer sei nämlich nach Art. 57 des Decreto Legislativo verpflichtet, alle zwei Jahre die Maßstäbe für die Festsetzung der Gebühren und Vergütungen der Rechtsanwälte und Procuratori festzusetzen. Der Vorschlag für die Gebührenordnung werde sodann dem Justizminister übermittelt, der Stellungnahmen einholen müsse. Auf der Grundlage all dieser Informationen entscheide der Justizminister, ob die Gebührenordnung in eine staatliche Maßnahme übernommen werde, um den Gebührensätzen eine staatliche Maßnahme zu verleihen. Daher sei der Beschluss der nationalen Anwaltskammer nur eine vorbereitende Maßnahme innerhalb des italienischen Gesetzgebungsverfahrens und keine klassische Preisabsprache. Der Beschluss werde vom nationalen Recht vorausgesetzt und habe lediglich konsultative Bedeutung, in dem er den italienischen Behörden ermöglichen solle, eine Regelung zu erlassen, die den Besonderheiten und speziellen Bedürfnissen des Berufsstandes angepasst sei.[541] Auch bewirke der Beschluss der Anwaltskammer keine Einschränkung des Wettbe-

538 Schlussanträge zur Rs. C-35/99 (Arduino), a.a.O., Rn. 62.

539 Schlussanträge Arduino, a.a.O., Rn. 64.

540 Schlussanträge Arduino, a.a.O., Rn. 65.

541 Schlussanträge Arduino, a.a.O., Rn. 69.

werbs des gemeinsamen Marktes. Der Vorschlag werde ausschließlich an den italienischen Justizminister weitergeleitet. Genehmige der Minister diesen nicht, so seien die Berufsangehörigen und Dritten gesetzlich verpflichtet, die Gebührensätze aus dem vorangegangen Ministerialdekret anzuwenden. Der streitige Beschluss entfalte daher auf dem italienischen Markt keine wettbewerbsbeschränkenden Wirkungen. Eine etwaige wettbewerbsbeschränkende Wirkung folgt nur aus den späteren Handlungen der italienischen Behörden, wenn diese die Genehmigung des Beschlusses erteilen.[542]

Der Generalanwalt führt weiter aus, dass der zweite Beschluss, also die Übermittlung des Vorschlags an die Behörden, einen Antrag privater Wirtschaftsteilnehmer bei den Behörden eines Mitgliedstaats darstelle, der darauf abziele, dem von ihnen ausgearbeiteten Vereinbarungsvorschlag Bindungswirkung zu verleihen.[543] Mit Verweis auf die Schlussanträge Albany[544] stellt der Generalanwalt fest, dass die Stellung dieser Anträge nicht gegen Art. 81 I EG-Vertrag verstoße. Bemühungen von Unternehmen, die öffentlichen Behörden davon zu überzeugen, die Wirkungen bestimmter Vereinbarungen auf andere Wirtschaftsteilnehmer auszudehnen, würden nicht von Art. 81 I EG-Vertrag erfasst. Erst das staatliche Handeln stelle eine Wettbewerbsbeschränkung dar. Auch sei die koordinierte Antragsstellung Teil der demokratischen Gesellschaften. Die Behörden tragen dann die Verantwortung, ob das vorgeschlagene Handeln im öffentlichen Interesse liege. Nach allem seien beide Beschlüsse der nationalen Anwaltskammer mit Art. 81 I EG-Vertrag vereinbar, da keine Wettbewerbsbeschränkung von ihnen ausgehe.[545]

Der Generalanwalt weist jedoch darauf hin, dass der EuGH in einer anderen Sache zu einem anderen Ergebnis gelangt ist.[546] Es handelte sich dabei um eine Berufsvereinigung, die aus Vertretern der Händler und Winzer bestand. Diese Berufsvereinigung habe eine Vereinbarung mit Mindestpreisen für bestimmte Produkte geschlossen und an die französischen Behörden übermittelt, um sie für alle Angehörige der vertretenen Berufe für verbindlich erklären zu lassen. Ein von dieser Berufsvereinigung verklagter Händler stellte die wettbewerbsrechtliche Konformität in Frage. In dem darauf folgenden Verfahren vor dem EuGH habe die Berufsvereinigung geltend gemacht, dass die in ihrem Rahmen geschlossenen Vereinbarungen nicht bindend seien. Die Vereinigung habe lediglich konsultierende Aufgaben. Erst die Ministerialverordnung der Regierungsbehörde mache die Vereinbarung verbindlich. Demgegenüber war der EuGH der

---

542 Schlussanträge Arduino, a.a.O., Rn. 71.

543 Schlussanträge Arduino, a.a.O., Rn. 73.

544 Schlussanträge Rs. C-67/96 vom 28.1.1999, Slg. 1999, I-5751 (Albany), Rn. 291 ff.

545 Schlussanträge zur Rs. C-35/99 (Arduino), a.a.O., Rn. 75.

546 EuGH-Urteil zur Rs. 123/83 vom 30.1.1985, Slg. 1985, 391 (BNIC).

Auffassung, dass die tatsächlichen Auswirkungen einer Vereinbarung im Rahmen von Art. 81 I EG-Vertrag nicht berücksichtigt werden müssen. Eine Vereinbarung über die Festsetzung eines Mindestpreises für ein Produkt, das den Behörden übersandt werde, um sie verbindlich zu erklären, bezwecke ihrer Natur nach, den Wettbewerb zu verfälschen.[547] Der Generalanwalt ist jedoch der Überzeugung, dass diese restriktive Betrachtungsweise des EuGH den zeitgemäßen Stand der Technik nicht hinreichend berücksichtigt. Die staatlichen Behörden seien bei einer immer schnelllebigeren Entwicklung der Technik und des Fachwissens auf die beratende Funktion der sachverständigen Vertreter der einzelnen Wirtschaftskreise angewiesen. Die Gefahr bestünde, dass Art. 81 I EG-Vertrag in solch einer Weise ausgelegt würde, die einem Verfahren entgegenstehe, dass die staatlichen Behörden informiert würden.[548] Der Generalanwalt ist daher der Auffassung, dass die beiden Beschlüsse der nationalen Anwaltskammer nicht gegen Art. 81 I EG-Vertrag verstoßen.[549]

3. Vorgaben aus dem *Arduino*-Urteil

Der EuGH weist vorab darauf hin, dass die streitige Maßnahme des Erlasses der Gebührenordnung gem. Art. 81 I EG-Vertrag geeignet sei, den Handel zwischen den Mitgliedstaaten zu beeinträchtigen, da sie sich auf das gesamte Gebiet des Mitgliedstaats erstrecke.[550] Weiter führt der EuGH aus, dass Art. 81 I EG-Vertrag an sich nur das Verhalten von Unternehmen betreffe und nicht durch Gesetz oder Verordnung getroffene Maßnahmen der Mitgliedstaaten. Artt. 81 I i.V.m. 10 EG-Vertrag verbiete es jedoch den Mitgliedstaaten, Maßnahmen, auch in Form von Gesetzen oder Verordnungen, zu treffen oder beizubehalten, die die praktische Wirksamkeit der für die Unternehmen geltenden Wettbewerbsregeln aufheben könnten.[551] Der EuGH hat dann festgestellt, dass der italienische Staat nicht die Verantwortung für die in die Wirtschaft eingreifende Einschneidungen privaten Wirtschaftsteilnehmern übertragen hätte. Daher behielte die Maßnahme

---

547 Schlussanträge zur Rs. C-35/99 (Arduino), a.a.O., Rn. 77.

548 Schlussanträge Arduino, a.a.O., Rn. 79.

549 Schlussanträge Arduino, a.a.O., Rn. 81.

550 EuGH-Urteil zur Rs. C-35/99 vom 19.2.2002, Slg. 2002, I-1529 (Arduino), Rn. 33; der EuGH nimmt Bezug auf EuGH-Urteil Rs. C-35/96 vom 18.6.1998, Slg. 1998, I-3851 (Kommission/Italien II), Rn. 48.

551 EuGH-Urteil zur Rs. C-35/99 vom 19.2.2002, Slg. 2002, I-1529 (Arduino), Rn. 34; der EuGH nimmt Bezug auf EuGH-Urteil zur Rs. 267/86 vom 21.9.1988, Slg. 1988, 4769 (Van Eyke), Rn. 16; EuGH-Urteil zur Rs. C-185/91 vom 17.11.1993, Slg. 1993, I-5801 (Reiff), Rn. 14; EuGH-Urteil zur Rs. C-153/93 vom 9.6.1994, Slg. 1994, I-2517 (Delta), Rn. 14; EuGH-Urteil, Rs. C-96/94 vom 5.10.1995, Slg. 1995, I-2883 (Centro), Rn. 20; EuGH- Urteil, Rs. C-35/96 vom 18.6.1998, Slg. 1998, I-3851 (Kommission/Italien II), Rn. 53.

staatlichen Charakter. Auf der anderen Seite würde der italienische Staat aber auch keine gegen Art. 81 I EG-Vertrag verstoßende Kartellabsprachen vorschreiben, erleichtern oder die Auswirkungen verstärken.[552] Dies deshalb, da die italienische Anwaltskammer nur mit der Ausarbeitung eines Vorschlags für die Gebührenordnung betraut sei, der als solcher keine Bindungswirkung entfaltet. Ohne die Genehmigung des Ministers trete die vorgeschlagene Gebührenordnung nicht in Kraft, sodass die früher genehmigten Gebührensätze anwendbar blieben. Auf diese Weise könne der Minister die italienische Anwaltskammer zur Änderung eines Vorschlags veranlassen. Im Übrigen stünden dem Minister zwei staatliche Organe zur Seite, deren Stellungnahmen er vor der Genehmigung der Gebührenordnung einzuholen habe.[553] Zum anderen sehe Art. 60 Real Decreto Legislativo vor, dass die Gebühren durch das Gericht anhand der in Art. 57 Real Decreto Legislativo vorgesehenen Maßstäbe und unter Berücksichtigung der Schwierigkeit und der Anzahl der behandelten Probleme festgesetzt würden. Das Gericht könne zudem unter bestimmten Umständen durch eine ordnungsgemäße Entscheidung von den festgelegten Höchst- und Mindestpreisen abweichen.[554]

4. Vorgaben aus den Schlussanträgen *Wouters*

Der EuGH stellt fest, dass wenn der NOvA als Unternehmensvereinigung den Rechtsanwälten die Begründung von Sozietäten mit Wirtschaftsprüfern verbiete, eine Einschränkung des Wettbewerbs auf dem niederländischen Markt für juristische Dienstleistungen bewirkt werde.[555] Ohne das streitige Zusammenarbeitsverbot könnte sich der Wettbewerb auf mannigfaltige Weise verbessern. Wirtschaftsprüfer könnten durch die Gründung gemischter Sozietäten mit Rechtsanwälten ihre Dienstleistungen sowohl qualitativ als auch quantitativ verbessern.[556] Umgekehrt könnten auch Rechtsanwälte, die sich mit Wirtschaftsprüfern zusammenschlössen, die Qualität und das Spektrum ihrer Leistungen verbessern.[557] Die Integration dieser verschiedenen Dienstleistungen in einer einheitlichen Kanzlei sei sowohl für die betreffenden Berufsausübenden als auch für die Verbraucher mit zusätzlichen Vorteilen verbunden.[558]

Nach ständiger Rechtsprechung untersage Art. 81 I EG-Vertrag Wettbewerbsbeschränkungen nur, wenn sie spürbar sind. Vorliegend sei diese Voraussetzung

552 EuGH-Urteil zur Rs. C-35/99 vom 19.2.2002, Slg. 2002, I-1529 (Arduino), Rn. 43.

553 EuGH-Urteil Arduino, a.a.O., Rn. 41.

554 EuGH-Urteil Arduino, a.a.O., Rn. 42.

555 Schlussanträge zur Rs. C-309/99 vom 10.7.2001 (Wouters), Rn. 121.

556 Schlussanträge Wouters, a.a.O., Rn. 117.

557 Schlussanträge Wouters, a.a.O., Rn. 118.

558 Schlussanträge Wouters, a.a.O., Rn. 119.

erfüllt, da einerseits die streitige Verordnung für sämtliche in den Niederlanden zugelassenen Rechtsanwälte gelte.[559] Andererseits hätten die von der streitigen Verordnung Betroffenen eine bedeutende Stellung auf dem niederländischen Markt für juristische Dienstleistungen. Schließlich betreffe die Beschränkung einen wesentlichen Wettbewerbsfaktor, da sie sich direkt auf die Dienstleistungen auswirke, die die Unternehmen auf dem Markt anbieten dürften.[560]

Aufgrund der Tatsache, dass die streitige Verordnung das gesamte Hoheitsgebiet der Niederlande erfasse, ist sie geeignet, den Warenverkehr zwischen Mitgliedstaaten in einer Weise zu beeinflussen, die befürchten lässt, dass sie dadurch die Verwirklichung eines einheitlichen Marktes zwischen Mitgliedstaaten behindere. Folglich ist die Verordnung geeignet, den grenzüberschreitenden Verkehr integrierter Dienstleistungen zu beeinträchtigen.[561]

5. Vorgaben aus dem *Wouters*-Urteil

Der EuGH kommt zunächst zu dem Ergebnis, dass die streitige Regelung der niederländischen Rechtsanwaltskammer den Wettbewerb beschränke und zur Beeinträchtigung des innergemeinschaftlichen Handels geeignet sei.[562] Ein Verbot gemischter Sozietäten zwischen Rechtsanwälten und Wirtschaftsprüfern, wie es in der Samenwerkingsverordening 1993 vorgesehen sei, könne i.S.v. Art. 81 I b EG die Erzeugung und die technische Entwicklung einschränken.[563] Hinsichtlich der Wettbewerbsbeschränkung führt der EuGH aus, dass die Sachkunde der Rechtsanwälte und die der Wirtschaftsprüfer einander ergänzen könnten. Da juristische Dienstleistungen vor allem im Bereich des Wirtschaftsrechts immer häufiger die Beiziehung eines Wirtschaftsprüfers erforderten, könnten aufgrund einer gemischten Sozietät von Rechtsanwälten und Wirtschaftsprüfern ein erweitertes Leistungsspektrum und innovative Leistungen angeboten werden.

Der Mandant hätte die Möglichkeit, sich für den Großteil seiner benötigten Leistungen an einen einzigen Anbieter zu wenden.[564] Des Weiteren ist der EuGH der Auffassung, dass gemischte Sozietäten zwischen Rechtsanwälten und Wirtschaftsprüfern einen Bedarf decken könnten, der durch zunehmende Vernetzungen der Märkte und die dadurch notwendigerweise Anpassung an nationale und internationale Vorschriften entstehe.[565]

---

559 Schlussanträge Wouters, a.a.O., Rn. 124.

560 Schlussanträge Wouters, a.a.O., Rn. 125.

561 Schlussanträge Wouters, a.a.O., Rn. 130.

562 EuGH-Urteil zur Rs. C-309/99 vom 19.2.2002, Slg. 2002, I-1577 (Wouters), Rn. 86.

563 EuGH-Urteil Wouters, Rn. 90.

564 EuGH-Urteil Wouters, Rn. 87.

565 EuGH-Urteil Wouters, Rn. 88.

Außerdem könne man davon ausgehen, dass die mit den Sozietäten verbundenen Größenvorteile sich positiv auf die Kosten auswirkten.[566] Der EuGH räumt aber gleichzeitig ein, dass aufgrund der starken Konzentration des Marktes der Wirtschaftsprüfer – die herrschenden Unternehmen würden gewöhnlich als „big five" bezeichnet[567] – das Verbot von Interessenkonflikten für Rechtsanwälte eine strukturelle Grenze für eine verstärkte Konzentration von Anwaltskanzleien darstellten und damit die Möglichkeit der Nutzung der Größenvorteile von Zusammenarbeitsstrukturen mit Wirtschaftsprüfern einschränkten.[568] Damit könnte eine vorbehaltslose und unbeschränkte Zulassung gemischter Sozietäten auf dem Markt für juristische Dienstleistungen eine erhebliche Verringerung der Anbieter nach sich ziehen. Dies resultiere nicht zuletzt aus den grundlegenden Berufsmerkmalen des Rechtsanwaltberufs.[569] Trotzdem würde auch eine weniger einschneidende Maßnahme wie die streitige Verordnung ausreichend sein, sodass vorliegend von einer Einschränkung des Wettbewerbs auszugehen sei.[570] Der innergemeinschaftliche Handel sei deswegen beeinträchtigt, weil ein Kartell, das sich auf das gesamte Hoheitsgebiet eines Mitgliedstaats erstrecke, die Abschottung der Märkte auf nationaler Ebene verfestige und damit die vom EG-Vertrag angestrebte wirtschaftliche Verflechtung behindere.[571, 572]

Verstärkt würde die Beeinträchtigung des innergemeinschaftlichen Handels noch dadurch, dass die streitige Regelung auch für andere europäische Rechtsanwälte gelte, dass das Wirtschaftsrecht zunehmend grenzüberschreitende Vorgänge regle und schließlich auch dadurch, dass die Wirtschaftsprüfungsunternehmen in mehreren Mitgliedstaaten tätig seien.[573]

Der EuGH ist aber der Auffassung, dass nicht jede Vereinbarung zwischen Unternehmen oder jeder Beschluss einer Unternehmensvereinigung automatisch vom Verbot des Art. 81 EG-Vertrag erfasst werde. Im Einzelfall müsse der Gesamtzusammenhang, in dem der Beschluss zustande gekommen sei oder seine Wirkungen entfalte, und seine Zielrichtung gewürdigt werden. Diese seien vorliegend insbesondere die Notwendigkeit der Schaffung von Vorschriften über Organisation, Befähigung, Standespflichten, Kontrolle und Verantwortlichkeit,

566 EuGH-Urteil Wouters, Rn. 89.

567 EuGH-Urteil Wouters, Rn. 91.

568 EuGH-Urteil Wouters, Rn. 92.

569 EuGH-Urteil Wouters, Rn. 93.

570 EuGH-Urteil Wouters, Rn. 94.

571 Der EuGH nimmt Bezug auf seine Entscheidung Rs. 8/72 vom 17.10.1972, Slg. 1972, 977 (Vereenigung van Cementhandelaren), Rn. 29; ebenso nimmt er Bezug auf das Urteil, Rs. 42/84 vom 11.7.1985, Slg. 1985, 2545 (Remia/Kommission), Rn. 22 und Urteil Rs. C-35/96 vom 18.6.1998, Slg. 1998, I-3851 (Kommission/Italien II), Rn. 48.

572 EuGH-Urteil zur Rs. C-309/99 vom 19.2.2002, Slg. 2002, I-1577 (Wouters), Rn. 95.

573 EuGH-Urteil Wouters, Rn. 96.

die den Verbrauchern juristischer Dienstleistungen eine Gewähr für Integrität und Erfahrung biete.[574], [575] Im Ergebnis sei die streitige Verordnung notwendig, um die ordnungsgemäße Ausübung des Rechtsanwaltsberufs sicherzustellen.[576] Bei der Prüfung, ob die mit dem Beschluss verbundenen wettbewerbsbeschränkenden Wirkungen notwendig mit der Verfolgung der genannten Ziele in Zusammenhang stünden,[577] müsse der rechtliche Rahmen berücksichtigt werden, der für die niederländischen Rechtsanwälte und die niederländische Rechtsanwaltskammer einerseits gelten und für die Wirtschaftsprüfer andererseits.[578]

Nach ständiger Rechtsprechung des EuGH stehe es jedem Mitgliedstaat in Ermangelung besonderer gemeinschaftsrechtlicher Vorschriften grundsätzlich frei, die Ausübung des Rechtsanwaltsberufs für sein Hoheitsgebiet zu regeln.[579] Deshalb könnten die geltenden Regelungen in den einzelnen Mitgliedstaaten erheblich voneinander abweichen.[580] Aufgrund Art. 28 der Advocatenwet sei die niederländische Rechtsanwaltskammer betraut, Verordnungen im Interesse der ordnungsgemäßen Berufsausübung zu erlassen. Die wesentlichen, bereits erlassenen Verordnungen beträfen die Verpflichtung, den Mandanten in voller Unabhängigkeit und unter ausschließlicher Wahrnehmung seiner Interessen zu vertreten.

Ebenso sei die Pflicht betroffen, das Risiko eines Interessenkonfliktes zu vermeiden und die Pflicht zur Einhaltung eines strengen Berufsgeheimnisses.[581] Diese Berufspflichten hätten erhebliche Auswirkungen auf die Struktur des Marktes für juristische Dienstleistungen und auf die Möglichkeiten der gemeinsamen Ausübung des Anwaltsberufs und anderer freier Berufe auf diesem Markt.[582] Der Rechtsanwalt müsse unabhängig gegenüber staatlichen Stellen, anderen Wirtschaftsteilnehmern und Dritten sein. Sein Tätigwerden müsse ausschließlich im Interesse des Mandanten ausgeübt werden.[583] Für Wirtschaftsprüfer gelten in den Niederlanden keine vergleichbaren beruflichen Pflichten.[584] Es bestehe eine gewisse Unvereinbarkeit zwischen der „Beratungstätigkeit“ des

---

574 Der EuGH nimmt Bezug auf sein Urteil Rs. C-3/95 vom 12.12.1996, Slg. 1996, I-6511 (Broede), Rn. 38 = EuZW 1997, 53, 55.

575 EuGH-Urteil zur Rs. C-309/99 vom 19.2.2002, Slg. 2002, I-1577 (Wouters), Rn. 97.

576 EuGH-Urteil Wouters, a.a.O., Rn. 107.

577 EuGH-Urteil Wouters, a.a.O., Rn. 97.

578 EuGH-Urteil Wouters, a.a.O., Rn. 98.

579 Der EuGH nimmt Bezug auf sein Urteile Rs. 107/83 vom 12.7.1984, Slg. 1984, 2971 (Klopp), Rn. 17 und Rs. C-3/95 vom 12.12.1996 (Broede), Rn. 37.

580 EuGH-Urteil zur Rs. C-309/99 vom 19.2.2002, Slg. 2002, I-1577 (Wouters), Rn. 99.

581 EuGH-Urteil Wouters, a.a.O., Rn. 100.

582 EuGH-Urteil Wouters, a.a.O., Rn. 101.

583 EuGH-Urteil Wouters, a.a.O., Rn. 102.

584 EuGH-Urteil Wouters, a.a.O., Rn. 103.

Rechtsanwalts und der „Prüfungstätigkeit" des Wirtschaftsprüfers.[585] Der niederländische Wirtschaftsprüfer müsse während der Abschlussprüfung objektiv prüfen und die Buchführung des Mandanten bewerten. Aufgrund der Tatsache, dass die Ergebnisse der Prüfungen an interessierte Dritte weitergegeben werden, gelte für die niederländischen Wirtschaftsprüfer, anders als im deutschen Recht, das Berufsgeheimnis nicht.[586] Die streitige Verordnung solle demnach die Berufspflichten der Rechtsanwälte sichern.

Daher habe die niederländische Rechtsanwaltskammer annehmen können, dass ein Rechtsanwalt unter Umständen nicht mehr in der Lage sei, die Berufspflichten der Unabhängigkeit und des Berufsgeheimnisses zu wahren, wenn er einer Struktur angehöre, die ebenfalls im Rahmen einer Rechnungslegung finanzielle Ergebnisse von Vorgängen, in denen er tätig geworden sei, zu erfassen und zu prüfen.[587] Die Tatsache, dass in anderen Mitgliedstaaten andere Vorschriften gelten, bedeutete nicht, dass die Vorschriften in den anderen Mitgliedstaaten gegen Gemeinschaftsrecht verstießen.[588]

Der EuGH ist der Ansicht, dass selbst wenn in einigen Mitgliedstaaten multidisziplinäre Partnerschaften zwischen Rechtsanwälten und Wirtschaftsprüfern zulässig seien, die niederländische Rechtsanwaltskammer davon ausgehen könne, dass die mit der streitigen Verordnung verfolgten Ziele aufgrund der Unterschiedlichkeit der Berufsrechte für Rechtsanwälte und Wirtschaftsprüfer in den Niederlanden nicht mit weniger einschneidenden Mitteln erreicht werden könnten.[589, 590] Daher würden die wettbewerbsbeschränkenden Wirkungen aufgrund der streitigen Verordnung nicht über das hinausgehen, was erforderlich sei, um die Ausübung des Rechtsanwaltsberufs sicherzustellen.[591, 592] Aufgrund dieser Erwägungen sei der EuGH hinsichtlich der zweiten Vorlagefrage der Auffassung, dass die streitige Verordnung nicht gegen Art. 81 EG-Vertrag verstoße, da

---

585 Insoweit nimmt der EuGH Bezug auf die Ausführungen in den Schlussanträgen des Generalanwalts, Rn. 185 f.

586 EuGH-Urteil zur Rs. C-309/99 vom 19.2.2002, Slg. 2002, I-1577 (Wouters), Rn. 104.

587 EuGH-Urteil Wouters, a.a.O., Rn. 105; der EuGH führt weiter in Rn. 106 aus, dass auch im Rahmen des Grünbuchs der Europäischen Kommission 96/C 321/01 (ABl.EG 1996, Nr. C 321, 1, Rn. 4.12 bis 4.14) über „Rolle, Stellung und Haftung des Abschlussprüfers in der Europäischen Union" die Vereinbarkeit von Abschlussprüfungstätigkeit und juristischen Beratungstätigkeit in Frage gestellt wird.

588 Der EuGH nimmt Bezug auf sein Urteil Rs. C-108/96 vom 1.2.2001, Slg. 2001, I-837 (Mac Quen), Rn. 33.

589 Der EuGH nimmt Bezug auf sein Urteil Rs. C-3/95 vom 12.12.1996, Slg. 1996, I-6511 (Broede), Rn. 41 = EuZW 1997, 53, 55.

590 EuGH-Urteil zur Rs. C-309/99 vom 19.2.2002, Slg. 2002, I-1577 (Wouters), Rn. 108.

591 Der EuGH nimmt Bezug auf sein Urteil Rs. C-250/92 vom 15.12.1994, Slg. 1994, I-5641 (DLG), Rn. 35.

592 EuGH-Urteil zur Rs. C-309/99 vom 19.2.2002, Slg. 2002, I-1577 (Wouters), Rn. 109.

die niederländische Rechtsanwaltskammer bei vernünftiger Betrachtung hätte annehmen können, dass die Verordnung trotz ihrer wettbewerbsbeschränkender Wirkungen für die ordnungsgemäße Ausübung des Rechtsanwaltsberufs erforderlich ist.[593]

6. Analyse der europarechtlichen Vorgaben zur Beschränkung des Wettbewerbs und Beeinträchtigung des innergemeinschaftlichen Handels

a) *Arduino*-Vorgaben

Zunächst ist anzumerken, dass die Begründung der Schlussanträge erheblich von der des Urteils abweicht. Beim unmittelbaren Nebeneinanderlesen von Schlussanträgen und Urteil liest sich das Urteil gleichsam widersprüchlich und lückenhaft. Auch die Tatsache, dass *Arduino* im Plenum entschieden wurde, deutet auf die Schwierigkeit und Bedeutung der Entscheidung hin. Letztlich lässt sich daher auch auf Uneinigkeit der Entscheidenden in einigen Kernbegründungspunkten schließen.[594] Der EuGH hat geurteilt, dass es nicht gegen die Artt. 10 i.V.m. 81 I EG-Vertrag verstoße, wenn ein Mitgliedstaat eine Maßnahme in Form eines Gesetzes oder Verordnung erlasse, durch die auf der Grundlage eines von einer berufsständischen Vertretung mit Rechtsanwälten erstellten Vorschlags eine Gebührenordnung mit Mindest- und Höchstsätzen für die Leistungen der Angehörigen des Berufsstandes genehmigt wird, soweit diese staatliche Maßnahme in einem Verfahren ergeht, das dem italienischen entspricht.[595]

Im Ergebnis ließe sich aufgrund des *Arduino*-Urteils folgender Schluss ziehen.[596] Für die deutsche Bundesrechtsanwaltsgebührenordnung (BRAGO) besteht vor dem Hintergrund des Europäischen Wettbewerbs- und Kartellrechts „erst recht" keine Gefahr, da die Gebührenordnung nicht nur vom Minister genehmigt, sondern sogar als Ganzes vom nationalen Parlament verabschiedet wurde.[597] Diese Pauschalvermutung verkennt, vergleichbar den Ausführungen zum Tatbestandsmerkmal zur Unternehmensvereinigung[598], dass der EuGH

---

593 EuGH-Urteil Wouters, a.a.O., Rn. 110.

594 Vgl. *Schlosser*, JZ 2002, 435, 454.

595 Mit dem Verweis auf die Artt. 57, 58 und 60 Real Decreto Legislativo; EuGH-Urteil zur Rs. C-35/99 vom 19.2.2002, Slg. 2002, I 1529 (Arduino), Rn. 42.

596 Vgl. zur Gesamtproblematik *Koch/Eichele*, NJW 2004, 334 ff.

597 So auch: *Lörcher*, NJW 2002, 1092, 1093; *Hund,* DStR 2002, 652; *Eich*, WPK-Mitt. 2002, 153, 154; *Kilian*, MDR 2002, 850; tendenziös auch: *Henssler*, JZ 2002, 983, 984.

598 Mit Nichten hat der EuGH pauschal entschieden, dass der NOvA per se eine Unternehmensvereinigung sei. Vielmehr stellt der EuGH immer auf die konkrete Tätigkeit der Handelnden ab; so wurde das Tatbestandsmerkmal der Unternehmensvereinigung im Falle des Erlasses der streitigen Zusammenarbeitsverordnung bejaht, vgl. oben C. IV. 1. e).

nicht pauschal alle „staatlichen“ Tarifordnungen per se sakrosankt erklärt hat.[599] Vielmehr hat er ausgeführt, dass eine Gebührenordnung dann nicht gegen Wettbewerbsrecht verstößt, wenn es dem italienischen Verfahren formell-rechtlich, aber eben auch materiell-rechtlich entspricht. Die formell-rechtlichen Vorgaben wurden bereits im Rahmen der Prüfung herangezogen.[600] Diese werden namentlich dann relevant, wenn es darum geht zu differenzieren, ob bestimmte Normen staatliche Regeln oder nicht-staatliche, dem Berufsverband zuzurechnende Regeln sind.

Ist demnach festgestellt, dass die Vorgaben des EuGH zum staatlichen Handeln erfüllt sind, wäre anschließend zu prüfen, ob auch die materiell-rechtlichen Vorgaben erfüllt sind. Aufgrund der Tatsache, dass staatliches Recht aber nicht unmittelbar in den Kompetenzbereich der Wettbewerbsbehörden fällt, werden nunmehr die Artt. 10 i.V.m. 81 I EG-Vertrag herangezogen.[601] Dass der EuGH selbst nicht davon ausgeht, dass allein die Einordnung der Gebührenordnung als staatliches Recht dieselbe aus dem Anwendungsbereich des Wettbewerbsrechts herausnimmt, zeigen seine „Vorabhinweise“. Er zeigt auf, dass „diese staatliche Maßnahme, indem sie sich auf das gesamte Hoheitsgebiet erstreckt, i.S.v. Art. 81 I EG-Vertrag zur Beeinträchtigung des Handels zwischen den Mitgliedstaaten geeignet sei“.[602] Vor diesem Hintergrund bedeutete es einen Zirkelschluss, sämtliche „staatliche“ Gebührenordnungen von sich aus wettbewerbskonform einzustufen. Diese Ansicht würde Art. 10 EG-Vertrag ignorieren und die Mitgliedstaaten gleichsam zur „Gemeinschaftsuntreue“ ermutigen.

Deshalb ist auf einer zweiten materiell-rechtlichen Prüfungsebene, insbesondere bei Tarifordnungen mit Festsetzungen für Mindest- oder Höchstpreise, die Rechtfertigung durch das Allgemeininteresse zu untersuchen. Die Kompetenz zum Erlass von Gebührengesetzen räumt auch die Europäische Kommission den Mitgliedstaaten ein, soweit diese Gesetze aus Gründen des Allgemeininteresses objektiv gerechtfertigt sind.[603] Gleichzeitig stellte die Kommission in einem konkreten Fall fest, dass die Festsetzung von Mindesttarifen eine spürbare Beschränkung des Wettbewerbsrechts darstelle, da die Festsetzung durch das Verhindern von Konkurrenz im Niedriggebührenangebot eine Wettbewerbsbeschränkung bezwecke und bewirke.[604] Die Festsetzung von Mindestpreisen im Gebührenrecht sei für die Kommission auch kein Garant für die Qualität der Leistungen, da die Festsetzung nicht das geeignete Mittel sei. Mindesttarife ver-

599 So aber noch *Lenz*, S. 193.

600 Vgl. oben die Ausführungen zur Letztentscheidungsbefugnis unter C. IV. 1. h).

601 EuGH-Urteil zur Rs. C-35/99 vom 19.2.2002, Slg. 2002, I-1529 (Arduino), Rn. 34.

602 EuGH-Urteil Arduino, a.a.O., Rn. 33.

603 *Schaub*, AnwBl. 2002, 18, 19; *Eichele*, EuZW 2002, 182, 183.

604 Vgl. auch *Lenz*, S. 176.

hinderten nicht die Erbringung minderwertiger Leistungen, wenn für diese Leistungen ein höherer Preis als der Mindestpreis gefordert werde. Qualitätsgarantien würden auch durch Zugangsbestimmungen zum Beruf, Rechtsberatungsmonopole und hohe ethische Berufsstandards gewährleistet.[605] Demgegenüber sah der EuGH in seiner *Arduino*-Entscheidung auf materiell-rechtlicher Ebene die Festsetzung der Preise als gerechtfertigt an, da Art. 60 des Real Decreto Legislativo vorsieht, dass die Gebühren durch das Gericht anhand der in Art. 57 des Real Decreto Legislativo vorgesehenen Maßstäbe und unter Berücksichtigung der Schwierigkeiten und der Anzahl der behandelten Probleme festgesetzt würden. Darüber hinaus könne das Gericht unter bestimmten außergewöhnlichen Umständen durch eine ordnungsgemäß begründete Entscheidung von den nach Art. 58 des Real Decreto Legislativo festgelegten Höchst- und Mindestsätzen abweichen.[606]

Zum Teil wird mit Verweis auf eine weitere EuGH-Entscheidung[607] angenommen, dass eine gesetzlich erlassene verbindliche Honorarordnung jedenfalls wettbewerbsfest sei. Werde den Unternehmen ein wettbewerbswidriges Verhalten durch gesetzliche Regelungen vorgeschrieben oder bildeten diese einen rechtlichen Rahmen, der selbst jede Möglichkeit für ein Wettbewerbsverhalten ihrerseits ausschließt, so sei Art. 81 I EG-Vertrag nicht anwendbar. Dann nämlich fände die Wettbewerbsbeschränkung nicht in den Verhaltensweisen der Unternehmen ihre Ursache.[608] Bei der vorliegenden Prüfung ist jedoch in erster Linie nicht auf das Verhalten der Unternehmen, sondern auf das des Mitgliedstaats abzustellen. Mit Hilfe der Gemeinschaftstreuevorschrift des Art. 10 EG-Vertrag muss daher auch im Einzelfall überprüft werden, ob der Mitgliedstaat ein Kartell erleichtert, vorschreibt usw.

Entsprechend muss also auch immer bei Gesetzen hilfsweise die Wettbewerbskonformität über Art. 10 EG-Vertrag geprüft werden. Käme man also bei einer Prüfung zu dem Schluss, dass eine gesetzliche Regelung den Wettbewerb beschränkt, wäre eine Rechtfertigung im Allgemeininteresse zu prüfen. Insbesondere zu Tariffestsetzungen hat der EuGH dies beständig selbst gehandhabt.[609]

Der EuGH sah verbindliche Tarife wettbewerbskonform an, die nicht nur die Interessen des Verkehrsgewerbes, sondern auch die Interessen landwirtschaftlicher

605 Entscheidung der Kommission 95/188/EG vom 30.1.1995, ABl.EG 1995 Nr. L 122/37 (COAPI), 47 f.

606 EuGH-Urteil zur Rs. C-35/99 vom 19.2.2002, Slg. 2002, I-1529 (Arduino), Rn. 42.

607 EuGH-Urteil, Rs. C-359/95 P und C-379/95 P vom 11.11.1997, Slg. 1997, I-6265 (Ladbroke), Rn. 6265.

608 Entschließung des Europäischen Parlaments vom 5.4.2001, ABl.EG 2002 Nr. C 21 E, Rn. 364 ff.

609 *Sagawe*, ZRP 2002, 281, 282 f.

und mittelständischer Wirtschaftskreise sowie wirtschaftlich schwacher und verkehrsungünstig gelegener Gebiete berücksichtigen.[610] Im Zusammenhang mit Binnenschifffahrtstarifen waren Tarife wettbewerbsfest, die nicht nur im Interesse der Transportunternehmen und Verlader erlassen worden sind, sondern auch im Interesse landwirtschaftlicher und mittelständischer Wirtschaftskreise sowie wirtschaftlich schwacher und verkehrsungünstig gelegener Gebiete.[611] An anderer Stelle betonte der EuGH bei der Prüfung eines Tarifgesetzes im italienischen Güterverkehr, dass eine Reihe von Kriterien des Gemeinwohls im streitigen Gesetz zu beachten seien, die definiert und per Dekret des italienischen Präsidenten näher geregelt seien.[612] Weiter hält der EuGH eine verbindliche Festlegung eines Festmacherentgelts für vertragskonform, wenngleich das Entgelt über die tatsächlichen Kosten der Leistungen hinausgeht,[613] da die Tarife von den Verwaltungsbehörden nicht nur nach Anhörung der Festmacher, sondern auch der Vertreter der Benutzer- und Schifffahrtsagenten der Häfen festgesetzt wurde.[614] In einem anderen zu entscheidenden italienischen Fall urteilte der EuGH, dass die im Gesetz festgelegten Gemeinwohlkriterien bei der Festlegung der Tarife beachtet werden müssten.[615]

Im bisher geltenden deutschen Recht bestimmt § 49b BRAO, dass es unzulässig ist, geringere Gebühren und Auslagen zu vereinbaren oder zu fordern, als die BRAGO vorsehe. Aus dem Wortlaut des entscheidenden § 3 BRAGO lässt sich hingegen kein Gebührenunterschreitungsverbot entnehmen.[616] Das in der BRAO verankerte Verbot der Gebührenunterbietung ist neueren Datums[617] und soll einen Preiswettbewerb um Mandate verhindern und einen weitgehend gleichen Zugang zum Recht und zu den Rechtsanwälten gewährleisten, weil es nicht von der Finanzkraft der Mandanten abhängen soll, welcher Rechtsanwalt beauftragt wird. Der Verlockung, sich aus wirtschaftlichen Gründen einen „besonders preiswerten" Anwalt zu suchen, ist das rechtsuchende Publikum nicht ausgesetzt. Dem Prinzip des gleichen Zugangs zum Recht entspricht es auch, dass die Rechtsverfolgung allen, die nicht aufgrund ihrer Vermögensverhältnisse Prozess- oder Beratungshilfe beanspruchen können, gleiche finanzielle Lasten für

---

610 EuGH-Urteil zur Rs. C-185/91 vom 17.11.1993, Slg. 1993, I-5801 (Reiff), Rn. 18.

611 EuGH-Urteil zur Rs. C-153/93 vom 9.6.1994, Slg. 1994, I-2517 (Delta), Rn. 17.

612 EuGH-Urteil, Rs. C-96/94 vom 5.10.1995, Slg. 1995, I-2883 (Centro), Rn. 24.

613 EuGH-Urteil zur Rs. C-266/96 vom 18.6.1998, Slg. 1998 I, 3981 (Corsika Ferries), Rn. 32.

614 EuGH-Urteil Corsika Ferries a.a.O., Rn. 52.

615 EuGH-Urteil zur Rs. C-38/97 vom 1.10.1998, Slg. 1998, I-5955 (Librandi), Rn. 43, 37.

616 *Feuerich/Weyland*, BRAO, § 49b Rn. 2; vgl. *Gerold/Schmidt/v. Eicken/Madert*, BRAGO, § 3 Rn. 2.

617 Gesetz vom 2.9.1994, BGBl. 1994 I, 2278.

die anwaltliche Vertretung abverlangt.[618] Im Schrifttum wird hingegen daran gezweifelt, dass der „besonders preiswerte“ Anwalt immer eine schlechtere Leistung erbringt und darüber hinaus nicht vertrauenswürdig ist. Bestritten wird auch, ob der Zugang zum Recht und den Rechtsanwälten ungleich ist, wenn die dafür zu zahlende Vergütung zwischen den Vertragsparteien frei vereinbart werde, höher oder eben auch niedriger.[619]

Beizupflichten ist dieser Auffassung jedenfalls insoweit, als vom preiswerten Anwalt nicht regelmäßig eine minderwertige Leistung zu erwarten ist. Auf der anderen Seite darf jedoch nicht vergessen werden, dass, sollte ein Preiswettbewerb nach unten eröffnet werden, der in zunehmender Konkurrenz stehende Rechtsanwalt gar nicht mehr die Zeit aufbringen wird, im „Dumpingpreisbereich“ qualitativ hochwertige Leistung zu bieten. Eine abschließende Erörterung der Thematik auf gesetzlicher Ebene muss hier jedoch unterbleiben. Vor dem Hintergrund des *Arduino*-Urteil könnten jedenfalls Zweifel bestehen, ob ein uneingeschränktes Gebührenunterschreitungsverbot wettbewerbskonform ist.[620]

Im Entwurf zum Rechtsanwaltsvergütungsgesetz (RVG) hat der Gesetzgeber bis jetzt die Allgemeininteressen noch nicht ausdrücklich benannt. Entgegen einer im Schrifttum verbreiteten Auffassung kann es darauf aber rechtlich nicht ankommen.[621] Das verfassungsmäßige Gesetz wird schon aus Gründen des Verhältnismäßigkeitsprinzips in Deutschland niemals eine explizite Gemeinwohlbindung erwähnen, da dies redundant wäre.[622] Eine explizite Nennung hat der EuGH auch nie gefordert.[623] Im Übrigen kann man das künftige RVG nicht als verbindliche Tarifordnung im Sinne der vom EuGH bereits entschiedenen Fälle einordnen. Überwiegend sind neben den künftigen gesetzlichen Vorgaben auch frei verhandelbare Honorare möglich. Die einzige nennenswerte „zwingende“ Bindung wird im Bereich der Mindestgebühren im gerichtlichen Verfahren liegen.

---

618 BT-Drucks. 12/4993, 31; BR-Drucks. 93/93, 91; vgl. auch *Feuerich/Weyland*, BRAO, § 49b Rn. 12; *Henssler/Prütting*, BRAO, § 49b Rn. 5; *Kleine-Cosack* misst dem Gebührenunterschreitungsverbot im gerichtlichen Verfahren nur theoretische Bedeutung zu, da die Praxis nicht kontrollierbar sei; soweit argumentiert wird, dass bei extrem hohen Streitwerten, wie im Falle des Atomkraftwerks Mülheim-Kärlich, die durch das Gebührenunterschreitungsverbot verursachten hohen Anwaltskosten nicht gerechtfertigt seien, dürften wohl unsachliche Erwägungsgründe ausschlaggebend sein, vgl. *Kleine-Cosack*, BRAO, § 49b Rn. 7; *Jessnitzer/Blumberg*, BRAO, § 49b Rn. 1.

619 *Sagawe*, ZRP 2002, 281, 285.

620 Nach bisheriger Rechtslage bestanden jedenfalls vor dem Hintergrund des GWB keine Bedenken im Hinblick auf die Wettbewerbskonformität, da § 49b BRAO in Form eines Gesetzes vorliegt, vgl. *Henssler/Prütting*, BRAO, § 49b Rn. 7.

621 So aber tendenziös *Sagawe*, ZRP 2002, 281, 284.

622 Vgl. die ausführliche Darstellung zum Allgemeininteresse oben C. IV. 1. g).

623 Vgl. dazu *Eichele/Happe*, NJW 2003, 1214, 1216.

Daher ist es eine andere Frage, ob es nicht rechtspolitisch angebracht wäre, eine Allgemeinwohlbindung zumindest in die Gesetzesmotive zu den künftig vorgesehen Mindestgebühren niederzuschreiben. Zwar ist grundsätzlich vor dem bereits dargestellten deutschen Gesetzgebungssystem vor dem Hintergrund der Grundrechte von der Allgemeinwohlbindung eines Gesetzes auszugehen. Doch wohlwissend um die Problematik des Wettbewerbsrechts und die Auswirkung auf die freien Berufe sollte der Gesetzgeber rechtspolitisch ein Zeichen setzen; dies vor allem vor dem Hintergrund des Allgemeininteresses.[624]

b) *Wouters*-Vorgaben

Im Falle *Wouters* kam der EuGH zum Ergebnis, dass zwar die streitige Zusammenarbeitsverordnung den Wettbewerb beschränke und zur Beeinträchtigung des innergemeinschaftlichen Handels geeignet, aber dennoch nicht vom Kartellverbot des Art. 81 I EG-Vertrag umfasst sei.

Die Einordnung dieses Prüfungsabschnitts ist in der Literatur umstritten. Eine Ansicht in der Literatur, die die deutschen Berufsrechtssatzungen unmittelbar dem europäischen Wettbewerbs- und Kartellrecht unterwerfen möchte, schließt daraus, es müsse regelmäßig eine Notifizierung nach Art. 81 III EG-Vertrag erfolgen, um vom Kartellverbot des Art. 81 I EG-Vertrag befreit zu sein.[625] Diese Ansicht verkennt die Besonderheit der *Wouters*-Entscheidung. Zwar weist der EuGH auf die Möglichkeit der Notifizierung hin.[626] Das bedeutet jedoch nicht, dass er jede berufsrechtliche Regelung dem Notifizierungserfordernis unterwirft.

Abgesehen davon, dass das kartellrechtliche Notifizierungserfordernis ohnehin nur bei Bestimmungen besteht, die sich auf das Wirtschaftsleben auswirken,[627] was bereits einen Teil der Normen aus dem Anwendungsbereich entfallen lassen dürfte, nimmt der EuGH im *Wouters*-Urteil eine für den vorliegenden Problemkreis entscheidende tatbestandliche Einschränkung des Art. 81 I EG-Vertrag vor.

Bei der Anwendung von Art. 81 I EG-Vertrag im Einzelfall seien der Gesamtzusammenhang, in dem der fragliche Beschluss zustande gekommen sei oder seine Wirkungen entfalte, und insbesondere dessen Zielsetzung zu würdigen. Im *Wouters*-Urteil hingen die Regelungen notwendig mit der Schaffung von Vorschriften über Organisation, Befähigung, Standespflichten, Kontrolle und Verantwortlichkeit zusammen, die den Empfängern juristischer Dienstleistungen und der

---

624 Vgl. ausführlich zur Problematik des Verbots der Gebührenunterschreitung unten zur Satzungsprüfung §§ 22 f. BORA unter C. VI. 2. f).

625 *Römermann/Wellige*, BB 2002, 633, 637; tendenziell auch *Römermann*, Anwalt 4/2002, 48.

626 EuGH-Urteil zur Rs. C-309/99 vom 19.2.2002, Slg. 2002, I-1577 (Wouters), Rn. 69.

627 EuGH-Urteil Wouters, a.a.O., Rn. 57.

Rechtspflege die erforderliche Gewähr für Integrität und Erfahrung böten.[628] Die streitige Verordnung stelle somit die ordnungsgemäße Ausübung des Rechtsanwaltsberufs sicher.[629]

Weiter prüft der EuGH, ob die mit dem Beschluss verbundenen wettbewerbsbeschränkenden Wirkungen notwendig mit der Verfolgung der genannten Ziele zusammenhängen.[630] Auf dieser Grundlage hat der EuGH die streitige Verordnung der niederländischen Rechtsanwaltskammer aufrechterhalten. Der EuGH rekurriert auf seine Rechtsprechung zur Niederlassungs- und Dienstleistungsfreiheit.[631] Dies ist so bemerkenswert, da er damit gleichsam den Weg ebnet für eine analog angeordnete Prüfungsfolge von Grundfreiheiten und Wettbewerbsrecht. An diesem Beispiel lässt sich zeigen, wie verzahnt die erste Stufe der Marktzugangsöffnung mit der zweiten Stufe der Marktverwirklichung ist.

Es ist hervorzuheben, dass der EuGH nicht etwa annimmt, die Regelung habe der Kommission notifiziert werden müssen, diese sei jedoch zur Genehmigung verpflichtet. Vielmehr hält der EuGH bereits den Tatbestand des Art. 81 I EG-Vertrag für nicht erfüllt, sodass eine Notifizierung bereits nicht erforderlich ist.[632] Es scheint, als ob der EuGH durch die Anwendung des tatbestandlichen Korrektivs bewusst einen Kompetenzverlust der Europäischen Kommission in Kauf nimmt. Während die Notifizierung nach Art. 81 III EG-Vertrag in den Prüfungsbereich der Kommission fällt, wird das tatbestandliche Korrektiv vom EuGH selbst untersucht.

c) Ausnahmetatbestand: „rule of reason" oder tatbestandsimmanente Ausnahme analog Dienstleistungsfreiheit

In der Literatur ist ebenso streitig, ob es sich bei der vom EuGH vorgenommenen Prüfung im Rahmen des Tatbestands von Art. 81 EG-Vertrag um eine „rule of reason" nach amerikanischem Vorbild oder um eine Analogie der Rechtfertigungsprüfung aus dem Bereich der Grundfreiheiten handelt.[633]

aa) „Rule of reason"

Ursprünglich wurde die Lehre von der „rule of reason" im amerikanischen Kartellrecht entwickelt. Anders als im europäischen Wettbewerbs- und Kartellrecht,

---

628 EuGH-Urteil Wouters, a.a.O., Rn. 98 ff.

629 EuGH-Urteil Wouters, a.a.O., Rn. 107.

630 EuGH-Urteil Wouters, a.a.O., Rn. 97.

631 EuGH-Urteile Rs. 107/83 vom 12.7.1984, Slg. 1984, 2971 (Klopp), Rn. 17 und Rs. C-3/95 vom 12.12.1996, Slg. 1996, I-6511, Rn. 37 (Broede) = EuZW 1997, 53, 55.

632 Eine Erörterung der wettbewerbsrechtlichen Konsequenzen dieser Rechtsprechung würde den Rahmen dieser Ausführungen sprengen.

633 Undifferenziert: *Kilian*, AnwBl. 2003, 256, 258.

das mit Art. 81 III EG-Vertrag eine Möglichkeit zur behördlichen Freistellung von Kartellen vorsieht, sind in den USA nach Section 1 des Sherman Act grundsätzlich (per se) alle Beschränkungen des Wettbewerbs unabhängig von ihrer Stärke oder ihren Gründen verboten.[634] Unter das Per-se-Verbot fallen vor allem die „Hardcore"-Beschränkungen wie Preisabsprachen, Produktionsbeschränkungen, Gebietsaufteilungen und Kollektivboykotte.[635]

Der U.S. Supreme Court hielt sich unmittelbar nach Erlass des Sherman Act streng an den Wortlaut des Gesetzes[636] – umfasst waren sämtliche horizontale und vertikale Wettbewerbsvereinbarungen. Aufgrund der Tatsache, dass diese strenge Auslegung zu unerwünschten Ergebnissen führte, wurde eine dem Einzelfall gerechtere Auslegung des Sherman Act anerkannt. Der Supreme Court hat entschieden, dass der Wortlaut der Section 1 nicht abschließend sei, sondern einen Beurteilungsspielraum für die Gerichte eröffne.[637] Der Beurteilungsspielraum tradierte aus dem alten Common Law und alten englischen Regeln. Sinn und Zweck der Vorschrift sei es, „undue restraints" zu verbieten. Ob ein „undue restraint" vorliege, müsse im Einzelfall entschieden werden.[638]

Danach wird bei jeder Vereinbarung eine Bilanz der wettbewerbshindernden und wettbewerbsfördernden Wirkungen erstellt. Eine Anwendbarkeit der Section 1 des Sherman Act ist danach ausgeschlossen, wenn sich vor dem tatsächlichen Hintergrund ein positiver Saldo ergibt, das heißt, dass im Ergebnis die Vereinbarung den Wettbewerb tatsächlich mehr fördert als behindert. Auf der anderen Seite fällt eine Vereinbarung in den Anwendungsbereich der Section 1 des Sherman Act und damit dem Kartellverbot, wenn die Vereinbarung nach Saldierung den Wettbewerb mehr behindert als fördert; sie ist dann „unreasonable".[639]

Fraglich ist nunmehr, ob die Konstruktion der „rule of reason" auf das europäische Wettbewerbs- und Kartellrecht anwendbar ist. In der Literatur ist streitig, ob die Konstruktion der „rule of reason" im Gemeinschaftsrecht zweckmäßig ist.

---

634 Section 1 Sherman Act von 1890: „Every contract, combination in the form of trust or otherwise, or conspiracy in restraint of trade or commerce, among the several States, or with foreign nations, is hereby declared to be illegal".

635 *Stopper*, EuZW 2001, 426, 427.

636 U.S. v. Trans-Missouri Freight Association, 166 U.S. 290 (1897). Eisenbahngesellschaften hatten sich auf eine gemeinsame Preispolitik geeinigt, um den desaströsen Preiskampf zu beenden. Die von ihnen gegründete Gesellschaft legte für alle Teilnehmer feste Preise fest. Während die Eisenbahngesellschaften vortrugen, ihr Verhalten sei zwar wettbewerbsbeschränkend aber "reasonable", verurteilte der Supreme Court die Beklagten als wettbewerbswidriges Kartell.

637 Standard Oil Co. Of New Jersey v. U.S., 211 U.S. 1 (1911). Standard Oil hatte einen Marktanteil von etwa 90% auf dem amerikanischen Markt für Erdölraffinerie inne. Die Gesellschaft nutzte ihren Marktanteil wettbewerbsschädigend aus.

638 Vgl. *Schmitz*, WuW 2002, 6, 8.

639 Vgl. *Brinker*, in: Schwarze, EU-Kommentar, Art. 81 EG-Vertrag Rn. 42.

Einerseits wird vertreten, dass die Anwendung einer „rule of reason" im EG-Recht vor dem Hintergrund des Art. 81 III EG-Vertrag nicht notwendig sei. Dieser liefere einen ausreichenden Beurteilungsspielraum für die Rechtfertigung von Ausnahmen vom Kartellverbot.[640] Andererseits hat der EuGH in der Tat bereits in einigen Entscheidungen ein Korrektiv, der „rule of reason" ähnlich, begrenzt angewandt. Während im Rahmen von horizontalen Vereinbarungen bis jetzt diese Ansätze noch nicht nachgewiesen werden konnten, hat der EuGH dies im Rahmen von selektiven Vertriebsbindungen vereinzelt getan.[641] Bei der Prüfung der Wirkungen von Absprachen hat der EuGH die zur Umsetzung der Vereinbarung erforderlichen Klauseln nicht dem Verbot des Art. 81 I EG-Vertrag unterstellt, wenn sich die wettbewerbliche Bilanz als positiv erwies.[642]

So hat beispielsweise der EuGH entschieden, dass selektive Betriebssysteme, sofern die Auswahl der Wiederverkäufer aufgrund objektiver Gesichtspunkte qualitativer Art erfolgten und diese Voraussetzungen einheitlich für alle in Betracht kommenden Wiederverkäufer festgelegt und ohne Diskriminierung angewandt würden, nicht vom Kartellverbot des Art. 81 I EG-Vertrag umfasst sind.[643] Ebenso kann die Gewährung einer offenen ausschließlichen Lizenz für den Anbau und Vertrieb eines neuen wettbewerbsfördernden Agrarerzeugnisses im Hoheitsgebiet eines Mitgliedstaats zur Erreichung des wettbewerbsfördernden Zieles erforderlich sein.[644] Ebenso seien zwischen den Parteien vereinbarte Wettbewerbsverbote nicht vom Kartellverbot des Art. 81 I EG umfasst, wenn ein Kaufvertrag über ein Unternehmen zur Verstärkung des Wettbewerbs beitrage und soweit die Verbote für die Übertragung des Unternehmens erforderlich und in ihrer Geltungsdauer und ihrem Anwendungsbereich strikt auf diesen Zweck beschränkt seien.[645]

Ebenso wenig stellten Bestimmungen, die für die Durchführung eines Franchisevertrages unerlässlich sind, eine Wettbewerbsbeschränkung i.S.d. Art. 81 I EG-Vertrag dar.[646] Auch die Untersagung aufgrund einer Satzungsbestimmung einer Bezugsgenossenschaft einer Beteiligung an anderen Formen der organisierten Zusammenarbeit in unmittelbarer Konkurrenz zu dieser Genossenschaft fällt nicht unter das Verbot des Art. 81 I EG-Vertrag. Voraussetzung ist allerdings,

---

640 Vgl. *Stopper*, EuZW 2001, 426, 428.

641 Vgl. *Stopper*, EuZW 2001, 426, 428.

642 Vgl. Bsp. in Schlussanträge zur Rs. C-309/99 (Wouters), a.a.O., Rn. 103.

643 EuGH-Urteil zur Rs. 26/76 vom 25.10.1977, Slg. 1977, 1875 (Metro/Kommission), Rn. 20-22.

644 EuGH-Urteil zur Rs. 258/78 vom 8.6.1982, Slg. 1982, 2015 (Nungesser und Eisele/Kommission), Rn. 54-58.

645 EuGH-Urteil zur Rs. 42/84 vom 11.7.1985, Slg. 1985, 2545 (Remia/Kommission), Rn. 17-20.

646 EuGH-Urteil zur Rs. 161/84 vom 28.1.1986, Slg. 1986, 353 (Pronuptia), Rn. 14-27.

dass die Bestimmung der Satzung auf das beschränkt ist, was notwendig ist, um das ordnungsgemäße Funktionieren der Genossenschaft sicherzustellen.[647]

Es könnte sich also auch im europäischen Recht richterrechtlich eine „rule of reason" entwickelt haben.

bb) Tatbestandsimmanente Ausnahme analog Dienstleistungsfreiheit

Andererseits müsste aber nicht erst auf fremde Rechtskonstruktionen ausgewichen werden, wenn bereits im Europarecht entsprechende Korrektivmöglichkeiten bestünden und nunmehr auch im Bereich des Wettbewerbsrechts angewandt würden. Wie bereits ausgeführt, prüft der EuGH im Tatbestand des Art. 81 I EG-Vertrag bemerkenswerter Weise dieselben Eingriffsrechtfertigungen, wie er dies bereits in ständiger Rechtsprechung für die Grundfreiheiten praktiziert hat.[648] Dass eine Analogie zwischen den Prüfungen des EuGH zum Wettbewerbsrecht und den Grundfreiheiten besteht, beweist auch die Tatsache, dass im Rahmen des *Wouters*-Verfahrens die Fragen zur Niederlassungs- und Dienstleistungsfreiheit[649] – was die Eingriffsrechtfertigung angeht – entsprechend den Fragen zum Wettbewerbsrecht beantwortet wurden.

Der EuGH war der Auffassung, dass die streitige Verordnung nicht gegen die Niederlassungs- und Dienstleistungsfreiheit verstoße, da die Verordnung bei vernünftiger Betrachtung als für die ordnungsgemäße Ausübung des Rechtsanwaltsberufs erforderlich angesehen werden konnte.[650] Der EuGH kommt zu dem Schluss, dass eine etwaige Beschränkung der beiden Grundfreiheiten jedenfalls aus denselben Gründen wie die Beschränkungen des Wettbewerbs gerechtfertigt seien.[651] Denn im Einzelfall müsse – wie bei der Prüfung im Wettbewerbsrecht – der Gesamtzusammenhang, in dem der Beschluss zustande gekommen sei oder seine Wirkungen entfalte und seine Zielrichtung gewürdigt werden. Diese seien vorliegend insbesondere die Notwendigkeit der Schaffung von Vorschriften über Organisation, Befähigung, Standespflichten, Kontrolle und Verantwortlichkeit, die den Verbrauchern juristischer Dienstleistungen eine Gewähr für Integrität

---

647 EuGH-Urteil zur Rs. 250/92 vom 15.12.1994, Slg. 1994, I-5641 (DLG), Rn. 28-45.

648 EuGH-Urteil zur Rs. C-309/99 vom 19.2.2002, Slg. 2002, I-1577 (Wouters), Rn. 99; EuGH-Urteile Rs. 107/83 vom 12.7.1984, Slg. 1984, 2971 (Klopp), Rn. 17 und Rs. C-3/95 vom 12.12.1996, Slg. 1996, I-6511, Rn. 37 (Broede) = EuZW 1997, 53, 55.

649 Im Hinblick auf die Antwort auf Vorlagefrage 3 überprüft der EuGH die vierte Frage nicht, vgl. EuGH-Urteil zur Rs. C-309/99 (Wouters), a.a.O., Rn. 116; im Hinblick auf Vorlagefrage 2 untersucht der EuGH ebenso wenig Frage 5; hinsichtlich der Antwort zu Frage 2 und 3 untersucht der EuGH auch nicht Frage 6.

650 EuGH-Urteil zur Rs. C-309/99 (Wouters), a.a.O., Rn. 123.

651 Der EuGH nimmt Bezug auf seine Ausführungen in den Rn. 97-109, vgl. EuGH-Urteil Wouters, Rn. 122.

und Erfahrung biete.[652, 653] Im Ergebnis sei die streitige Verordnung notwendig, um die ordnungsgemäße Ausübung des Rechtsanwaltsberufs sicherzustellen.[654] Nach ständiger Rechtsprechung des EuGH stehe es jedem Mitgliedstaat in Ermangelung besonderer gemeinschaftsrechtlicher Vorschriften grundsätzlich frei, die Ausübung des Rechtsanwaltsberufs für sein Hoheitsgebiet zu regeln.[655] Deshalb könnten die geltenden Regelungen in den einzelnen Mitgliedstaaten erheblich voneinander abweichen.[656]

cc) Zwischenergebnis

Bemerkenswert ist also die Übereinstimmung der Prüfungsmaßstäbe, mit denen der EuGH einerseits einen Weg der Einbeziehung des öffentlichen Interesses im Rahmen des Wettbewerbs- und Kartellrechts gefunden hat, der nicht nur auffallend an die Eingriffsrechtfertigung im Bereich der Grundfreiheiten des EG-Vertrages erinnert, sondern im Falle *Wouters* identisch ist und so eine strukturelle Angleichung von Wettbewerbsrecht und Grundfreiheiten bedeutet. Auf diese Weise integriert der EuGH ein Korrektiv in das Europäische Wettbewerbs- und Kartellrecht, das bereits aus der althergebrachten Rechtsprechung zu den Grundfreiheiten bekannt ist. Außerdem nähert sich der EuGH mit dem Kriterium des „zur ordnungsgemäßen Berufsausübung Erforderlichen“ an den Prüfungsmaßstab des BVerfG an, das seinerseits das Kriterium des „zur funktionsgerechten Aufgabenerfüllung Erforderlichen“ anwendet.[657] Dem schließt sich das Schrifttum an, indem festgestellt wird, dass satzungsmäßige Regelungen nur dann mit dem EU-Recht vereinbar seien, wenn sie nachweislich trotz der mit ihr verbundenen beschränkenden Wirkungen für die ordnungsgemäße Ausübung des Berufs des Rechtsanwalts erforderlich sind. Insoweit würden für sie weitgehend die gleichen Kriterien gelten, welche sich für berufsautonomes Satzungsrecht in Deutschland aus dem Grundgesetz, insbesondere aus den Grundrechten, ergäben. Solange das BVerfG wie im letzten Jahrzehnt kritisch die Einhaltung der Vorgaben des Verfassungsrechts überwache, werde der Bindung der freiberuflichen Satzungsautonomie an das europäische Wettbewerbsrecht keine nennenswerte, allenfalls eine subsidiäre Bedeutung zukommen.[658]

---

652 Der EuGH nimmt Bezug auf sein Urteil Rs. C-3/95 vom 12.12.1996 (Broede), Rn. 38.

653 EuGH-Urteil zur Rs. C-309/99 vom 19.2.2002, Slg. 2002, I-1577 (Wouters), Rn. 97.

654 EuGH-Urteil Wouters, a.a.O., Rn. 107.

655 Der EuGH nimmt Bezug auf sein Urteile Rs. 107/83 vom 12.7.1984, Slg. 1984, 2971 (Klopp), Rn. 17 und Rs. C-3/95 vom 12.12.1996, Slg. 1996, I-6511, Rn. 37 (Broede) = EuZW 1997, 53, 55.

656 EuGH-Urteil zur Rs. C-309/99 vom 19.2.2002, Slg. 2002, I-1577 (Wouters), Rn. 99.

657 *Möstl*, WuW 2003, 229.

658 Vgl. *Kleine-Cosack*, BRAO, § 59b Rn. 14.

Der Streit um die konkrete Bezeichnung des Korrektivs kann offen bleiben. Fest steht, dass der EuGH die amerikanische „rule of reason“ nicht per se übernommen hat, sondern ein eigenes an die Eingriffsrechtfertigung der Dienstleistungsfreiheit angelehntes und dem aus dem deutschen Verhältnismäßigkeitsgrundsatz entsprechendes Konzept zur Ausnahme des generellen Verbots des Art. 81 I EG-Vertrag entwickelt hat. Die Nutzung des Begriffs „rule of reason“ darf daher nicht als bloße Adaption der US-Theorie verstanden werden.[659]

Inhaltlich bedeutet die konkrete Anwendung des Korrektivs in der *Wouters*-Entscheidung eine Stärkung für den Anwaltsberuf. Auch wenn in einem Mitgliedstaat die berufsrechtlichen Regelungen auf den ersten Blick in den unmittelbaren Anwendungsbereich des Art. 81 I EG-Vertrag fallen, so sind sie dennoch wegen höher stehender Allgemeininteressen gerechtfertigt und fallen dann schon nicht mehr in das Kartellverbot. Ausdrücklich hat der EuGH dies für die Grundwerte der Anwaltschaft der Unabhängigkeit, des Berufsgeheimnisses sowie des Verbots widerstreitender Interessen festgestellt.[660] Die Anwendung des Korrektivs wurde von der Literatur ausdrücklich begrüßt.[661]

d) Art. 81 III EG-Vertrag (Freistellungen)

aa) Vorbemerkung

Für diejenigen Normen, die die wirtschaftliche Tätigkeit der Rechtsanwälte berühren, aber nicht aufgrund der Immanenzprüfung aus dem Anwendungsbereich des Art. 81 I EG-Vertrag herausfallen, bestünde einerseits die Möglichkeit der Notifizierung und andererseits der Erlass einer Gruppenfreistellungsverordnung nach Art. 81 III EG-Vertrag.

bb) Einzelfreistellung im Wege der Notifizierung

In einem Notifizierungsverfahren wird entweder ein Negativtest erteilt oder es wird die Freistellung vom Kartellverbot entschieden. Bei einem Negativtest nach Art. 2 Verordnung 17/62 stellt die Europäische Kommission fest, dass nach den ihr bekannten Tatsachen kein Anlass zum Einschreiten besteht.[662] Auf der anderen Seite können die Europäische Kommission und zunehmend auch die nationalen Behörden bestimmen, dass sowohl einzelne Vereinbarungen bzw. Beschlüsse als auch Gruppen von Vereinbarungen bzw. Beschlüssen nicht in den Anwendungsbereich des Art. 81 I EG-Vertrag fallen, da sie gerechtfertigt sind. Damit werden sie von den Rechtsfolgen des Art. 81 II EG-Vertrag, der be-

659 Vgl. *Schmitz*, WuW 2002, 6, 10.

660 EuGH-Urteil zur Rs. C-309/99 vom 19.2.2002, Slg. 2002, I-1577 (Wouters), Rn. 110.

661 *Eichele*, EuZW 2002, 182, 183; *Lörcher/Eichele*; BRAK Mitt. 2001, 218; *Lörcher*, NJW 2002, 1092, 1093.

662 *Callies/Ruffert*, EU/EG Vertrag, Art. 81 Rn. 26.

stimmt, dass wettbewerbswidrige Vereinbarungen oder Beschlüsse nichtig sind, freigestellt.[663] Liegen die Voraussetzungen des Art. 81 III EG-Vertrag vor, so werden einzelne Vereinbarungen gemäß der Verordnung 17/62 freigestellt.[664] Bei der Prüfung besitzt die Europäische Kommission einen Beurteilungsspielraum.[665] Die Beweislast für das Vorliegen der Freistellungsvoraussetzungen liegt bei dem Unternehmen bzw. der Unternehmensvereinigung. Liegen die Voraussetzungen der Freistellung vor, besteht ein Anspruch auf Freistellung.[666]

Für die Freistellung müssen vier Voraussetzungen erfüllt sein. Erstens muss eine verbesserte Warenerzeugung oder -verteilung oder mehr technischer oder wirtschaftlicher Fortschritt erzielt werden können. Zweitens muss eine angemessene Beteiligung des Verbrauchers am Gewinn stattfinden. Drittens müssen die auferlegten Beschränkungen unerlässlich sein. Schließlich darf keine Wettbewerbsausschaltung stattfinden.

Nach Art. 6 Verordnung 17/62 i.V.m. Art. 81 III EG-Vertrag könnte die Europäische Kommission im Falle der einzelnen Bestimmungen der BORA und FAO erklären, dass die Bestimmungen nach Art. 81 I EG-Vertrag nicht anwendbar sind, wenn die oben genannten Voraussetzungen vorliegen. Formell geht der Erklärung ein Antrag auf Erteilung eines Negativtests nach Art. 2 oder einer Freistellung nach Art. 4 der Verordnung Nr. 17 voraus.

Nach Art. 19 III Verordnung 17/62 muss, bevor eine endgültige Entscheidung in der Angelegenheit gefällt wird, eine Mitteilung im Amtsblatt veröffentlicht werden, in dem der zu Grunde liegende Sachverhalt zusammengefasst und die Rechtsauffassung der Kommission dargestellt wird. Betroffene dritte Parteien werden aufgefordert, ihre Bemerkungen innerhalb eines Monats nach dem Datum der Veröffentlichung an die Kommission zu richten.

Stellt danach die Kommission auf Antrag oder von Amts wegen eine Zuwiderhandlung gegen Art. 81 I EG-Vertrag fest, so kann sie gem. Art. 3 I der Verordnung 17/62 die beteiligten Unternehmen und Unternehmensvereinigungen durch Entscheidung verpflichten, die festgestellte Zuwiderhandlung abzustellen. Werden die festgestellten Zuwiderhandlungen nicht abgestellt, wird die Abstellung der begangenen Zuwiderhandlung angeordnet.[667]

Die Europäische Kommission hatte bereits in zwei Fällen der freien Berufe zu einer Berufssatzung im Rahmen von Notifizierungsverfahren zu entscheiden.

---

663 *Callies/Ruffert*, EU/EG Vertrag, Art. 81 Rn. 150.

664 Verordnung (EWG) Nr. 17/62 des Rates vom 6.12.1962, ABl.EG Nr. L 1962, 204, zuletzt geändert durch Verordnung vom 10.6.1999, ABl.EG Nr. L 148, 4.

665 *Callies/Ruffert*, EU/EG Vertrag, Rn. 151.

666 *Callies/Ruffert*, EU/EG Vertrag, Rn. 152.

667 Entscheidung der Kommission vom 30.1.1995, 95/188/EG, ABl.EG Nr. L 122 (COAPI), 37, 50.

(1) Der Fall „COAPI"[668]

Initiiert wurde das Verfahren gegen den COAPI (Colegio Oficial de Agentes de la Propiedad Industrial) aufgrund einer informellen Beschwerde im Jahre 1990, die sich gegen die Preisliste der COAPI für Dienstleistungen richtet. COAPI ist die Berufskammer der spanischen Patentanwälte. Die gesetzlich als Körperschaft des öffentlichen Rechts geregelte Berufsvertretung hatte die seit 1988 gültige Preisliste für Dienstleistungen, die in Zusammenhang mit der Anmeldung von Patenten und der Eintragung von Marken, Gebrauchsmustern oder anderen gewerblichen Schutzrechten erbracht werden, an seine Mitglieder verschickt.[669]

Die Kommission entschied, dass Patentanwälte Unternehmer seien und der COAPI beim Erlass der streitigen Preisliste eine Unternehmensvereinigung sei.[670] Ebenso urteilte die Kommission, dass die Satzung, die sowohl eine Vereinbarung als auch ein Beschluss sei, ein unabhängiger und autonomer Rechtsakt sei. Die Tatsache, dass Grundlage der Satzung ein Königliches Dekret von 1926 sei, was ausdrücklich durch ein weiteres Dekret von 1927 bestätigt wurde, ändere nichts an der Qualifizierung der Satzung als Vereinbarung zwischen Unternehmen bzw. als Beschluss einer Unternehmensvereinigung.[671] Die Festsetzung von Mindesttarifen nach Maßgabe der COAPI-Satzung verursache eine spürbare Beschränkung des Wettbewerbs und die Anwendung der Satzung stelle eine Wettbewerbsbeschränkung dar. Die Festsetzung von Mindesttarifen bezwecke und bewirke, dass sich die spanischen Patentanwälte nicht mit niedrigeren Honoraren Konkurrenz machen. Gleichzeitig würden Marktzugangsschranken für neue Patentanwälte erhöht und die Möglichkeiten für die Verbraucher auf alternative Dienste im Bereich des Patent- und Markenrechts beschränkt. Nach Ansicht der Kommission stellt die Festsetzung von Tarifen für den gesamten Berufsstand eine schwere Wettbewerbsbeschränkung dar, die nach Art. 81 I EG verboten ist.[672] Die Festsetzung der Tarife beeinträchtigt auch spürbar den zwischenstaatlichen Handel, da die festgesetzten Mindesttarife auch internationale Dienstleistungen abdecken.[673]

Obwohl die Tarifbestimmungen nicht nach Art. 81 III EG-Vertrag angemeldet worden sind, stellt die Kommission dennoch gleichsam obiter dicens klar, dass die vier Voraussetzungen des Art. 81 III EG-Vertrag nicht vorliegen. Die Festsetzung von Mindestpreisen stellt einen schwerwiegenden Verstoß gegen Art. 81 I EG-Vertrag dar, der nicht nach Art. 81 III EG-Vertrag freigestellt werden

---

668 Vgl. Entscheidung der Kommission COAPI, a.a.O., 37 ff.
669 Entscheidung der Kommission COAPI, a.a.O., 37.
670 Entscheidung der Kommission COAPI, a.a.O., 46.
671 Entscheidung der Kommission COAPI, a.a.O., 47.
672 Entscheidung der Kommission COAPI, a.a.O., 47.
673 Entscheidung der Kommission COAPI, a.a.O., 48.

kann. Obwohl die Festsetzung von Mindesttarifen die Qualität der Leistungen gewährleisten sollte, so ist diese Maßnahme nach Ansicht der Kommission dennoch nicht das geeignete Mittel. Mindesttarife verhindern nicht die Erbringung minderwertiger Leistungen, wenn für diese Leistungen ein höherer Preis als der Mindestpreis gefordert wird. Die Qualität der Dienstleistungen sei im Falle der spanischen Patentanwälte durch die Zugangsbestimmungen für die Ausübung des Berufs, das Monopol für bestimmte Dienste und das hohe Berufsethos der freien Berufe gewährleistet.[674] Auch würden die Rechte des Einzelnen zumindest nicht spezifisch durch ein Gesetz berücksichtigt. Die gesetzliche Regelung lässt den Berufskammern bezüglich der Festlegung von Mindestpreisen völlige Freiheit.[675] Im Übrigen stelle es keine Verpflichtung der Berufsverbände dar, Satzungen zu Mindesttarifen zu erlassen, da gesetzlich nur vorgeschrieben sei, eine Satzung zur „Regelung der eigenen Angelegenheiten" aufzustellen. Das formelle Gesetz regle weder die Tarife noch gebe es Kriterien für ihre Festsetzung. Die Verantwortung zur Festsetzung von Tarifen hätten die Kammern.[676]

(2) Zwischenergebnis

Die Entscheidungspraxis der Kommission im Falle COAPI bedeutet für die deutsche Rechtslage dreierlei. Inhaltlich könnten Bedenken gegen existente Normen im deutschen Gebührensystem bestehen. Zwar sind in Deutschland die Tarife durch parlamentarisches Gesetz selbst geregelt, doch macht dies alleine das Gebührensystem nicht wettbewerbskonform. Problematisch erscheint die Festsetzung von Mindesttarifen deshalb auch innerhalb eines parlamentarischen Gesetzes.[677] Zweitens bestätigt die Kommission in ihren Erläuterungen die obigen Ausführungen zu der Voraussetzung der „wesentlichen Grundsätze". Aufgrund der Tatsache, dass dem COAPI nicht durch Gesetz Wesentliches zur Regelung vorgegeben war, konnten seine Beschlüsse nicht als hoheitliches Handeln qualifiziert werden. Die Tarife waren nicht gesetzlich zur weiteren satzungsgemäßen Ausgestaltung vorgegeben, vielmehr hatte der Berufsverband „völlige Freiheit" beim Satzungserlass.[678] Dass die Situation in Deutschland an-

---

674 Entscheidung der Kommission COAPI, a.a.O., 48.

675 Art. 5 i) des Gesetzes Nr. 2/1974 vom 13.2.1974 (Berufskammergesetz als allgemeine Rechtsgrundlage), geändert durch das Gesetz Nr. 74/1978 vom 26.12.1978, bestimmt, dass es Aufgabe der Berufskammern in ihrem räumlichen Zuständigkeitsbereich ist, die Berufausübung der Mitglieder zu regeln, Anstand und Würde des Berufsstands sowie der Rechte von Privatpersonen zu wahren und die Disziplinargewalt auszuüben.
Art. 5 ñ) bestimmt, dass die Berufskammern Mindesthonorare festsetzen sollen, wenn die Honorare nicht in Form von Zöllen, Verwaltungsgebühren oder sonstigen Abgaben zu entrichten sind; vgl. Entscheidung der Kommission COAPI, a.a.O., 39, 49.

676 Entscheidung der Kommission COAPI, a.a.O., 49.

677 Vgl. EuGH-Urteil zur Rs. C-35/99 vom 19.2.2002, Slg. 2002, I-1529 (Arduino), Rn. 42.

678 Entscheidung der Kommission COAPI, a.a.O., 49.

ders ist, da die wesentlichen Grundsätze vom parlamentarischen Gesetzgeber in der BRAO allgemein und in § 59b BRAO besonders selbst vorgegeben sind, wurde oben schon ausführlich untersucht. Drittens birgt die Entscheidung der Kommission formell jedoch eine nicht zu unterschätzende Nuance. Die Entscheidung erging nicht aufgrund einer Notifizierung nach Art. 5 Verordnung Nr. 17/62, sondern aufgrund einer informellen Beschwerde eines Berufsangehörigen. Die Prüfung der Voraussetzungen des Art. 81 III EG-Vertrag erfolgte gleichsam obiter dicens. Das bedeutet, dass auch in Deutschland ein Berufsangehöriger informell gegen eine ihn störende Regelung oder die ganze Berufssatzung vorgehen könnte, was die Europäische Kommission zur Überprüfung des gesamten Selbstverwaltungsrechts leiten könnte.

(3) Der Fall „Vertreter beim Europäischen Patentamt“[679]

In einem weiteren Fall einer Berufsvertretung hatte die Europäische Kommission über die Konformität von Richtlinien für die Berufsausübung mit EG-Wettbewerbsrecht zu entscheiden. Im Juli 1996 hatte das Institut der beim Europäischen Patentamt zugelassenen Vertreter (EPI) bei der Kommission nach Artt. 2 und 4 Verordnung 17/62 einen Antrag auf Erteilung eines Negativtests oder einer Freistellung eingereicht und ihre Richtlinien für die Berufsausübung, zuletzt geändert im Mai 1996, vorgelegt.[680] Vorausgegangen war die Beschwerde eines englischen Anwalts. Nach einem ersten Mahnschreiben vom Dezember 1996 wies die Kommission das Institut in einem weiteren Mahnschreiben im Dezember 1996 u.a. darauf hin, dass die in den Richtlinien enthaltenen Vorschriften über das Werbeverbot, soweit sie auf unbestimmten und ungenauen Begriffen beruhten, sowie die Vorschrift über die Verpflichtung der Mitglieder zur Berechnung angemessener Honorare nicht freigestellt werden könnten. Daraufhin wurde seitens des Instituts eine Neufassung der Richtlinien im April 1997 vorgelegt. Die Kommission beanstandete die Fassung der Richtlinien abermals. Während ursprünglich jede individuelle Werbung untersagt war, ist bei den aktualisierten Richtlinien die individuelle Werbung grundsätzlich zulässig, wobei die vergleichende Werbung untersagt ist.[681]

---

679 Kommission, Entscheidung vom 7.4.1999, 1999/267/EG (EPI), ABl.EG 1999 Nr. L 106/14.

680 Entscheidung der Kommission EPI, a.a.O., 14.

681 Die schließlich zu prüfenden Regelungen zur Werbung lauteten:

> Art. 2 – Werbung
> Werbung ist im Allgemeinen erlaubt, soweit sie wahrheitsgemäß und sachlich ist und mit den wesentlichen Grundsätzen, insbesondere der Redlichkeit und der Achtung des Berufsgeheimnisses, in Übereinstimmung steht.
>
> Von der erlaubten Werbung sind ausgenommen:
> Der Vergleich beruflicher Dienstleistungen eines Mitglieds mit denen eines anderen Mitglieds (...)

Auch war ursprünglich das Angebot von unverlangten Diensten untersagt, während bei der zu überprüfenden Vorlage die Kundenwerbung, außer in laufenden Angelegenheiten, gestattet ist. Kritisch betrachtet seitens der Kommission war die ursprünglich vorgesehene Vorschrift, dass die Mitglieder des Instituts angemessene und ausreichende Honorare verlangen sollten, um Unabhängigkeit zu wahren. Dies wurde in den Richtlinien in der Fassung von 1997 dahingehend geändert, dass lediglich in der Einleitung der Richtlinien ein Hinweis auf angemessene und gerechtfertigte Honorare erwähnt ist, der bei Nichtbeachtung keine Sanktionen nach sich zieht.[682] Die Europäische Kommission entschied, dass die beim Europäischen Patentamt zugelassenen Vertreter Unternehmer i.S.v. Art. 81 I EG sind, wenn sie ihren Beruf selbstständig ausüben, da sie das unternehmerische Risiko tragen. Gleichzeitig stellt das Institut, in dem sämtliche in der Liste des Patentamtes eingetragenen zugelassenen Vertreter zusammengeschlossen sind, eine Unternehmensvereinigung dar.

Die Europäische Kommission stellt fest, dass die Richtlinien des Instituts ein Beschluss einer Unternehmensvereinigung seien. Nach den Änderungen der Richtlinien beinhalteten die meisten Regelungen keine Wettbewerbsbeschränkung mehr.[683] Das Verbot von Provisionszahlungen durch Vertreter an Dritte sei ebenso wenig wettbewerbsbeschränkend wie das Verbot der erfolgsorientierten Gebühr[684] und das Verbot des aktiven Angebots der Dienstleistungserbringung für Angelegenheiten, die gerade von einem anderen Vertreter bearbeitet werden.[685] Die Vorschriften über das Verbot der vergleichenden Werbung und die Vorschriften, die geeignet sind, das freie Dienstleistungsangebot an Nutzer, die bereits Mandanten eines anderen Vertreters waren, zu verhindern, stellen nach Ansicht der Kommission spürbare Wettbewerbsbeschränkungen dar, die den Handel zwischen den Mitgliedstaaten beeinträchtigen.[686] Die Kommission entschied, dass die beiden wettbewerbsbeschränkenden Regelungen für die Dauer von drei Jahren freigestellt würden. Die Voraussetzungen des Art. 81 III EG-Vertrag seien unter der Bedingung erfüllt, dass die Beschränkungen nur von vorübergehender Dauer sind. Die Beschränkungen im Zusammenhang mit der vergleichenden Werbung und dem aktiven Dienstleistungsangebot müssen, sofern sie von vorübergehender Dauer sind, als unerlässlich angesehen werden, um

Die Angabe eines Namens anderer Berufsangehöriger, es sei denn, es besteht eine schriftliche Vereinbarung über die Zusammenarbeit zwischen dem Mitglied und diesem Berufsangehörigen; (...)

682 Entscheidung der Kommission EPI, a.a.O., 19.

683 Entscheidung der Kommission EPI, a.a.O., 22.

684 Entscheidung der Kommission EPI, a.a.O., 23.

685 Entscheidung der Kommission EPI, a.a.O., 24.

686 Entscheidung der Kommission EPI, a.a.O., 25.

Nachteile mit einem abrupten Übergang zu völliger Freiheit zu verhindern[687] – dies deswegen, weil die Nachteile aus den Beschränkungen weniger gravierend erschienen als die Nachteile einer plötzlichen Aufhebung aller Restriktionen. Weil im Berufsstand lange ein absolutes Werbeverbot galt, wäre ein abrupter Übergang zu völliger Freiheit dem Berufsbild abträglich. Vorher müssten die Rahmenbedingungen für die Berufsausübung geändert werden.[688] Im Übrigen müssten keine weiteren Richtlinien freigestellt werden, da sie keine Wettbewerbsbeschränkung darstellten.[689]

Gegen die Entscheidung der Kommission hat das EPI Klage beim Europäischen Gericht Erster Instanz (EuG) nach Art. 230 EG auf Teilnichtigkeit der angefochtenen Entscheidung erhoben, soweit es u.a. um die Entscheidung im Hinblick auf die begrenzte Freistellung der Werbevorschriften ging.[690] Gleichzeitig hat das EPI beim EuG in einem Verfahren des vorläufigen Rechtsschutzes einen Antrag auf Aussetzung der Kommissionsentscheidung ab Ende der Freistellungserklärung nach Art. 242 EG-Vertrag beantragt.[691] Letzteren Antrag auf einstweilige Anordnung wies das EuG mit Beschluss zurück, ohne dass im Übrigen die Voraussetzungen für die Aussetzung des Vollzuges vorliegen, da das EPI nicht nachzuweisen vermochte, dass es ohne die beantragte einstweilige Anordnung einen schwerwiegenden und nicht wieder gutzumachenden Schaden erlitte.[692]

Im Hauptsacheverfahren entschied dann das EuG im Hinblick auf die Kommissionsentscheidung zum Verbot der vergleichenden Werbung, dass dieses rechtens sei. Zum einen sei ein absolutes Verbot der vergleichenden Werbung unverhältnismäßig, um die „Würde und die Standespflichten" des betroffenen Berufs zu wahren.[693] Zum anderen sei die Entscheidung der Kommission im Hinblick auf die zeitlich begrenzte Freistellung des Werbeschränkungsverbots ermessensfehlerfrei ergangen.[694]

(4) Zwischenergebnis

Die vorstehende Entscheidung hat für das deutsche Anwaltsberufssatzungsrecht eine erheblich größere Bedeutung als die zuerst aufgeführte. Geht es doch vorliegend um konkrete Richtlinien zur Berufsausübung der Berufsvertretung eines

---

687 Entscheidung der Kommission EPI, a.a.O., 26.

688 Entscheidung der Kommission EPI, a.a.O., 25.

689 Entscheidung der Kommission EPI, a.a.O., 26.

690 EuG-Urteil zur Rs. T-144/99 vom 28.3.2001 (EPI), EuR 2001, 59).

691 EuG-Beschluss zur Rs. T-144/99 vom 14.4.2000 (EPI).

692 EuG-Beschluss zur Rs. T-144/99 vom 14.4.2000 (EPI), Rn. 47 f.

693 EuG-Urteil zur Rs. T-144/99 vom 28.3.2001, EuR 2001, 594 (EPI), Rn. 78.

694 EuG-Urteil zur Rs. T-144/99 (EPI), a.a.O., Rn. 131.

freien Berufs. Nach zahlreichen Änderungen dieser Richtlinien blieben noch die wettbewerbsbeschränkenden Regelungen zur Werbung zu prüfen. Die Frage, ob die für Deutschland problematisch befundenen Regelungen freigestellt werden könnten, ist zweifelhaft. Eine vergleichbare Rechtslage wie im oben ausgeführten Fall ist nicht ersichtlich. Ein abruptes Ändern der Werbevorschriften würde dem Berufsbild der Rechtsanwälte in Deutschland nicht abträglich sein, da nach der großen „Liberalisierungswelle" in Deutschland im Hinblick auf die Werbung bereits fast alle Werbemöglichkeiten gegeben sind. Vor diesem Hintergrund wären die Regelungen in den §§ 6 ff. BORA praktisch nicht zu halten, würden sie vergleichbare Beschränkungen enthalten.[695]

cc) Gruppenfreistellung

Die Gruppenfreistellungsverordnungen sind Durchführungsverordnungen zu Art. 81 III EG-Vertrag mit begrenzter Wirkungsdauer. Sie gelten nach Art. 249 II EG-Vertrag unmittelbar in allen Mitgliedstaaten. Sie müssen dementsprechend von den nationalen Behörden und Gerichten beachtet werden. Die Gründungsväter der Europäischen Gemeinschaft haben im EWG-Vertrag selbst die Möglichkeit zur gruppenweisen Freistellung vorgesehen. Es war klar, dass das wettbewerbspolitische Anliegen des Art. 81 I und III EG-Vertrag in dem wachsenden Binnenmarkt nicht allein über das oben beschriebene langwierige Einzelfreistellungsverfahren erreicht werden konnte. Gleichzeitig dienen sie den Unternehmen zur Rechtssicherheit.[696] Es gilt daher, dass Vereinbarungen, die nicht exakt die Voraussetzungen einer Gruppenfreistellung erfüllen, durch dieselbigen nicht freigestellt sind und, wenn keine Einzelfreistellung erteilt ist, nach Art. 81 I EG-Vertrag verboten und nach Art. 81 II EG-Vertrag nichtig sind. Dabei gilt nach ständiger Rechtsprechung des EuGH, dass Gruppenfreistellungsverordnungen eng auszulegen sind.[697]

Art. 83 EG-Vertrag räumt die Rechtsetzungskompetenz für die Durchführungsgesetzgebung zu den Wettbewerbsregeln des Vertrages und damit auch zu Art. 81 III EG-Vertrag dem Rat der Europäischen Union ein. Nach Art. 83 I EG-Vertrag erlässt der Rat auf Vorschlag der Kommission alle zweckdienlichen Richtlinien und Verordnungen und kann nach Art. 83 II b EG-Vertrag insbesondere die Einzelheiten der Anwendung des Art. 81 III EG-Vertrag festlegen. Auf dem Gebiet der Gruppenfreistellung kann die Kommission dementsprechend nur tätig werden, wenn sie vom Rat nach Art. 211 EG-Vertrag ermächtigt worden ist. Damit hat die Kommission nicht die generelle Befugnis zum Erlass von

---

695 Zur materiellrechtlichen Prüfung der deutschen Satzungswerbevorschriften und den detaillierten Vorgaben des EuG vgl. unten unter C. VI. 2. c).

696 *Köppen*, S. 25 f.

697 Vgl. EuGH-Urteil zur Rs. C-70/93 vom 24.10.1995, Slg. 1995, I-3439 ff. (BMW), Rn. 3471; vgl. i.Ü. Bechthold, EWS 2001, 49, 54.

Durchführungsvorschriften erhalten, sondern es besteht ein zweistufiges Rechtsetzungssystem. Der Rat bestimmt in Rahmenverordnungen, auf welche Kategorien von Absprachen Art. 81 III EG-Vertrag angewendet werden kann, und ermächtigt die Kommission gleichzeitig zum Erlass von Durchführungsvorschriften. Gleichzeitig kann der Rat auch selbst Gruppenfreistellungsverordnungen erlassen.[698]

Die Grundstrukturen der Gruppenfreistellungsverordnungen sind ähnlich aufgebaut. Es werden die freizustellenden Vereinbarungen mit Mindestvoraussetzungen formuliert. Bei älteren Verordnungen folgen „weiße und schwarze Listen". Erstere beschreiben die einzelnen wettbewerbsbeschränkenden Verpflichtungen, die in den Vorzug der Freistellung kommen. Jene bezeichnen solche, bei deren Vorliegen die Freistellung scheitert. Aktuelle Gruppenfreistellungsverordnungen über vertikale oder horizontale Beschränkungen enthalten keine weißen Listen mehr. Es wird nur noch dargestellt, welche Regelungen der Freistellung entgegenstehen oder für welche Verpflichtungen die Freistellung nicht gilt. Eine Vereinbarung, die die Bedingungen der Gruppenfreistellungsverordnung nicht erfüllt, verstößt nur gegen Art. 81 I EG-Vertrag, wenn dessen Voraussetzungen vorliegen. Im Übrigen bleibt eine Einzelfreistellung möglich.[699]

dd) Ausblick

Die Möglichkeit der Einzelfreistellung einer Norm hat in der Praxis nur noch begrenzte Gültigkeit, da ab dem 1. Mai 2004 die Verordnung (EG) 1/2003[700] in Kraft tritt. Diese löst die bis dahin mehr als 40 Jahre gültige Verordnung (EWG) 17/62 ab, die das bereits oben ausgeführte Notifizierungsverfahren mit einem nach Art. 6 gerichteten Freistellungsantrag vorsah.[701] Die neue Verordnung bedeutet einen Systemwandel im Kartellrecht – auch für Deutschland.

Zum einen wird Art. 81 III EG-Vertrag unmittelbar anwendbar. Bis zum 30. Mai 2004 sieht Verordnung Nr. 17 vor, dass nur Art. 81 I und II EG-Vertrag und Art. 82 EG-Vertrag unmittelbar anwendbar sind, im Rahmen von Art. 81 III EG-Vertrag bedarf es daher eines positiven Bescheids zur Freistellung seitens der Europäischen Kommission. Dies geschieht entweder durch Gruppenfreistellungsverordnung oder aufgrund von Einzelfreistellung. Ab dem 1. Mai 2004 bedeutet die Reform des europäischen Wettbewerbs- und Kartellrechts, dass das System vom Kartellverbot mit Administrativvorbehalt in ein System von Legalausnahmen überführt werden soll, was bedeutet, dass nach Art. 1 II Verordnung

698 *Köppen*, S. 26 f.

699 *Callies/Ruffert*, EU/EG-Vertrag, Art. 81 Rn. 165 ff.

700 Verordnung (EG) 1/2003 des Rates vom 16.12.2002 zur Durchführung der in den Artt. 81 und 82 des Vertrags niedergelegten Wettbewerbsregeln, ABl.EG 2003 Nr. L 1, 1.

701 Vgl. oben unter C. V. 6. d).

Nr. 1/2003 kein besonderer Freistellungsakt notwendig sein wird. Zum anderen bedeutet die Kartellrechtsreform eine Dezentralisierung der Anwendung, wobei mit zunehmender Einschaltung der nationalen Gerichte oder Behörden das bisherige Anwendungsmonopol der Europäischen Kommission wegfallen würde.[702] Während die nationalen Gerichte und Behörden bei Anwendung von europäischem Wettbewerbs- und Kartellrecht ihr eigenes Verfahrensrecht anwenden, beschränkt sich die Europäische Kommission darauf, die Wettbewerbspolitik zu formulieren, das Netzwerk der Kartellbehörden zu koordinieren und Einzelfälle von besonderer Bedeutung zu bearbeiten. Weiterhin besteht auf materiell-rechtlicher Ebene der Anwendungsvorrang von Art. 81 EG-Vertrag gegenüber nationalem Wettbewerbsrecht.[703]

Es wird vertreten, dass in einem System, in dem die Anwendbarkeit des Art. 81 III EG-Vertrag „self-executing" wird, weder Einzel- noch Gruppenfreistellungsverordnungen Sinn machen.[704] Während, wie bereits erwähnt, die Möglichkeit der Einzelfreistellung wegfällt, bleibt die Möglichkeit der Gruppenfreistellung bestehen. Dies bedeutet in der Konsequenz einerseits, dass es dann Sache der nationalen Gerichte und Behörden sein wird, am einzelnen Sachverhalt und dem einzelnen Prüfungsfall darüber zu befinden, ob Verbotstatbestände einschlägig sind und ggf. aufgrund von Legalausnahmen geltender Freistellungstatbestände ausgenommen werden. Die Gruppenfreistellungsverordnungen haben dann nur noch feststellende Bedeutung.[705] Von Seiten der *Selbstverwaltung* bedeutet dies vorerst, solange noch keine Verwaltungspraxis besteht, ein erhebliches Maß an Rechtsunsicherheit, da nunmehr selbst überprüft werden muss, ob entsprechende Kartellverbote vorliegen. Eine vorläufige Anmeldung bis zur endgültigen Prüfung und eine endgültige administrative Prüfungserklärung im Wege des „comfort letter"[706], Negativtest nach Art. 2 Verordnung 17/62 oder der Freistellungsentscheidung können der betroffenen Selbstverwaltung nicht mehr hilfreich zur Seite stehen.[707]

Andererseits bestünde die verbliebene Möglichkeit der Gruppenfreistellung. Aufgrund der Tatsache, dass die Anwendung des Art. 81 III EG-Vertrag grundsätzlich keines gestaltenden Akts mehr bedarf, enthielte die Gruppenfreistel-

---

702 *Darázs*, EuZW 2003, 138, 139.

703 *Weitbrecht*, Beilage zu NJW 2003, Heft 3, 1.

704 *Bechthold*, EWS 2001, 49, 54.

705 *Weiß*, in: Calliess/Ruffert, EU/EG-Vertrag Art. 81 Rn. 150.

706 Bei dem „comfort letter" handelt es sich um ein einfaches Verwaltungsschreiben, das formlos die Verfahrenseinstellung durch die Kommission dokumentiert. Nationale Gerichte haben bei ihrer Einschätzung der Vereinbarkeit mit Art. 81 EG die Beurteilung der Kommission nur als tatsächlichen Umstand zu berücksichtigen; vgl. *Callies/Ruffert*, EU/EG Vertrag, Art. 81 Rn. 25.

707 *Mailänder*, BRAK-Mitt. 2003, 114, 119.

lungsverordnung keine rechtsgestaltende Freistellung, sondern stellte lediglich das Eingreifen der Freistellungsvoraussetzungen fest.[708] Für die Selbstverwaltung der Anwaltschaft bliebe danach die Möglichkeit, den Rat dahingehend zu überzeugen, dass eine Gruppenfreistellungsverordnung für das Anwaltssatzungsrecht die einzige Möglichkeit biete, das ordnungsgemäße Funktionieren des Anwaltsberufs durch eine autonome Selbstverwaltung zu gewährleisten.[709]

Ungelöst ist noch die Frage, was geschieht, wenn die Voraussetzungen des Art. 81 III EG-Vertrag bestritten werden. Sind in diesem Falle die Feststellungen durch die Gruppenfreistellungsverordnung verbindlich? Im Ergebnis muss die Frage positiv beantwortet werden. Problematisch erscheint einerseits, ob in einer Verordnung etwas Abweichendes zu Art. 81 III EG-Vertrag geregelt werden kann, da nach der neuen Rechtslage Art. 81 III EG-Vertrag unabhängig von einer Entscheidung bestimmt, was gilt. Andererseits könnte man zu einem befriedigenden Ergebnis kommen, wenn die Gruppenfreistellungsverordnung dahingehend neu definiert wird, dass derjenige, der ihre Voraussetzungen vorbringt, von der weiteren Darlegungs- und Beweislast insgesamt für die Voraussetzungen des Art. 81 III EG-Vertrag befreit wird.[710] Im Ergebnis besteht aber noch keine Rechtsklarheit über die künftige Einordnung der Gruppenfreistellungsverordnung.

Umso bedeutender wird das Tatbestandskorrektiv des Art. 81 I EG-Vertrag werden. Die teleologische Reduktion des Art. 81 I EG-Vertrag bewirkt, dass bereits der Tatbestand der Verbotsnorm des Art. 81 I EG-Vertrag nicht eröffnet ist. Während also Art. 81 III EG-Vertrag tatbestandlich einen Wettbewerbsverstoß voraussetzt, ist dieser aufgrund des tatbestandlichen Korrektivs innerhalb von Art. 81 I EG-Vertrag a priori nicht gegeben. Eine Maßnahme muss alle Voraussetzungen des Art. 81 III EG-Vertrag erfüllen, während das tatbestandsmäßige Korrektiv eine nicht reglementierte Prüfung ermöglicht.[711]

---

708 Vgl. *Bechthold*, EWS 2001, 49, 54.

709 Dass der Rat diese Kompetenz nach Art. 83 EG-Vertrag hat, wurde oben unter C. V. 6. d) cc) dargestellt. Im Übrigen hat der Rat von seiner Kompetenz, Gruppenfreistellungsverordnungen selbst zu erlassen, schon Gebrauch gemacht, vgl. Verordnung 1017/68, ABl.EG 1968 Nr. L 175, 1 ff., für Vereinbarungen im Eisenbahn-, Straßen- und Binnenverkehr und vgl. Verordnung 4056/86, ABl.EG 1986 Nr. L 378, 4 ff., für bestimmte Vereinbarungen im Seeverkehr.

710 So auch *Bechthold*, EWS 2001, 49, 54.

711 Vgl. *Schmitz*, WuW 2002, 6, 10.

e) Art. 86 II EG-Vertrag (Bereichsausnahmen)

aa) Vorbemerkung

Theoretisch bestünde eine weitere Rechtfertigung einer an sich tatbestandlichen Wettbewerbsbeschränkung nach Art. 81 I EG-Vertrag. Diese ist in Art. 86 II EG-Vertrag geregelt. Art. 86 II EG-Vertrag enthält sechs Tatbestandsmerkmale. Er bestimmt, dass für *Unternehmen*, die *betraut sind* mit *Dienstleistungen von allgemeinem wirtschaftlichen Interesse,* die Vorschriften des EG-Vertrag gelten, *soweit* die Anwendung dieser Vorschriften nicht die Erfüllung der ihnen übertragenen besonderen Aufgabe *verhindert*, wobei jedoch die *Entwicklung des Handels* nicht in einem Ausmaß beeinträchtigt werden darf, das dem Interesse der Gemeinschaft zuwiderläuft.

bb) Schlussanträge Wouters

Der Generalanwalt führt aus, dass es nicht gegen Art. 86 II EG-Vertrag verstoße, wenn eine berufsständische Vertretung von Rechtsanwälten wie der NOvA eine verbindliche Maßnahme erlasse, durch die es den im Hoheitsgebiet des betreffenden Mitgliedstaats tätigen Rechtsanwälten verboten werde, Sozietäten mit Angehörigen der Berufsgruppe der Wirtschaftsprüfer einzugehen, sofern sich herausstelle, dass diese Maßnahme zur Wahrung der Unabhängigkeit und des Berufsgeheimnisses der Rechtsanwälte erforderlich sei.[712]

Niederländische Rechtsanwälte seien, soweit sie selbstständig sind, Unternehmen im Sinne des Wettbewerbsrechts der Gemeinschaft und als solche mit Dienstleistungen von allgemeinem wirtschaftlichen Interesse betraut. Der Rechtsanwalt übe Tätigkeiten aus, die in einem Rechtsstaat wesentlich seien, indem er die Wirksamkeit des Grundsatzes des Zugangs der Bürger zum Recht und zu den Gerichten garantiere.[713] Die Anwendung der Wettbewerbsregeln der Gemeinschaft verhindere die Erfüllung der besonderen Aufgaben der Rechtsanwälte. Der Staat habe Rechtsanwälten bestimmte berufliche Vorrechte eingeräumt und Pflichten auferlegt. Die Pflichten betreffen die Unabhängigkeit des Rechtsanwalts, die Wahrung des Berufsgeheimnisses und die Vermeidung von Interessenkonflikten.[714] Angesichts dieser Merkmale könne das in der streitigen Verordnung enthaltene Zusammenarbeitsverbot erforderlich sein, um dem Rechtsanwalt die Erfüllung der ihm übertragenen besonderen Aufgabe zu ermöglichen.[715] Die in der streitigen Verordnung verbundene Wettbewerbsbeschränkung sei erforderlich, um im Allgemeininteresse bestimmte Merkmale zu

---

712 Schlussanträge zur Rs. C-309/99 (Wouters), a.a.O., Rn. 201.

713 Schlussanträge Wouters, a.a.O., Rn. 175.

714 Schlussanträge Wouters, a.a.O., Rn. 180.

715 Schlussanträge Wouters, a.a.O., Rn. 184.

schützen, die in den Niederlanden zum eigentlichen Wesen des Rechtsanwaltsberufs gehören.[716]

Darüber hinaus sei nicht ersichtlich, dass das Zusammenarbeitsverbot die Entwicklung des Handelsverkehrs in einem Ausmaße beeinträchtige, das dem Interesse der Gemeinschaft zuwiderlaufe. Zwar sei die streitige Verordnung geeignet, den Handel zwischen den Mitgliedstaaten zu beeinträchtigen. Art. 86 II EG verlange jedoch im Unterschied zu Art. 81 EG, dass die streitige Maßnahme den innergemeinschaftlichen Handel tatsächlich und wesentlich beeinträchtigt habe. Das sei vorliegend nicht der Fall, da nur der innergemeinschaftliche Verkehr integrierter Dienstleistungen beeinträchtigt werde. Sie verbiete es den Rechtsanwälten und Wirtschaftsprüfern nicht, unabhängig voneinander ihre Dienste in anderen Mitgliedstaaten ansässigen Mandanten anzubieten.[717]

Das streitige Zusammenarbeitsverbot sei auch verhältnismäßig, insbesondere bedeute der Umstand, dass ein anderer Mitgliedstaat weniger strenge Vorschriften im Hinblick auf gemischte Sozietäten als ein anderer Mitgliedstaat erlasse, nicht, dass dessen Vorschriften unverhältnismäßig und daher mit Gemeinschaftsrecht unvereinbar seien.[718]

cc) Vorgaben aus dem Wouters-Urteil

In Anbetracht der Antwort auf die zweite Vorlagefrage, dass also eine nationale Regelung wie die streitige niederländische Verordnung, die von einer Einrichtung wie der niederländischen Rechtsanwaltskammer erlassen wurde, nicht gegen Art. 81 I EG-Vertrag verstößt, da diese Einrichtung bei vernünftiger Betrachtung annehmen konnte, dass die Regelung trotz der ihr notwendig mit ihr verbundenen wettbewerbsbeschränkenden Wirkungen für die ordnungsgemäße Ausübung des Rechtsanwaltsberufs, wie er in dem betroffenen Staat geordnet ist, erforderlich sei, hat der EuGH keine Ausführungen mehr zur Problematik des Art. 86 II EG-Vertrag gemacht.[719]

dd) Analyse

Der Generalanwalt schlug in seinen Schlussanträgen vor, dass eine sachlich gebotene Entlastung im Hinblick auf die streitige niederländische Verordnung bei dieser Vorschrift zu finden sei. Die Einordnung der Rechtsanwaltskammern in den Anwendungsbereich des Art. 86 II EG-Vertrag als potenziellen Unternehmensvereinigungen ist aber in zweifacher Hinsicht problematisch. Zum einen

---

716 Schlussanträge Wouters, a.a.O., Rn. 187.

717 Schlussanträge Wouters, a.a.O., Rn. 188.

718 Schlussanträge Wouters, a.a.O., Rn. 195.

719 Vgl. EuGH-Urteil zur Rs. C-309/99 vom 19.2.2002, Slg. 2002, I-1577 (Wouters), Rn. 117.

sind Unternehmensvereinigungen überhaupt nicht vom Wortlaut des Art. 86 II EG-Vertrag erfasst. Man könnte über den Wortlaut hinaus das Tatbestandsmerkmal „Unternehmensvereinigung“ mit in den Anwendungsbereich des Art. 86 II EG-Vertrag einbeziehen. Diese Gleichsetzung mit dem Tatbestandsmerkmal „Unternehmen“ wäre aber systembrüchig vor dem Hintergrund einer engen Begrifflichkeit bei Verweisung auf die Unterscheidung der Tatbestände nach Artt. 81, 82 und 86 EG-Vertrag.[720] Bei strenger Beachtung des Wortlauts von Art. 86 II EG-Vertrag ist es hingegen schwer nachvollziehbar, warum eine Unternehmensvereinigung in der Form einer Kammer von Rechtsanwälten, die erwiesenermaßen im Allgemeininteresse handelt, nicht vom Anwendungsbereich des Wettbewerbsrechts ausgenommen werden kann. Könnten es aber die Anwälte als Unternehmer selbst sein? Dies wäre ebenso systembrüchig. Vielleicht hat sich der EuGH deshalb entschieden, eine andere Lösung zu finden.

ee) Zwischenergebnis

Selbst wenn man also annehmen will, dass die Regelungen der Satzungsversammlung solche einer Unternehmensvereinigung sind, kann nicht von einer generellen Notifizierungspflicht ausgegangen werden. Es wäre vielmehr jede einzelne Regelung daraufhin zu überprüfen, ob sie den vom EuGH genannten Bereichen zuzurechnen ist und ihre wettbewerbsbeschränkenden Wirkungen notwendig mit diesen Zielen zusammenhängen. Diese Überprüfung wird in aller Regel dazu führen, dass eine Notifizierung nicht erforderlich ist, da § 59b II BRAO ohnehin nur Regelungen im Bereich der vom EuGH aufgezählten Ziele zulässt und auch bisher schon aus verfassungsrechtlichen Gründen der Grundsatz der Verhältnismäßigkeit der Eingriffe in die Berufsfreiheit, der gerade auch eine Prüfung der Notwendigkeit der Regelung umfasst, beachtet werden muss. Auch auf diese Fragen, einschließlich der Anwendbarkeit des europäischen Wettbewerbsrechts, erstreckt sich die Rechtsaufsicht des Bundesjustizministers, sodass im Ergebnis bereits jetzt eine doppelte Prüfung der vom EuGH genannten Elemente erfolgt.

Eine andere Frage ist, ob es – gerade angesichts der durchaus beträchtlichen Unklarheiten der EuGH-Entscheidungen – aus Sicherheitsgründen angebracht sein kann, möglicherweise problematische Regelungen dennoch zu notifizieren.[721]

---

720 *Mailänder*, Der Syndikus 2001, 19.

721 *Eichele/Happe*, NJW 2003, 1214, 1219.

VI. Anwendbarkeit des Kartellrechts auf die deutsche Berufsordnung für Rechtsanwälte (BORA)

1. Abgrenzung staatliches Recht und nichtstaatliches Recht

a) Vorbemerkung

Folgt man der Meinung in der Literatur, dass das europäische Wettbewerbs- und Kartellrecht *unmittelbar* auf die deutschen Berufsrechtssatzungen anwendbar ist, da die von der Satzungsversammlung erlassenen Satzungen *nicht-staatliches* Recht sind[722], so wird die Prüfung im Hinblick auf die Vereinbarkeit mit den einzelnen Vorschriften in der Berufsordnung für Rechtsanwälte fortgesetzt werden.

Eine *mittelbare Anwendung* des europäischen Wettbewerbs- und Kartellrechts über Art. 10 EG-Vertrag käme in Betracht, wenn man davon ausgeht, dass es sich bei den Berufsrechtssatzungen um *staatliches Recht* handelt.[723] Die mittelbare Anwendung des europäischen Wettbewerbs- und Kartellrechts auf staatliches Recht war Gegenstand einer Entscheidung des EuGH in einem italienischen Vorlageverfahren.[724]

b) CIF-Verfahren

Am 9. September 2003 hat der Europäische Gerichtshof ein weiteres Urteil über die Auslegung von Art. 81 I EG-Vertrag im Verhältnis zu innerstaatlichen Rechtsvorschriften erlassen.[725] Das Urteil betrifft insbesondere Gesetze zur Festlegung von Preisen und Marktaufteilungsvereinbarungen.[726] Auch wenn das Urteil nicht unmittelbar das Berufsrecht der freien Berufe berührt, hat Wettbewerbskommissar *Monti* mehrfach betont, dieses Urteil auch im Hinblick auf das Berufsrecht der freien Berufe zu prüfen. Im Folgenden soll die Entscheidung daher auf eventuelle Auswirkungen auf die deutsche Anwaltschaft untersucht werden. Sie kann dabei allerdings nicht isoliert betrachtet werden, sondern reiht sich in die Rechtsprechung des Gerichtshofs ein.[727] Das Urteil setzt damit die

---

722 So *Römermann/Wellige*, BB 2002, 633, 637; *Kilian*, MDR 2002, 850; ders., WRP 2002, 802, 807; ders., AnwBl. 2003, 256, 258.

723 *Lörcher*, NJW 2002, 1092, 1093; *Eichele*, EuZW 2002, 182, 183; *Hartung*, EWS 2002, 133; *Pohl*, BerlAnwBl. 2003, 457, 561; *Hund*, DStR 2002, 519, 520; *Fleischhauer*, DNotZ 2002, 325, 339; *Henssler* JZ 2002, 983, 986 f.; *Eichele/Happe*, NJW 2003, 1214, 1218.

724 Vgl. *Koch/Eichele*, NJW 2004, 334 ff.

725 EuGH-Urteil zur Rs. C-198/01 vom 9.9.2003 (CIF), NJW 2004, 351 ff.

726 Vgl. zu den Marktaufteilungsvereinbarungen *Hellwig*, AnwBl. 2003, 613 ff.

727 Hier insbesondere EuGH-Urteil zur Rs. C-35/99 vom 19.2.2002, Slg. 2002, I-1529 (Arduino) = NJW 2002, 877 ff. = EuZW 2002, 172 ff., mit Anm. *Eichele;* EuGH-Urteil zur

bereits existierende Diskussion um das Berufsrecht im Verhältnis zum Wettbewerbsrecht fort.[728]

c) Sachverhalt und Urteil des Gerichtshofs

Der Gerichtshof hat im Falle des *Konsortiums italienischer Zündholzhersteller* (CIF) entschieden, dass Verhaltensweisen von Unternehmen, die zwar wettbewerbswidrig, aber durch nationale Rechtsvorschriften vorgeschrieben sind, von den nationalen Wettbewerbsbehörden gleichwohl unter bestimmten Voraussetzungen sanktioniert werden können. Die nationalen Wettbewerbsbehörden haben die Aufgabe, die entsprechende nationale Rechtsvorschrift nicht anzuwenden und gleichsam im „Durchgriff" die Verhaltensweisen der Unternehmen zu überprüfen. Der Gerichtshof geht differenzierend vor: Bei Wettbewerbswidrigkeit der nationalen Rechtsvorschrift darf die nationale Wettbewerbsbehörde für in der Vergangenheit liegende Verhaltensweisen den Unternehmen keine Sanktion verhängen, wenn die Verhaltensweise vorgeschrieben war. Nach der Entscheidung der Wettbewerbsbehörde, dass die streitige Rechtsvorschrift wettbewerbswidrig sei, dürfen aber Sanktionen verhängt werden, wenn die Entscheidung der Kommission Bestandskraft erlangt hat. Ebenso können Unternehmen Sanktionen für in der Vergangenheit liegende Verhaltensweisen erwarten, wenn ihnen per Gesetz diesbezüglich ein Ermessen eingeräumt war.[729]

Im Ausgangsrechtsstreit hatte ein deutscher Zündholzhersteller bei der italienischen Wettbewerbsbehörde Beschwerde eingelegt. Er trug vor, aufgrund des staatlichen Handelsmonopols des CIF im Hinblick auf die Herstellung und Vermarktung von Streichhölzern Schwierigkeiten beim Absatz seiner Erzeugnisse auf dem italienischen Markt zu haben.[730] Die italienische Wettbewerbsbehörde entschied, dass das Bestehen und Tätigwerden des CIF gegen Artt. 3 I g), 10, 81 I EG-Vertrag verstoße, da wettbewerbswidrige Verhaltensweisen vorgeschrieben bzw. erlaubt und erleichtert würden. Jedenfalls verstießen der CIF und seine Mitgliedsunternehmen gegen Art. 81 EG-Vertrag, da Vereinbarungen getroffen worden seien, die den Wettbewerb beschränkten.[731] Dagegen klagte der CIF, u.a. mit der Begründung, dass die nationale Wettbewerbsbehörde nicht befugt sei, Gültigkeit und Wirksamkeit nationaler Rechtsvorschriften zu prüfen, und dass Marktteilnehmern kein wettbewerbswidriges Verhalten vorzuwerfen sei, wenn diese aufgrund einer innerstaatlichen Rechtsgrundlage handelten.[732]

Rs. C-309/99 vom 19.2.2002, Slg. 2002, I-1577 (Wouters) = NJW 2002, 882 ff. = EuZW 2002, 179 ff., mit Anm. *Eichele*.

728 Vgl. die Übersicht bei *Eichele/Happe*, NJW 2003, 1214, Fn. 3.

729 Vgl. EuGH-Urteil zur Rs. C-198/01 vom 9.9.2003, Rn. 58 (CIF) = NJW 2004, 351 ff.

730 EuGH-Urteil CIF, a.a.O., Rn. 17.

731 EuGH-Urteil CIF, a.a.O., Rn. 29.

732 EuGH-Urteil CIF, a.a.O., Rn. 31, 34.

d) Prüfungsmaßstab bestätigt die bisherige Rechtsprechung

Mit dem CIF-Urteil hat der Gerichtshof nicht etwa einen neuen Prüfungsmaßstab entwickelt, sondern sein altes Prüfungsschema im Hinblick auf die Artt. 10, 81 EG bestätigt.[733] Danach gilt grundsätzlich, dass Art. 81 EG-Vertrag nur das Verhalten von Unternehmen und nicht durch Gesetz oder Verordnung getroffene Maßnahmen der Mitgliedstaaten betrifft. I.V.m. Art. 10 EG-Vertrag, der die mitgliedstaatliche „Loyalität" begründet, wird aber den Mitgliedstaaten verboten, z.B. Gesetze oder Verordnungen zu erlassen oder beizubehalten, die die praktische Wirksamkeit der für die Unternehmen geltenden Wettbewerbsregeln aufheben könnten.[734] Eine Verletzung der Artt. 10, 81 EG-Vertrag liegt insbesondere dann vor, wenn der Mitgliedstaat wettbewerbswidrige Kartellabsprachen vorschreibt oder erleichtert oder die Auswirkungen solcher Absprachen verstärkt, oder wenn er seiner eigenen Regelung dadurch ihren staatlichen Charakter nimmt, dass er die Verantwortung für in die Wirtschaft eingreifende Entscheidungen privaten Wirtschaftsunternehmen überträgt.[735]

Ungewohnt an der Entscheidung des Gerichtshofs aus deutscher Sicht erscheint allerdings die ausdrückliche Feststellung, dass nunmehr neben den Gerichten auch alle staatlichen Organe, insbesondere die nationalen Wettbewerbsbehörden, den Anwendungsvorrang des Europarechts zu beachten haben.[736] Der Gerichtshof hält die nationalen Wettbewerbsbehörden an, nationale Rechtsvorschriften nicht anzuwenden, wenn die Behörde von der europäischen Wettbewerbswidrigkeit der Vorschrift überzeugt ist.[737] Daraus zu schließen, die nationale Wettbewerbsbehörde hätte nunmehr weitergehende Kompetenzen als die Europäische Kommission greift jedoch zu kurz. Zum einen entspricht dieses Vorgehen der Rechtsprechung des Gerichtshofs[738], zum anderen hat das Prinzip des Gesetzesvorrangs (Art. 20 III GG), das „gemeineuropäischem Gedanken-

733 EuGH-Urteil CIF, a.a.O., Rn. 45 f.

734 EuGH-Urteil, Rs. 13/77 vom 16.11.1977, Slg. 1977, 2115 (GB-Inno-BM), Rn. 31; EuGH-Urteil vom 21.9.1988, Rs. 267/86, Slg. 1988, 4769 (Vyn Eycke), Rn. 16; EuGH-Urteil vom 17.11.1993, Rs. C-185/91, Slg. 1993, I.5801 (Reiff), Rn. 14; EuGH-Urteil vom 9.6.1994, Rs. C-153/93, Slg. 1994, I-2517 (Delta), Rn. 14; EuGH-Urteil, Rs. C-96/94 vom 5.10.1995, Slg. 1995, I-2883 (Centro), Rn. 20; EuGH-Urteil vom 19.2.2002, Rs. C-35/99, Slg. 2002, I-1529 (Arduino), Rn. 34.

735 EuGH-Urteil Vyn Eycke, a.a.O., Rn. 16; EuGH-Urteil Reiff, a.a.O., Rn. 14; EuGH-Urteil Delta, a.a.O., Rn. 14, EuGH-Urteil Centro, a.a.O., Rn. 21; EuGH-Urteil Arduino, a.a.O., Rn. 35.

736 EuGH-Urteil zur Rs. C-198/01 vom 9.9.2003 (CIF*)*, a.a.O., Rn. 58.

737 Vgl. EuGH-Urteil CIF, a.a.O., Rn. 49.

738 EuGH-Urteil, Rs. 103/88 vom 22.6.1989, Slg. 1989, 1839 (*Fratelli Costanzo*), Rn. 31; grundlegend zum Vorrang des Gemeinschaftsrechts: EuGH-Urteil vom 15.7.1964, Slg. 1964, 1251 (*Costa/ENEL*).

gut“[739] entspricht, die Folge, dass die in der Normenhierarchie nachrangige Regelung höherrangigem Recht weichen muss. Gemeinschaftsrecht genießt danach grundsätzlich europarechtlich (Anwendungs-)Vorrang.[740] Die vorliegende Entscheidung stellt danach keinen Widerspruch zur bisherigen Rechtsprechung des Gerichtshofs dar, sondern bestätigt lang tradierte Rechtssätze.[741] Die Europäische Kommission hat andererseits die weitergehende Kompetenz des Vertragsverletzungsverfahrens nach Art. 226 EG-Vertrag, welches ihr darüber hinaus im Wege eines gerichtlichen Verfahrens die Feststellung der Rechtswidrigkeit des Gesetzes durch den Gerichtshof ermöglicht.

e) Zwischenergebnis

Mithin erweist sich, dass das vorliegende Urteil keine wesentlichen Neuerungen enthält. Eine Erweiterung der Kompetenzen findet nicht statt, vielmehr wird das Prinzip des Anwendungsvorrangs des Europarechts konsequent angewandt. Daher ist das europäische Wettbewerbs- und Kartellrecht auch mittelbar bei staatlichem Recht, also auch für das dem Staat zuzurechnende Recht, anwendbar. Demnach gilt es, die BORA unabhängig von ihrer Kategorisierung als staatliches oder nichtstaatliches Recht auf ihre Wettbewerbskonformität zu prüfen.

f) Prüfungsmaßstab deutsches Satzungsrecht

In seinem Schlussantrag im Verfahren *Wouters* betont der Generalanwalt, dass es ihm unmöglich erscheine, eine einheitliche Formel zu entwickeln, die sämtliche Berufsregelungen aller freien Berufe in den verschiedenen Mitgliedstaaten abdecken könne. Daher müsse jede Berufsregelung im Einzelfall anhand ihres Gegenstandes, ihres Umfelds, und ihrer Zielsetzung geprüft werden.[742]

Selbst wenn also das deutsche Anwaltsberufssatzungsrecht nicht per se vom Kartellverbot des Art. 81 I EG-Vertrag freigestellt sein sollte, so bliebe doch die Wirksamkeit all jener wettbewerbsbeschränkenden Satzungsnormen außer Zweifel, die erforderlich sind, um die ordnungsgemäße Ausübung des Rechtsanwaltsberufs sicherzustellen.[743]

Das bedeutet, dass „case by case“ überprüft werden muss, ob die Vorschriften der BORA kartellrechtskonform sind. Zunächst wird also untersucht, ob die einzelne Vorschrift die wirtschaftliche Tätigkeit des Rechtsanwalts beschränkt.

---

739 Statt aller: *Maunz/Dürig/Herzog*, Art. 20 Rn. 93.

740 Vgl. *Kadelbach*, S. 187 ff.; zur Problematik „Geltungsvorrang im Verhältnis zum Anwendungsvorrang“ vgl. *Bergmann/Kenntner*, S. 54.

741 Insbesondere ist keine Widersprüchlichkeit zu erkennen zu EuGH-Urteil, Rs. C-359/95 P und C-379/95 P vom 11.11.1997, Slg. 1997, I-6265 (Ladbroke), Rn. 6265.

742 Schlussanträge zur Rs. C-309/99 (Wouters), a.a.O., Rn. 110.

743 So auch Henssler, JZ 2002, 983, 988.

Wird dies bejaht, muss geprüft werden, ob die Regelung im Allgemeininteresse erlassen ist und deshalb nicht vom Kartellverbot umfasst wird. Die rechtliche Zuordnung dieser „Allgemeinwohlprüfung“ ist umstritten, aber im Ergebnis als tatbestandliches Korrektiv zu verstehen.[744] Sollte sich dann herausstellen, dass die Ausrichtung der Satzungsnorm im Hinblick auf das Allgemeinwohl zumindest zweifelhaft ist, besteht die Möglichkeit der Notifizierung und mit den entsprechenden möglichen Handlungsalternativen nach Art. 81 III EG-Vertrag durch die Europäische Kommission.[745] Sollte im Rahmen dieser Prüfung der Kommission eine negative Entscheidung hervorgehen, wäre die Norm nach Art. 81 II EG-Vertrag kartellrechtswidrig und damit nichtig bzw. im Falle der Einordnung als staatliches Recht über Art. 226 EG-Vertrag angreifbar.[746]

Die Verleihung autonomer Satzungsgewalt an einen Berufsverband beinhaltet die Gefahr, dass sie im Laufe der Zeit dazu verleitet, Regeln nicht nur im Interesse des Gemeinwohls, sondern als Kartell im Sinne des Wettbewerbsrechts zu setzen. Wäre dies der Fall, würde die freiheitliche Gemeinschaftsordnung und Wirtschaftsordnung gefährdet sein.[747] Die Staatsaufsicht und die Kontrolle der Gerichte sollen den Missbrauch autonomer Satzungsgebung verhindern. Um dem Rechtsstaat in der Praxis flexible Handlungsfähigkeit zu ermöglichen, hat das anwaltliche Berufsrecht, insbesondere das Satzungsrecht, die Aufgabe, das Funktionieren des Rechtsanwalts als Organ der Rechtspflege zu ermöglichen.

2. Berufsordnung (BORA)

a) Erster Teil – Freiheit der Berufsausübung

– *§ 1 – Freiheit der Advokatur*

§ 1 BORA definiert und wiederholt im Wesentlichen schon in der BRAO geregelte Bestimmungen wie die §§ 1, 2, 3 und 43a I BRAO. Das überlieferte und seit über einem Jahrhundert durchgesetzte Berufsbild des Rechtsanwalts als Angehöriger der „freien Advokatur“ wird durch diese Vorschriften näher umschrieben.[748] Es handelt sich dabei um ein berufspolitisches Postulat, nicht um eine sanktionsbewehrte Pflicht[749]. Der Rechtsanwalt ist deshalb unabhängig,

---

744 „Rule of Reason“ oder Tatbestandsimmanente Rechtfertigung analog „Cassis-de-Dijon-Rechtsprechung“.

745 Vgl. dazu und zu den Rechtslage und Zuständigkeiten ab dem 1.5.2003 und *Koch/Eichele*, CIF Anmerkung, NJW 2004, 334 ff.

746 Zu den Möglichkeiten der nationalen Wettbewerbsbehörden vgl. *Koch/Eichele*, a.a.O.

747 Zur Problematik vgl. *Kleine-Cosack*, Berufsständische Autonomie und Grundgesetz, S. 49 ff.

748 *Feuerich/Weyland*, BRAO, § 1 BORA Rn. 7 und § 1 BRAO Rn. 1.

749 *Hartung/Holl*, BORA § 1 Rn. 57.

weil er gleichberechtigt neben Gerichten und Staatsanwälten an der Rechtspflege mitwirkt. Seine Unabhängigkeit stellt die besondere Funktion des Rechtsanwalts im System der Rechtspflege dar. Die anwaltliche Unabhängigkeit ist Garant für die Rechtsgewährleistung im demokratischen Staat. Die Unabhängigkeit des Rechtsanwalts kommt der Qualität der von ihm zu erbringenden Dienstleistung an den Verbraucher zugute.

Diese Vorschrift berührt nicht die wirtschaftliche Tätigkeit des Rechtsanwalts und ist daher vor dem Hintergrund des europäischen Wettbewerbs- und Kartellrechts unproblematisch. Jedenfalls erweist sich § 1 BORA als wettbewerbsneutral und bedarf keiner weiteren Prüfung.

b) Zweiter Teil – Allgemeine Berufs- und Grundpflichten

aa) Vorbemerkung

Die §§ 2-5 BORA sorgen für ein vertrauensvolles Verhältnis zwischen Rechtsanwalt und Mandant (Verbraucher) und kommen daher ebenfalls der Qualität der Dienstleistung an den Mandant zugute. Der Rechtsanwalt kann seine Tätigkeit als berufener unabhängiger Vertreter in allen Rechtsangelegenheiten nur dann wirkungsvoll wahrnehmen, wenn der Mandant ihm uneingeschränkt vertraut. Dies kann der Mandant aber nur, wenn er sich darauf verlassen kann, dass sein Anwalt verschwiegen ist und nicht unbefugt Informationen an Dritte weitergibt.

Wettbewerbsrechtlich irrelevant und daher unbedenklich sind nach wohl allgemeiner Auffassung jene Normen der allgemeinen Berufs- und Grundpflichten, die Wiederholungen schon bestehender gesetzlicher Regelungen darstellen.[750] Ob diese bloßen Wiederholungen des Gesetzeswortlauts sinnvoll sind, kann vor dem Hintergrund der Konformität mit dem europäischen Wettbewerbs- und Kartellrecht offen bleiben.

bb) § 2 – Verschwiegenheit

§ 59b II Nr. 1c) BRAO ermächtigt zum Erlass näherer Regelungen zur Verschwiegenheit. Die wesentliche Regelung zur Verschwiegenheitspflicht ist bereits gesetzlich in § 43a II BRAO und daneben in § 203 StGB geregelt. Ausdrücklich enthält § 2 BORA einige Klarstellungen, die bereits anerkannt waren.[751] Im Übrigen berührt die Verpflichtung zur Verschwiegenheit im Regelfall nicht die wirtschaftliche Tätigkeit des Rechtsanwalts. Sie stellt eine rein deontologische Regelung dar und erweist sich als wettbewerbsrechtlich unproblematisch. Soweit die Regelung zur Verschwiegenheitspflicht bei grenzüberschrei-

---

750 Vgl. *Michalski/Römermann*, AnwBl. 1996, 191, 200.

751 Vgl. *Kleine-Cosack*, BRAO, § 2 BORA.

tenden Tätigkeiten von Rechtsanwälten zu Konflikten mit Berufsordnungen anderer Mitgliedstaaten führt, so ist dieses Problem der „double deontology" bei der Marktzugangsöffnung (Generaldirektion Binnenmarkt) anzusiedeln und wird im Rahmen einer Nachbesserung der anwaltlichen Binnenmarktregelungen berücksichtigt werden. § 2 BORA ist eine Allgemeine Berufs- und Grundpflicht zur Verschwiegenheit und damit eine unumstößliche Grundpflicht, die der EuGH[752] und die Kommission[753] ausdrücklich anerkennen, bei der der Anwendungsbereich des Art. 81 I EG-Vertrag daher mit Rücksicht auf Allgemeinwohlinteressen tatbestandsmäßig schon nicht eröffnet ist.[754]

cc) § 3 – Widerstreitende Interessen, Versagung der Berufstätigkeit

§ 59b II Nr. 1e) BRAO ermächtigt zum Erlass näherer Regelungen zum Verbot widerstreitender Interessen. § 3 BORA soll § 43a IV BRAO konkretisieren. Absatz 1 enthält eine allgemeine Berufs- und Grundpflicht, da er der Wahrung der Unabhängigkeit des Rechtsanwalts dient. Die ordnungsgemäße Erfüllung der anwaltlichen Tätigkeit setzt daher eine unabhängige und unvoreingenommene Position voraus, um der berufene unabhängige Vertreter und Berater in allen Rechtsangelegenheiten zu sein. § 3 I BORA dient einem strengen Berufsethos und dem uneingeschränkten Vertrauen der Bevölkerung in die Zuverlässigkeit und Integrität der Anwaltschaft. 3 I BORA schützt zudem mittelbar vor der Verletzung der weiteren allgemeinen Pflicht zur Verschwiegenheit. Die Vermeidung von Interessenkonflikten hat der EuGH als vorrangig bezeichnet.[755] Auch stellt die Europäische Kommission Regelungen, die Interessenkonflikte verhindern sollen, wettbewerbsrechtlich nicht in Frage.[756] Wer das System der Rechtspflege nicht faktisch umfunktionieren will, muss an diesen Voraussetzungen festhalten.[757] Unter Berücksichtigung von Allgemeinwohlinteressen unterliegt § 3 I BORA daher nicht dem Kartellverbot des Art. 81 I EG-Vertrag.

Während teilweise im Schrifttum behauptet wurde, dass § 3 II BORA verfassungswidrig sei,[758] hat dies das BVerfG nunmehr bestätigt.[759] Das BVerfG hat § 3 II BORA für nichtig erklärt, da die Vorschrift unverhältnismäßig in die nach Art. 12 I GG geschützte Berufsfreiheit eingreife. Nach § 3 II BORA sollte das Verbot widerstreitender Interessen auch dann gelten, wenn ein anderer Kollege,

---

752 EuGH-Urteil zur Rs. C-309/99 vom 19.2.2002, Slg. 2002, I-1577 (Wouters), Rn. 100 ff.

753 *Schaub*, AnwBl. 2002, 18, 19.

754 *Mailänder*, BRAK-Mitt. 2003, 118.

755 EuGH-Urteil zur Rs. C-309/99 vom 19.2.2002, Slg. 2002, I-1577 (Wouters), Rn. 100.

756 *Schaub*, AnwBl.2002, 18, 19.

757 *Lingenberg/Hummel/Zuck/Eich*, Anwaltliches Standesrecht, N. 51.

758 Vgl. *Kleine-Cosack*, BRAO, § 3 BORA.

759 BVerfG-Beschluss vom 3.7.2003 – 1 BvR 238/01.

mit dem der Rechtsanwalt zur gemeinschaftlichen Berufsausübung, etwa einer in Sozietät mit dem Mandat, befasst war oder immer noch ist. Das BVerfG hat klargestellt, dass sich die Regelung des Verbots widerstreitender Interessen nur an Einzelanwälte und nicht an Sozietäten richtet. Das BVerfG stellt vornehmlich darauf ab, dass die jeweils betroffenen Mandanten keine Bedenken und Zweifel an der Verschwiegenheit ihrer Anwälte gehabt hätten. § 3 II BORA sei nur insoweit zu weit gefasst, als diese Vorschrift im Einzelfall nicht zulasse, dass Sicherungen zur Wahrung des Vertrauens anderweitig als durch Mandatsniederlegung vorhanden seien. Das BVerfG hat in seiner Entscheidung betont, dass von einem Rechtsanwalt ein verantwortlicher Umgang mit einer etwaigen Konfliktsituation erwartet werden kann. Die ursprüngliche Erweiterung in § 3 II BORA hat damit wesentlich Neues geregelt und ist somit verfassungswidrig und nichtig. Eine weitere europarechtliche Prüfung erübrigt sich damit.

dd) § 4 – Fremdgelder und andere Vermögenswerte

§ 59b II Nr. 1f) BRAO ermächtigt zum Erlass von Regeln zum Umgang mit fremden Vermögenswerten. § 4 BORA konkretisiert § 43a V BRAO. Zwar berührt die Verpflichtung der Trennung von Kanzlei- und Mandantengeldern die wirtschaftliche Tätigkeit des Rechtsanwalts. Der Schutz des allgemeinen Vertrauens in die Korrektheit und Integrität der Anwaltschaft in allen finanziellen Fragen und damit zugleich der Funktionsfähigkeit der Anwaltschaft in der Rechtspflege rechtfertigt diese Verpflichtung im Hinblick auf das Allgemeininteresse. Der sorgfältige Umgang mit fremden Vermögenswerten ist eng mit dem vertraglichen Vertrauensverhältnis zu seinem Mandanten und der Erwartung in die uneingeschränkte Integrität des Rechtsanwalts und seiner Stellung als Organ der Rechtspflege verbunden[760]. Im Rahmen der alten Standesrichtlinien wurde vertreten, dass sich die Sorgfalt im Geldverkehr bereits aus dem Mandatsvertrag ergebe, außerdem aus der beruflichen Stellung des Rechtsanwalts. Der bloße Anschein der Lässigkeit müsse vermieden werden, dies geböte bereits vorkonstitutionelles Gewohnheitsrecht.[761] § 4 BORA ist als berufsrechtliche Grundpflicht anzusehen, die nicht dem Kartellverbot des Art. 81 I EG-Vertrag unterliegt.

ee) § 5 – Kanzlei

Die Pflicht zur Einrichtung einer Kanzlei ist bereits in § 27 BRAO geregelt. Die Kanzleipflicht befasst sich mit der Niederlassung und deren Organisation und wird insbesondere durch §§ 27, 29a und 4 BRAO ausgefüllt. Auch wenn Bestimmungen zur Kanzleipflicht mittelbar auch die wirtschaftliche Tätigkeit berührt, ist eine Wettbewerbsbeschränkung nicht ersichtlich; jedenfalls ist die Ein-

---

760 *Feuerich/Weyland*, BRAO, § 4 BORA Rn. 2 i.V.m. § 43a BRAO Rn. 85.

761 *Lingenberg/Hummel/Zuck/Eich*, Anwaltliches Standesrecht, N 55.

richtung der Kanzlei unter Verbraucherschutzgesichtspunkten erforderlich. Die organisatorischen Pflichten des Anbringens eines Kanzleischildes oder die Führung eines Fristenkalenders hat keine Wettbewerbsbeschränkung zum Inhalt, sondern soll die Qualität der Dienstleistung sicherstellen. Problematisch, zumindest unvollständig erscheint § 5 BORA vor dem Hintergrund, dass der Anwalt von seiner Kanzleipflicht gem. § 27 I 2 und II BRAO befreit werden kann. Vom Grundsatz her soll der Mandant als Verbraucher jederzeit die Möglichkeit haben, einen Rechtsanwalt mit erreichbarem Büro als Ansprechpartner zu haben und nicht einem „fliegenden Dienstleister" ausgesetzt sein. Da selbst so genannte Wohnzimmerkanzleien heute ausreichend sind, kommt es nicht auf das „perfekt" ausgestattete Büro an, sondern auf die Erreichbarkeit. Jedenfalls dient die Vorschrift dem Allgemeininteresse und ein Verstoß gegen Art. 81 I EG-Vertrag ist nicht festzustellen.

c) Zweiter Abschnitt – Besondere Berufspflichten im Zusammenhang mit der Werbung

aa) Vorbemerkung

Gemäß § 59b II Nr. 3 BRAO ist die Satzungsversammlung ermächtigt, „die besonderen Berufspflichten im Zusammenhang mit der Werbung und Angaben über selbsternannte Interessenschwerpunkte" näher zu regeln. Hoch umstritten und hoch problematisch erscheinen aber Werbevorschriften, insbesondere Werbebeschränkungen, nicht nur vor dem Hintergrund des Art. 12 GG. Teilweise wird im Schrifttum vertreten, dass die §§ 6-10 BORA kartellrechtswidrige und damit unanwendbare Vorschriften enthalten.[762]

(1) Höchstrichterliche Rechtsprechung

Der Bundesgerichtshof stellt für die anwaltliche Werbung fest, dass nicht die Gestattung der Anwaltswerbung, sondern deren Einschränkung einer Rechtfertigung bedarf.[763] Nach dem BVerfG sind lediglich zwei Kernbereiche des Werbeverbots mit dem Grundgesetz vereinbar. Danach gilt das Verbot der gezielten Werbung, gerichtet auf einen Auftrag im Einzelfall (Kundenfang) und das Verbot der irreführenden Werbung. Das BVerfG hat das Werbeverbot der Anwälte damit schon auf einen Mindeststandard minimiert.

(2) Schrifttum

Teilweise wird vertreten, dass Werbung den Wettbewerb verzerren und damit das Berufsbild der Anwaltschaft verfälschen kann. Die funktionierende Rechts-

---

762 *Römermann*, MDR 1998, 1149.

763 BGH NJW 2001, 2087.

pflege ist möglicherweise durch übertriebene Werbung gefährdet. Als ein weiteres Argument kann angeführt werden, dass die einschränkenden Regelungen zur Werbung in erster Linie den Verbraucher vor Täuschungen schützen sollen.[764]

Andererseits setzt eine funktionierende Rechtspflege auch möglichst große Zugangschancen der rechtsuchenden Bevölkerung zu qualifizierter Rechtsberatung mit dem Ziel der optimalen Durchsetzung ihrer Rechte voraus. Durch die Information der Bevölkerung wird die Transparenz des Marktes gefördert. Insbesondere vergleichende Werbung führt folglich zu größerer Transparenz. Man könnte daher auch annehmen, dass das Gemeinwohl im Sinne einer funktionierenden Rechtspflege nach Werbung verlangt.[765] Die Verhinderung von irreführender Werbung zum Schutz des Verbrauchers soll einer besseren Versorgung der Bevölkerung mit wahrheitsgemäßen Informationen und damit einer größeren Markttransparenz ohne Wettbewerbsverzerrung dienen.

(3) Europäisches Gericht Erster Instanz und Richtlinie 97/55/EG

Im Hinblick auf berufssatzungsmäßige Werbebeschränkungen hatte das EuG im Rahmen einer Nichtigkeitserklärung einer Kommissionsentscheidung im Falle der beruflichen Vertreter vor dem europäischen Patentamt zu urteilen.[766] Dem Patentamt war das „Institut der beim Europäischen Patentamt zugelassenen Vertreter“ (EPI) beigeordnet. Dieses Institut hatte Empfehlungen über berufliches Verhalten abgegeben. Art. 2 (1) der Empfehlungen regelte, dass der Vergleich beruflicher Dienstleistungen im Hinblick auf Werbung verboten sei. In dem Rechtsstreit argumentierte das Institut, dass vergleichende Werbung unvereinbar sei mit der „Delikatesse, Würde und erforderlichen Höflichkeit, die in einem Freien Beruf vorherrschen müsse“. Für das Gericht war das absolute Verbot vergleichender Werbung nicht erforderlich, um die Würde und Standespflichten des betroffenen Berufs zu wahren.

Zum eigentlichen Verbot der vergleichenden Werbung stellte das EuG fest, dass Werbung grundsätzlich ein bedeutendes Element der Wettbewerbssituation auf einem bestimmten Markt sei, da durch die Werbung die Vorzüge der einzelnen Marktbeteiligten, die Qualität ihrer Leistungen und deren Kosten besser erkennbar würden. Unter redlichen Bedingungen und bei angemessenen Modalitäten könne die vergleichende Werbung insbesondere den Informationsstand des Verbrauchers verbessern und diesem damit bei der Auswahl des zugelassenen Vertreters helfen, an den er sich gemeinschaftsweit wenden könne. Das schlichte Verbot der vergleichenden Werbung schränke damit die Möglichkeit der leistungsstärkeren Vertreter ein, die Dienstleistungen auszuweiten. Dies führe dazu,

---

764 Vgl. *Hartung/Holl*, BORA vor § 6 Rn. 96.

765 *Hartung/Holl*, BORA, vor § 6 Rn. 107, 73.

766 EuG-Urteil zur Rs. T-144/99 vom 28.3.2001 (EPI), EuR 2001, 594.

dass potenzielle Mandanten auf die zugelassenen Vertreter des nationalen Marktes fixiert seien. Daher wirke sich eine redliche und angemessene vergleichende Werbung günstig auf den Wettbewerb aus. Ebenso führe ein Verbot jeglicher Form dieser Werbung zu Wettbewerbsbeschränkungen.

Das Vorbringen des EPI, in einem Beruf wie dem der Patentanwälte müsse der Erfolg viel eher von der Leistung als von der Wirksamkeit der Werbung abhängen, bei der die Vertreter mit der größeren Finanzkraft im Vorteil seien, wies das EuG mit der Begründung ab, dass diese Argumentation zum Ausschluss jeglicher Werbung führen würde. Regelmäßig würden bei jeglicher Form von Werbung die finanzstärkeren Anbieter begünstigt. Die Verhaltensrichtlinien des EPI ergäben aber, dass Werbung im Allgemeinen erlaubt sei.

Nach allem seien in der streitigen Kommissionsentscheidung keine Ermessensfehler zu entdecken.[767]

Die Entscheidung des EuG wurde vergleichsweise gering beachtet, enthält sie doch schon zeitlich früh die genaue Wegweisung der Europäischen Kommission und des EuG in Sachen „freie Berufe“ und Wettbewerbsrecht im Hinblick auf Werbevorschriften.[768] Vielfach unbeachtet blieb auch, dass zur vergleichenden Werbung zur Zeit des EuG-Urteils die Richtlinie über irreführende Werbung unter Einbeziehung der vergleichenden Werbung existierte.[769] Art. 7 V der Richtlinie bestimmt, dass die Mitgliedstaaten nicht daran gehindert würden, unter Einhaltung der Bestimmungen des Vertrags Verbote oder Beschränkungen für die Verwendung von Vergleichen in der Werbung für Dienstleistungen freier Berufe aufrechtzuerhalten oder einzuführen, und zwar unabhängig davon, ob diese Verbote oder Beschränkungen unmittelbar auferlegt oder von einer Einrichtung oder Organisation verfügt würden, die nach dem Recht der Mitgliedstaaten für die Regelung der Ausübung einer beruflichen Tätigkeit zuständig seien.[770]

Die Richtlinie gestattet somit den Mitgliedstaaten bzw. den zuständigen Berufsorganisationen explizit, Verbote von vergleichender Werbung in die nationalen Berufsrechte bzw. in die satzungsmäßigen Bestimmungen aufzunehmen. Diese sekundärrechtliche Erlaubnis steht hingegen im diametralen Widerspruch zum EuG-Urteil EPI. Dort heißt es, in Bezugnahme auf Art. 7 V der vorgenannten Richtlinie, dass diese sekundärrechtliche Norm nach dem Grundsatz der Normenhierarchie keine Abweichung von einer Bestimmung des Vertrages gestatte.

---

767 Vgl. EuG-Urteil EPI, a.a.O., Rn. 72 ff.

768 Vgl. aber die instruktiven Ausführungen bei *Schlosser*, EuLF 2002, 94, 95 ff.

769 Richtlinie 97/55/EG des Europäischen Parlaments und des Rates vom 6.10.1997, ABl.EG Nr. L 290 vom 23.10.1997, 18 ff. zur Änderung der Richtlinie 84/450/EWG, ABl.EG Nr. L 250 vom 19.9.1984, 17 ff., über irreführende Werbung zwecks Einbeziehung der vergleichenden Werbung.

770 Richtlinie 97/55/EG des Europäischen Parlaments und des Rates vom 6.10.1997, a.a.O., 21.

Fraglich ist, was dies im Ergebnis bedeutet. Einerseits könnte man den Rückschluss ziehen, dass die Regelungen der sekundärrechtlichen Richtlinie im Hinblick auf die vergleichende Werbung null und nichtig seien, da sie gegen europarechtliches Primärrecht verstießen.[771] Diese Auffassung geht wohl zu weit. Zum einen gibt Art. 7 V der Richtlinie selbst vor, dass die Beschränkungen im Hinblick auf die vergleichende Werbung unter Einhaltung des EG-Vertrages aufzuerlegen seien.[772] Zum anderen bezieht sich das EuG auf das absolute Verbot von vergleichender Werbung und die Frage, ob dieses Verbot objektiv gerechtfertigt sei. Daraus lässt sich schließen, dass auch das EuG eine vom BVerfG entwickelte Verhältnismäßigkeitsprüfung zu Grunde legt. Die Erforderlichkeitsprüfung muss demnach immer herangezogen werden, um zu prüfen, ob nicht ein milderes Mittel als das absolute Verbot das gleiche Ziel erreichen könnte. Ein Beispiel gibt die Richtlinie über irreführende Werbung in ihrem Art. 3a I und II selbst vor.[773]

Im Rahmen einer Verhältnismäßigkeits(Erforderlichkeits-)prüfung ist also stets die Vereinbarkeit mit den Grundprinzipien des EG-Vertrages zu untersuchen.

In Deutschland wurde die o.g. Richtlinie durch die Neufassung von § 2 UWG umgesetzt.[774] Die Satzungsversammlung ließ die Thematik der vergleichenden Werbung bis jetzt bewusst ungeregelt.[775] Vor dem Hintergrund europarechtskonformer Auslegung und Anwendung müsste vom Grundsatz her auch vergleichende Werbung möglich sein.[776]

bb) § 6 – Werbung

Die Satzungsversammlung hat in § 6 I und II BORA den Rahmen der Zulässigkeit der Werbung von Rechtsanwälten bestimmt. In beiden Absätzen wird die Rechtsprechung des BVerfG und des BGH bestätigt, wonach vom Grundsatz her freie Werbemöglichkeit besteht. Nur wenn die Werbung unsachlich oder nicht berufsbezogen ist, wird sie unzulässig. Im Schrifttum wird teilweise die Auffassung vertreten, dass § 6 I BORA überflüssig sei, da sich das Recht zu werben bereits aus Art. 12 I GG und § 43b BRAO ergebe.[777]

---

771 *Schlosser*, EuLF 2002, 94, 96.

772 Vgl. EuG-Urteil zur Rs. T-144/99 vom 28.3.2001, Rn. 51 (EPI) = EuR 2001, 594.

773 Richtlinie 97/55/EG des Europäischen Parlaments und des Rates vom 6.10.1997, a.a.O., 20.

774 Gesetz zur vergleichenden Werbung und zur Änderung wettbewerbsrechtlicher Vorschriften vom 1.9.2000, BGBl. I, 1374.

775 Protokoll des Ausschusses 5 der Satzungsversammlung vom 14.5.1996, SV-Mat. 38/96, 8 f.

776 Vgl. *Hartung/Holl*, BORA vor § 6 Rn. 82 ff.

777 Vgl. *Kleine-Cosack*, BRAO, § 6 BORA Rn. 1; tendenziös auch *Henssler/Prütting*, BRAO, § 6 BORA Rn. 1.

Im Hinblick auf § 6 II BORA wird vertreten, dass dieser Regelung nur dann konstitutive Wirkung zukommen könne, wenn § 7 BORA verfassungskonform bzw. europarechtskonform wäre. Beides kann bezweifelt werden. Insoweit ist die Rechtmäßigkeit von § 6 II BORA fraglich, insbesondere soweit es sich in Absatz 2 Satz 1 um eine Beschränkung handelt.[778]

Problematisch erscheint auch § 6 III BORA sowohl unter verfassungsrechtlichen als auch unter kartellrechtlichen Gesichtspunkten und dies insbesondere vor dem Hintergrund der BGH- und BVerfG-Rechtsprechung Das Verbot, mit Erfolgs- und Umsatzzahlen zu werben, berührt die wirtschaftliche Tätigkeit der Rechtsanwälte und wirkt wettbewerbsbeschränkend. Fraglich ist, ob dies im Allgemeinwohl erforderlich ist.[779] Teilweise wird im Schrifttum der Sinn dieser Vorschrift bezweifelt. Es sei nicht zu erkennen, warum der Mandant nicht wissen solle, in wie viel Prozent der Verfahren ein Anwalt erfolgreich gewesen ist. Einerseits dürfe angegeben werden, wie viele Sozien und freie Mitarbeiter in der Kanzlei arbeiteten, andererseits aber nicht wie viel Umsätze dabei erwirtschaftet würden.[780] Im Ergebnis dürfte wohl davon ausgegangen werden, dass nicht ersichtlich ist, warum ein Verbot der Angabe von Umsatzzahlen gerechtfertigt sein sollte, dass dies bei korrekter Angabe jedenfalls für den Mandanten nicht irreführend ist. Auf der anderen Seite sprechen gewichtige Gründe dafür, die Angabe von Erfolgszahlen zu untersagen, da jedenfalls eine objektive Überprüfung von Erfolgsquoten unmöglich erscheint. Ist im Falle des Strafrechts die Verurteilung des Mandanten zu fünf Jahren Haft anstelle der von der Staatsanwaltschaft geforderten sechs Jahren Haft bereits der Erfolg oder wäre es nicht vielmehr der Freispruch? Fraglich bleibt, ob diesbezüglich eine gesonderte Regelung existieren sollte oder ob sich das Verbot nicht bereits aus § 6 I BORA i.V.m. §§ 1, 3 UWG ergibt.

Der Anwendungsbereich des Art. 81 I EG-Vertrag ist somit eröffnet, da § 6 BORA im Übrigen keinen „core value“ darstellt. Eine mögliche Rechtfertigung soll im Gesamtzusammenhang am Ende der Werbevorschriften erörtert werden.

cc) § 7 – Interessen- und Tätigkeitsschwerpunkte[781]

Der Anwalt darf nur eine beschränkte Auswahl an Interessen- und Tätigkeitsschwerpunkten angeben. Dies berührt seine wirtschaftliche Tätigkeit, da er nur begrenzt für seine Fähigkeiten werben kann. Teilweise wird vertreten, dass die Beschränkung der Nennung von Tätigkeits- und Interessenschwerpunkten auf

778 Vgl. dazu *Kleine-Cosack*, BRAO, § 6 BORA Rn. 2.

779 Vgl. *Kleine-Cosack*, BRAO, § 6 BORA Rn. 4, der das Verbot schlicht verfassungswidrig hält, da es im Interesse des Allgemeinwohls nicht erforderlich sei.

780 *Braun*, WuV 2002, 230, 243.

781 Vgl. *Hellwig*, AnwBl. 2003, 613 ff., zur Unhaltbarkeit von § 7 BORA.

insgesamt fünf, wobei höchstens drei Tätigkeitsschwerpunkte angegeben werden dürften, im „höchsten Maße überflüssig und kontraproduktiv" sei.[782] Der Anwendungsbereich des Art. 81 I EG-Vertrag ist eröffnet. Fraglich ist, ob diese Beschränkung im Sinne des Allgemeinwohls gerechtfertigt ist.

Für die Angabenbeschränkung könnte einerseits sprechen, dass durch eine zwingende Klassifizierung (Interessenschwerpunkt/Tätigkeitsschwerpunkt/Fachanwaltsbezeichnung) erkennbar sein soll, dass der Anwalt sich für ein Gebiet besonders interessiert oder dass er darin bereits seit mehreren Jahren tätig ist und dementsprechend Erfahrung gesammelt hat. Dies, so wird argumentiert, sei zur Vorbeugung einer Irreführung von rechtsuchenden Personen unerlässlich.[783]

Es wird vertreten, dass eine Begrenzung der Benennungsmöglichkeiten die „Qualifikationsleiter" verfestigt. Außerdem werde sichergestellt, dass der Rechtsanwalt die angegebenen Gebiete auch tatsächlich beherrsche.[784] Die Zeitvorgabe von zwei Jahren, innerhalb deren der Anwalt bereits tätig sein gewesen muss, soll im Rahmen der Angabe von Tätigkeitsschwerpunkten gewährleisten, dass der damit werbende Rechtsanwalt auf diesem Tätigkeitsgebiet ausreichend Erfahrungen gesammelt hat.[785]

Gegen eine Begrenzung der Angabe von Schwerpunktthemen spricht, dass einer Irreführung des rechtsuchenden Publikums über die §§ 1, 3 UWG wirksam begegnet wird. Der Sinn und Zweck der Bestimmung des § 7 BORA dient folglich der Wettbewerbsbeschränkung über berufsrechtliche Restriktionen. Es könnte argumentiert werden, dass dies den Interessen eines Teils der Anwaltschaft dient, die Konkurrenz durch Berufskollegen gering zu halten.[786]

Zweifelhaft ist, ob durch eine Begrenzung auf drei Tätigkeitsschwerpunkte sichergestellt werden kann, dass der Anwalt diese drei Rechtsgebiete tatsächlich beherrscht. Auch ist möglich, dass Rechtsanwälte durch langjährige Berufserfahrung über weitreichende Kenntnisse in verschiedenen Rechtsgebieten verfügen. Aufgrund der Begrenzung der anzugebenden Tätigkeitsschwerpunkte auf drei bleibt den Rechtsanwälten nur die Möglichkeit, ihre über die Zahl drei hinausgehenden Tätigkeitsschwerpunkte unrichtig als Interessenschwerpunkte zu bezeichnen.[787]

Fraglich ist darüber hinaus, ob durch § 7 BORA die Stufenleiter Interessenschwerpunkte/Tätigkeitsschwerpunkte/Fachanwaltschaften überhaupt etabliert

---

782 *Römermann*, MDR 1998, 1149.

783 *Hartung/Holl*, BORA § 7 Rn. 29.

784 *Feuerich/Weyland*, BRAO, § 7 BORA Rn. 4.

785 *Feuerich/Weyland*, BRAO, § 7 BORA Rn. 6.

786 *Hartung/Holl*, BORA § 7 Rn. 31.

787 *Hartung/Holl*, BORA § 7 Rn. 32.

werden kann. Nach dem BVerfG ist ein Fachanwalt aufgrund § 7 BORA nicht gehindert, Tätigkeitsbereiche anzugeben, die Teile des Kernbereichs seiner Fachanwaltschaft sind.[788] Tätigkeitsschwerpunkte und Fachanwaltsbezeichnung sind also kein aliud. Ein Fachanwalt ist durch § 7 BORA ebenfalls nicht gehindert, Dienstleistungen zu benennen, die er im Rahmen seiner Fachanwaltstätigkeit anbietet.[789] Es wird demnach durch § 7 BORA keine Sperrwirkung für werbliche Äußerungen innerhalb des Rechtsgebiets einer Fachanwaltsbezeichnung entfaltet. Ebenso wird vom BVerfG bezweifelt, ob der Satzungsgeber mit der Unterscheidung zwischen Tätigkeits- und Interessenschwerpunkten dem Informationsinteresse der Rechtsuchenden hinreichend Rechnung trage.[790] Weiterhin bemängelt das BVerfG, dass § 7 BORA hinter dem Begriff des Interessenschwerpunkts nach § 59b II Nr. 3 BRAO zurückbleibe, indem er das bloße Interesse für ein Rechtsgebiet genügen lasse, um von einem Interessenschwerpunkt sprechen zu können.[791]

Das BVerfG hatte in einem Nichtannahmebeschluss über den Eintrag eines Rechtsanwalts in den Gelben Seiten zu urteilen.[792] Der Rechtsanwalt warb mit seiner seit vielen Jahren erfolgreichen Tätigkeit im allgemeinen Zivilrecht, Miet- und Wohnungseigentumsrecht, privaten Baurecht, Familien- und Erbrecht, Arbeitsrecht. Der 1. Senat des BVerfG hat in diesen Angaben keinen Verstoß gegen § 7 Abs. 1 BORA gesehen. Bei den vorgenannten Angaben handele es sich um insofern zulässige Präzisierungen des allgemeinen zivilrechtlichen Tätigkeitsschwerpunktes. Die Vorgaben der Berufsordnung hinsichtlich der Höchstzahl möglicher Angaben wären nicht überschritten. In der zu Grunde liegenden Beschwerde fehlten nach Ansicht des BVerfG Ausführungen dazu, ob § 7 I BORA den Anforderungen genüge, die in der *Wouters*-Entscheidung des EuGH vom 19. Februar 2002 formuliert worden seien.[793] Danach lege bei der Übertragung von Rechtsetzungsbefugnissen an einen Berufsverband der Mitgliedstaat selbst die Kriterien des Allgemeininteresses und die wesentlichen Grundsätze fest, die bei der Normsetzung von den öffentlichen Kammern zu beachten seien.[794] Bei Auslegung und Anwendung von Satzungsrecht sei daher auch mit Rücksicht auf Art. 12 I GG eine strikte Beachtung des Verhältnismäßigkeitsgrundsatzes unter konkreter Benennung der vom parlamentarischen Gesetzgeber vorgegebenen Gemeinwohlbelange gefordert. Es hätte einer näheren Begrün-

---

788 BVerfG-Beschluss vom 25.4.2001, AnwBl. 2001, 510 ff.

789 BVerfG-Beschluss vom 6.7.2001, AnwBl. 2001, 509 f.

790 BVerfG-Beschluss vom 16.5.2001, AnwBl. 2001, 510.

791 BVerfG-Beschluss vom 12.11.2001, AnwBl. 2002, 60 f.

792 BRAK-Mitt. 2003, 18.

793 NJW 2002, 877; vgl. oben C. II.

794 Zur Definition der wesentlichen Grundsätze und der Allgemeininteressen vgl. oben C. IV. 1. f), g).

dung bedurft, dass § 7 I BORA diesen Anforderungen genüge. Schließlich hätten die Berufsgerichte auch die Rechtsprechung des Europäischen Gerichtshofs für Menschenrechte zu beachten, wonach bei Auslegung von Vorschriften über ein Werbeverbot die Meinungsfreiheit des Betroffenen und das Informationsbedürfnis der Mandanten zu berücksichtigen seien. Ein Abweichen vom europäischen Standard sei auch im Hinblick auf die Verbürgungen des Grundgesetzes rechtfertigungsbedürftig.[795]

Unter Berücksichtigung der unmittelbaren Anwendung der *Wouters*-Grundsätze des BVerfG in seinem obiter dictum des Nichtannahmebeschlusses wird deutlich, dass an der Einhaltung des Prinzips der Verhältnismäßigkeit bei § 7 BORA Zweifel bestehen.[796]

dd) § 7a – Mediator

Die Vorschrift wurde durch Beschluss der Satzungsversammlung vom 25./26. April 2002 in die BORA eingefügt. Sie regelt die Voraussetzungen anwaltlicher Werbung unter der Bezeichnung „Mediator". So darf sich als Mediator nur bezeichnen, wer durch geeignete Ausbildung nachweisen kann, dass er die Grundsätze des Mediationsverfahrens beherrscht.

Problematisch ist jedoch, dass das Schlichten und Vermitteln zum täglichen Aufgabenbereich eines Anwalts gehört und dementsprechend jeder Anwalt Grundzüge der Mediation ständig anwendet. Unabhängig davon erscheint problematisch, ob § 7a BORA nicht die „Qualifikationsleiter" in § 7a konterkariert. Fraglich ist, ob die Bezeichnung „Mediator" neben den in § 7 BORA existenten Abstufungen besteht und – wenn ja – bleibt fraglich, warum diese Bezeichnung erlaubt ist und nicht andere „Spezialistenbezeichnungen". Im Hinblick auf das Verhältnismäßigkeitsprinzip erscheint diese Vorschrift zumindest problematisch, vor dem Hintergrund des § 6 I BORA jedenfalls überflüssig.

ee) § 8 – Kundgabe beruflicher Zusammenarbeit

Im Schrifttum wird vertreten, dass § 8 BORA weitgehend überflüssig sei, da sie ohnehin gängige Praxis als zulässig erkläre.[797] Soweit Kundgaben durch diese Vorschrift untersagt werden, wäre zu prüfen, ob dies im Allgemeininteresse erfolgt. Im Ergebnis kann wohl davon ausgegangen werden, dass Irreführung der Mandanten verhindert werden soll.

---

795 Zur Bezugnahme des BVerfG auf die Wouters-Entscheidung vgl. auch oben C. IV. 1. b).

796 BVerfG-Beschluss vom 21.11.2002, AnwBl. 2003, 304.

797 Vgl. *Kleine-Cosack*, BRAO, § 8 BORA Rn. 1.

ff) § 9 – Kurzbezeichnungen

§ 9 I BORA erscheint insoweit unproblematisch, soweit Selbstverständliches gestattet wird.[798]

Der von der Satzungsversammlung beschlossene neue § 9 II 2 BORA wurde jedoch mit Bescheid vom 21. Februar 2003 vom Bundesministerium der Justiz nach der Prüfung gem. § 191e BRAO für rechtswidrig erklärt.[799] Die vorgesehene Regelung, dass Zusätze nur erlaubt sein sollten, soweit dadurch keine Sach- oder Fantasiebezeichnung entstehe, könne gegen Art. 12 GG verstoßen. Bedenken bestünden hier insofern, als durch diese Regelung Sachbezeichnungszusätze ausgeschlossen würden. Soweit Fantasiebezeichnungen ausgeschlossen werden sollten, bestünden von Seiten des Bundesministeriums der Justiz keine Bedenken. Das Bundesministerium weist auf den Beschluss des BVerfG hin, nach dem bei Auslegung und Anwendung von Satzungsrecht eine strikte Beachtung des Verhältnismäßigkeitsprinzips unter konkreter Benennung der vom parlamentarischen Gesetzgeber vorgegebenen Gemeinwohlbelange erforderlich sei. Dies müsse auch bei § 191e BRAO gelten. Das Ministerium erkennt keine Rechtfertigungsgründe für ein Verbot von Sachbezeichnungen für anwaltliche Berufsausübungsgemeinschaften. Jedenfalls gebiete dies nicht der Mandantenschutz und die Rechtspflege. Die Regelung von § 59k BRAO stehe einer teilweisen Aufhebung von § 9 II BORA nicht entgegen.[800] Vor diesem Hintergrund ist die vom Bundesministerium der Justiz „geschaffene“ Neuregelung des § 9 II BORA kartellrechtlich unproblematisch.

gg) § 10 – Briefbögen

Die Vorschrift regelt die Gestaltung der Briefbögen einer Kanzlei. Da die Ausgestaltung der Briefbögen somit unmittelbaren Bezug zur wirtschaftlichen Tätigkeit des Rechtsanwalts aufweist, kann eine Wettbewerbsbeschränkung i.S.d. Art. 81 I EG-Vertrag angenommen werden.

Für die Nennung aller Gesellschafter nach § 10 I BORA kann angeführt werden, dass die Zusammensetzung des aktuellen Partnerkreises transparent wird. Die Verpflichtung, mindestens einen ausgeschriebenen Vornamen auf dem Briefkopf anzugeben (Absatz 1 Sätze 1, 2), dient der Vermeidung von Verwechslungsgefahr. So entschied auch das BVerfG[801]. Es sei verfassungsrechtlich nicht zu beanstanden, dass der BGH zuvor[802] die Vorschrift des § 10 I 1 BORA für

---

798 Vgl. *Kleine-Cosack*, BRAO, § 9 BORA Rn. 1.

799 Vgl. dazu oben unter C. IV. 1. h) ff).

800 Aufhebungsbescheid des Bundesministeriums der Justiz vom 21.2.2003 in: BRAK-Mitt. 2003, 68.

801 NJW 2002, 2163.

802 NJW 2002, 1419.

materiell verfassungsgemäß, insbesondere für mit Art. 12 I GG vereinbar, ansieht. Der BGH hatte festgestellt, dass die Überlegungen der Satzungsversammlung zur Regelung in § 10 I 1 BORA verfassungsgemäß seien. Sämtliche Partner, die als Rechtsanwälte bei einem deutschen Gericht zugelassen sind, müssen auf den Briefbögen aufgeführt werden. Die Vorschrift diene gewichtigen Belangen des Gemeinwohls. Der Briefbogen sei für die Mandanten eine wichtige Informationsquelle über die Personen der Gesellschafter. Der Mandant könne erkennen, ob die Gefahr der Vertretung widerstreitender Interessen bestehe oder aber eine anderweitige Interessenkollision zu befürchten sei. Die technischen Probleme der Briefkopfgestaltung seien auch bei einer großen Anzahl von Gesellschaftern überwindbar.

Satz 3 verhindert Täuschungen über die tatsächliche Größe der Kanzlei und dient daher auch Allgemeininteressen.

Absatz 2 dient der Verhinderung einer Irreführung über die in der Kanzlei vertretenen Berufe.

Nach Absatz 3 muss jeder Rechtsanwalt, der mehrere Kanzleiorte unterhält, diese eindeutig bezeichnen. Auch dadurch sollen Irreführungen vermieden werden.

Da Anwaltskanzleien oftmals nicht als Partnerschaft oder GmbH firmiert sind, kann durch diese Vorschrift eine gewisse Transparenz gewährleistet werden, die im Handelsrecht durch das Handelsregister gesichert wird.

Andererseits werden Irreführungen zumeist von §§ 1 und 3 UWG erfasst. So ist z.B. der Zwang zur Angabe von Vornamen nicht notwendig, wenn der Nachname nur einmal in der Stadt bzw. im Landgerichtsbezirk vorkommt und daher nicht verwechselt werden kann[803].

ee) Zwischenergebnis Werbung

§§ 6-10 BORA beinhalten die im Hinblick auf das europäische Wettbewerbs- und Kartellrecht problematischsten Regelungen. Auch wenn es bis auf einige Ausnahmen abgesehen im Bereich der Werbung im Wesentlichen keine Besonderheiten zu §§ 1, 3 UWG gibt, bestehen hinsichtlich einiger Beschränkungen noch Bedenken. Dennoch sollte aber auch bei der Prüfung der Werbevorschriften nicht aus den Augen verloren werden, dass eine Gesamtschau des deutschen Berufsrechtssystems notwendig ist. Sicherlich muss bedacht werden, dass eine völlige Freigabe der Werbung die Anwaltschaft den Gewerbetreibenden immer näher bringen wird. So wie die festgesetzten Mindestgebühren in einer Gebührenordnung nicht isoliert betrachtet werden können, sondern immer im Zusammenhang mit Kostenerstattung und Prozesskostenhilfesystem, so gilt die Gesamtschau analog auch für das Werberecht. Die Frage stellt sich also, ob der

---

803 *Hartung/Holl*, BORA § 10 Rn. 22.

„Unternehmer“ Rechtsanwalt noch rechtens seine Anwaltsprivilegien – wie Zeugnisverweigerungsrecht nach § 53 StPO, Beschlagnahmefreiheit nach § 97 StPO – beanspruchen kann, wenn er als „Organ der Rechtspflege“ kaum noch zu erkennen ist, wenn er auch werbungstechnisch im grenzenlosen Wettbewerb mit seinen Konkurrenten steht.

d) Dritter Abschnitt – Besondere Berufspflichten bei der Annahme, Wahrnehmung und Beendigung des Mandats

Die §§ 11-20 BORA enthalten im Grundsatz reine Verbraucherschutzvorschriften, die jedoch mit der wirtschaftlichen Tätigkeit des Anwalts nur in begrenztem Zusammenhang stehen und daher vom Grundsatz nicht in den Anwendungsbereich des Art. 81 I EG-Vertrag fallen können.

aa) § 11 – Unterrichtung des Mandanten

Hierbei handelt es sich um eine Mandantenschutzvorschrift. Die Pflicht zur Unterrichtung des Mandanten über den Fortgang der Sache trägt dazu bei, dem Verbraucher die bestmögliche Wahrnehmung seiner Interessen zu ermöglichen. Gleichzeitig dient die Vorschrift aber auch dem Schutz des Rechtsanwalts, indem der Mandant durch regelmäßige Information an der Entwicklung der Rechtsangelegenheit eingebunden ist, wodurch Missverständnisse vermieden bzw. aufgedeckt werden können. Eine wettbewerbsbeschränkende Wirkung kann damit nicht vorliegen, da die Vorschrift schon nicht die wirtschaftliche Tätigkeit des Rechtsanwalts betrifft.

bb) § 12 – Umgehung des Gegenanwalts

Durch diese Vorschrift soll der gegnerische Mandant davor geschützt werden, dass sein Rechtsanwalt umgangen, er persönlich angesprochen und zur Abgabe von ihm mitunter auch nachteiligen Erklärungen verleitet wird. Eine Ausnahme gilt nach Absatz 2 für Gefahr im Verzug. Das Umgehungsverbot dient allein der Funktionsfähigkeit der Rechtspflege und des (gegnerischen) Mandantenschutzes. Eine Wettbewerbsbeschränkung i.S.d. Art. 81 I EG-Vertrag ist nicht ersichtlich, jedenfalls gerechtfertigt.

cc) § 13 – Versäumnisurteil

Das BVerfG hat die Regelung zum Versäumnisurteil mit Gesetzeskraft für verfassungswidrig erklärt.[804] Es liege ein Verstoß gegen Art. 12 I GG vor, da die Vorschrift außerhalb der Kompetenzen der Satzungsversammlung erlassen wurde – dies insbesondere deswegen, weil die Norm nachhaltige Wirkungen auch

804 BVerfG-Urteil vom 14.12.1999–1BvR1327/98, BGBl.2000I,54 = BRAK-Mitt. 2000, 36.

für Nichtberufsangehörige entfaltet. Der Ermächtigungsnorm § 59b BRAO lässt sich nicht entnehmen, dass die Handlungsspielräume der Prozessparteien nach §§ 330 ff. ZPO durch Satzungsrecht der Anwaltschaft eingeengt werden dürfen.[805] Indem § 13 BORA aber vorschreibe, dass grundsätzlich ein Rechtsanwalt ein Versäumnisurteil nur bei Ankündigung desselben bei dem gegnerischen Anwalt beantragen dürfe, wird die nicht anwaltlich vertretene Gegenseite benachteiligt und ggf. auch die eigene Partei. Die Regelung verstößt gegen den Grundsatz des Vorbehalts des Gesetzes. Die Regelung verstößt aber auch gegen den Grundsatz des Vorranges des Gesetzes, da § 13 BORA bei gegnerischerer anwaltlicher Vertretung die zivilprozessuale Regelung der §§ 330 ff. ZPO ändert. Eine verfassungskonforme Auslegung sei nicht möglich. Im Übrigen ergebe sich das ursprünglich mit dieser Vorschrift angestrebte Gebot der kollegialen Rücksichtnahme aus § 1 III BORA.

dd) § 14 – Zustellungen

Die Vorschrift verpflichtet den Rechtsanwalt, ordnungsgemäße Zustellungen entgegenzunehmen und ein Empfangsverzeichnis zu erteilen. Die Aufrechterhaltung von Zustellungspflichten hat Ordnungscharakter. Die Berührung der wirtschaftlichen Tätigkeit des Rechtsanwalts ist minimal. Die Vorschrift dient der funktionsfähigen Rechtspflege und ist nicht an Art. 81 I EG zu messen, da jedenfalls gerechtfertigt.[806]

ee) § 15 – Mandatswechsel

Betroffen sind die Beauftragung eines anderen oder weiteren Rechtsanwalts und die damit entstehende Pflicht, den früheren oder den weiteren Rechtsanwalt unverzüglich über die Mandatsmitübernahme zu unterrichten. Die Berührung der wirtschaftlichen Tätigkeit des Rechtsanwalts ist minimal. Die Vorschrift dient der funktionsfähigen Rechtspflege und ist nicht an Art. 81 I EG-Vertrag zu messen, da jedenfalls gerechtfertigt.

ff) § 16 – Prozesskostenhilfe und Beratungshilfe

Absatz 1 enthält die Hinweispflicht auf die Möglichkeiten von Beratungs- und Prozesskostenhilfe. Absatz 2 bestimmt ein Verbot der Entgegennahme nicht freiwillig erbrachter Zahlungen oder Leistungen nach Bewilligung von Prozesskostenhilfe. Zwar berührt und möglicherweise beschränkt § 16 BORA die wirtschaftliche Tätigkeit des Anwalts, da insbesondere Absatz 2 ein Verbot auferlegt, unter den dort genannten Voraussetzungen weitere Leistungen entgegenzunehmen. Dies geschieht aber zugunsten des rechtsuchenden Publikums, um si-

---

805 *Feuerich/Weyland*, BRAO, § 13 BORA Rn. 1.

806 Vgl. *Lingenberg/Hummel/Zuck/Eich*, Anwaltliches Standesrecht, N 43.

cherzustellen, dass der unbemittelte Mandant oder Dritte in den vollen Genuss des Subventionssystems fällt. Somit wird auch das Vertrauen in den Anwalt gestärkt. Die Vorschrift dient mithin der ordnungsgemäßen Berufsausübung.

gg) § 17 – Zurückbehaltung von Handakten

Die Bestimmung berücksichtigt das berechtigte Interesse des Mandanten an Kopien bzw. Originalen im Falle eines zulässig ausgeübten Zurückbehaltungsrechts einer Handakte. Die Berührung der wirtschaftlichen Tätigkeit des Rechtsanwalts ist minimal. Die Vorschrift dient der funktionsfähigen Rechtspflege und ist nicht an Art. 81 I EG-Vertrag zu messen, da jedenfalls gerechtfertigt.

hh) § 18 – vermittelnde, schlichtende oder mediative Tätigkeit

Die Vorschrift soll die Qualität vermittelnder, schlichtender und mediativer Tätigkeiten eines Anwalts für den Rechtsuchenden sichern, indem diese Tätigkeiten auch dem anwaltlichen Berufsrecht untergeordnet werden. Die Vorschrift dient der funktionsfähigen Rechtspflege und ist nicht an Art. 81 I EG-Vertrag zu messen, da jedenfalls gerechtfertigt.

e) Vierter Abschnitt – Besondere Berufspflichten gegenüber Gerichten und Behörden

aa) § 19 – Akteneinsicht

Das Recht auf Akteneinsicht ist ebenso in den § 147 StPO, § 299 ZPO, § 78 FGO, § 100 VwGO, § 34 FGO geregelt. Durch § 19 wird eine ordnungsgemäße Handhabung der Akteneinsicht durch den Rechtsanwalt berufsrechtlich gesichert. Eine kartellrechtliche Relevanz ist nicht ersichtlich.

bb) § 20 – Berufstracht

§ 20 BORA enthält keinen unmittelbaren Bezug zur wirtschaftlichen Tätigkeit des Rechtsanwalts und erscheint jedenfalls kartellrechtlich unproblematisch.

f) Fünfter Abschnitt – Besondere Berufspflichten bei Vereinbarung und Abrechnung von Gebühren

aa) Vorbemerkung

Im Gebührenbereich bleibt es nicht aus, ein generelles Wort zur Thematik der verbindlichen Gebührensatzung zu verlieren, da satzungsmäßige Berufsrechtsbestimmungen kraft Natur der Sache mittelbar Bezug zu dem fraglichen Gebührensystem haben. Auch das Europäische Parlament hat sich mit der Thematik der „verbindlich festen Honorare“ beschäftigt. In einer Entschließung des Europäischen Parlaments heißt es dazu:

„Das Europäische Parlament
- erkennt an, dass verbindliche Honorare in manchen Mitgliedstaaten insofern von großer Bedeutung sind, als sie den Bürgern Dienstleistungen erster Qualität bieten und vertrauensvolle Beziehungen zwischen den freien Berufen und ihren Kunden schaffen;
- vertritt die Auffassung, dass die Mitgliedstaaten befugt sind, unter Berücksichtigung des Allgemeinwohls (und nicht nur des Wohls des jeweiligen Berufsstands) verbindliche Honorare festzulegen und die hohen moralischen, ethischen und Qualitätsstandards zu schützen, die für Rechtsanwälte, Steuerberater und Wirtschaftsprüfer, Ärzte, Psychotherapeuten, Architekten und andere freie Berufe stehen und auf ihre Kunden vertrauen."[807]

Darauf Bezug nehmend sollen einige Allgemeinwohlkriterien kritisch hinterfragt werden.[808]

(1) Gewährung von Dienstleistungen erster Qualität

Auch wenn dieses Kriterium anerkanntermaßen ein legitimes und im Allgemeinwohlinteresse liegendes Ziel darstellt[809], so muss die Frage erlaubt sein, ob tatsächlich eine Kausalität zwischen einer festen Vergütung und der Qualität der erbrachten Dienste besteht. Zweifelhaft ist also, ob eine gesetzliche Festsetzung einer bestimmten Vergütungshöhe geeignet ist, das Qualitätsniveau anwaltlicher Dienstleistungen zu sichern. Wäre dies so, wäre sicherlich eine erheblich großzügigere Gebührenerhöhung im neuen Rechtsanwaltsvergütungsgesetz gerechtfertigt.[810]

(2) Schaffung vertrauensvoller Beziehungen zwischen den freien Berufen und ihren Kunden

Auch wenn dieses Argument in der Diskussion um die „Geldwäsche-Richtlinie"[811] bei den Entscheidungsträgern nachweislich nicht unbedingt hoch angesehen wurde, stellt es dennoch ein hohes und sicherlich grundsätzlich schützenswertes Gut dar. Fraglich ist jedoch, warum ausgerechnet feste Vergütungen für anwaltliche Dienstleistungen eine vertrauensvolle Beziehung schaffen. Das Argument der vorhersehbaren Kosten wäre wohl überzeugender, wenngleich erheblich unpathetischer, da rein sachlicher Natur.[812]

---

807 Entschließung des Europäischen Parlaments vom 5.4.2001, ABlEG Nr. C 21 E, 364 ff.

808 So auch *Sagawe*, ZRP 2002, 281, 284.

809 Vgl. Schlussanträge zur Rs. C-35/99 (Arduino), a.a.O., Rn. 113.

810 Vgl. *Sagawe*, ZRP 2002, 281, 284.

811 Richtlinie 2001/97/EG des Europäischen Parlaments und des Rates vom 4.12.2001 zur Änderung der Richtlinie 91/308/EWG des Rates zur Verhinderung der Nutzung des Finanzsystems zum Zwecke der Geldwäsche, ABlEG Nr. L 344, 76 ff.

812 Vgl. *Sagawe*, ZRP 2002, 281, 284.

(3) Schutz der hohen moralischen und ethischen Standards

Fraglos wäre auch dieses Kriterium ein dem Allgemeinwohl dienendes. Aber auch hier erscheint nicht auf den ersten Blick plausibel, warum gesetzlich festgelegte Gebühren diesen hehren Anspruch gewährleisten sollten. Wenn damit gemeint sein sollte, dass den Rechtsanwälten auskömmliche Einnahmen sicher sein müssen, damit sie nicht bestechlich oder sachfremden Einflüssen unterlegen seien, so bleibt fraglich, ob dies schon mit hohen ethischen und moralischen Standards gleichzusetzen ist. Es kommt wohl auf den Zeitgeist an.[813]

(4) Schutz von Qualitätsstandards

Unabhängig davon, dass dieses Argument wohl unter (1) abzuhandeln wäre, ist fraglich, ob der Schutz von Qualitätsstandards durch Vergütungsfestsetzungen gewährleistet wird. Dies ist wohl eher durch einheitliche Zertifizierungen zu erreichen.[814]

Neben den in der Entschließung genannten Allgemeinwohlrechtfertigungen sind noch folgende Kriterien denkbar.[815]

(5) Verhinderung einer Kommerzialisierung

Fraglich ist, ob dieses Argument nicht überholt ist, da Anwälte sicherlich zur Gewinnerzielung arbeiten und eine Kommerzialisierung zur eigenen Erhaltung pflegen.[816]

(6) Erleichterung für den Mandanten

Die Festlegung von Anwaltsvergütungen würde im Allgemeinwohl liegen, da der Preis für den Mandanten damit vorhersehbar und kalkulierbar werde. In der Praxis stellt sich jedoch die Frage, warum dann so viele Gebührenstreitigkeiten existieren und Kostenfestsetzungsverfahren angestrebt werden.[817]

(7) Sicherung eines angemessenen Einkommens

Unabhängig von der Frage, ob dieses Kriterium im Allgemeinwohlinteresse liegt, bleibt zumindest zweifelhaft, ob der Anwalts-Durchschnittsverdienst von 1.500 Euro netto vor Abzug der Krankenversicherung und Altersvorsorge tat-

---

813 Vgl. *Sagawe*, ZRP 2002, 281, 284.

814 Vgl. *Sagawe*, ZRP 2002, 281, 284.

815 Vgl. *Michalski/Römermann*, AnwBl. 1996, 241, 242.

816 Vgl. *Sagawe*, ZRP 2002, 281, 285.

817 Vgl. *Sagawe*, ZRP 2002, 281, 285.

sächlich als angemessenes Einkommen zu bezeichnen ist.[818] Aber sicherlich ist wieder eine Beurteilung entsprechend dem Zeitgeist ausschlaggebend.

(8) Soziale Quersubventionierung

Im Vordergrund steht hier die so genannte „Mischkalkulation". Das Honorar in Fällen mit hohen Streitwerten subventioniert die Bearbeitung von Fällen mit niedrigem Streitwert. Ist dies in praxi tatsächlich so, oder muss nicht vielmehr eine Großzahl von Allgemeinanwälten Mandate mit niedrigen Streitwerten führen und eine kleine Anzahl von Anwälten die großen Mandate bedienen?[819]

(9) Gleicher Zugang zum Recht

In der Gesetzesbegründung zur Verhinderung des Preiswettbewerbs unter Anwälten heißt es:

> „Das bestehende System, das sich mit dem standesrechtlichen Verbot der Gebührenunterschreitung insgesamt bewährt hat, kann einen weitgehend gleichen Zugang zum Recht und zu den Rechtsanwälten gewährleisten, weil es nicht von der Finanzkraft der Mandanten abhängt, welcher Rechtsanwalt beauftragt wird. Der Verlockung, sich aus wirtschaftlichen Gründen einen ‚besonders preiswerten' Anwalt zu suchen, ist das rechtsuchende Publikum nicht ausgesetzt, es kann sich frei von solchen Erwägungen für den Anwalt des Vertrauens entscheiden."[820]

Fraglich ist jedoch, ob diese Begründung den Tatsachen entspricht. Sie suggeriert, dass der besonders „preiswerte Anwalt" regelmäßig der qualitätsmäßig schlechtere Anwalt ist. Könnte nicht auch entgegengesetzt argumentiert werden, dass der besonders preiswerte Anwalt effektiv arbeitet, weil er gewohnt ist, durchschnittlich schwere Angelegenheiten schnell und dadurch preiswert zu bearbeiten. Mit anderen Worten: Muss der „teure Anwalt" der bessere sein?[821] Auf der anderen Seite ist nicht zu übersehen, dass der unter Konkurrenzdruck stehende Anwalt höchstwahrscheinlich gar nicht mehr die Zeit aufbringen kann, im „Dumpingpreisbereich" qualitativ hochwertige Leistung zu bringen. Dies würde dann zulasten der Mandanten gehen.[822]

(10) Prozesskostenerstattung und ordnungsgemäß funktionierende Rechtspflege

Das Prinzip der Kostenerstattung nach § 91 ZPO erfordert ebenso wie das System der Prozesskostenhilfe eine zumindest festgesetzte Mindestvergütung. Nur

---

818 Vgl. *v. Seltmann*, BRAK Magazin 2/2003, 12.

819 Vgl. *Hellwig*, AnwBl. 1998, 623.

820 Entwurf eines Gesetzes zur Neuordnung des Berufsrechts der Rechtsanwälte und Patentanwälte, BT-Drucks. 12/4993, 30 ff.

821 Vgl. *Sagawe*, ZRP 2002, 281, 285.

822 Vgl. *Koch/Eichele*, NJW 2004, 334, 337.

so können die erstattungsfähigen Kosten bestimmt werden. Schließlich ermöglicht auch die Vorhersehbarkeit der Gebühren den Rechtschutzversicherungen, bei überschaubarem Risiko einer breiten Bevölkerungsschicht günstigen Versicherungsschutz anzubieten.[823]

bb) § 21 – Honorarvereinbarung

Die Vorschrift konkretisiert die Regelung des § 49b I 1 BRAO i.V.m. § 3 BRAGO, wonach es dem Rechtsanwalt grundsätzlich untersagt ist, niedrigere als die nach der BRAGO maßgeblichen Gebühren zu vereinbaren oder zu fordern. Nach § 21 BORA gilt das Gebührenunterschreitungsverbot auch dann, wenn eine entsprechende Vereinbarung mit einem Dritten getroffen wird (=Umgehungsverbot). Dieses Verbot trägt einen unmittelbaren Bezug zur wirtschaftlichen Tätigkeit des Anwalts und wirkt wettbewerbsbeschränkend, da dem Anwalt untersagt wird, sich durch besonders niedrige Gebühren Mandate zu beschaffen.

Für das Verbot sprechen der Schutz vor einem Preiswettlauf und die Sicherung der Qualität der anwaltlichen Dienstleistungen. Die Vorschrift bietet eine gewisse Chancengleichheit, indem sie allen Rechtsuchenden den gleichen Zugang zum Recht ermöglicht[824]. Dies wiederum dient einer höheren Transparenz für den Rechtsuchenden, da er anhand der Gebührensätze ersehen kann, mit welchen Kosten er rechnen muss.

Außerdem wird gewährleistet, dass die obsiegende Partei auf jeden Fall die Kosten, die sie aufgrund der gesetzlichen Regelungen an ihren Anwalt zu leisten hat, ersetzt verlangen kann. Höhere Gebühren können vereinbart werden, für den Mehrbetrag besteht jedoch keine Kostenerstattungspflicht für die unterlegene Partei.

Der Wettbewerb wird letztendlich gefördert, da Mindestpreise nicht unterboten werden können und folglich der Wettbewerb über die Qualität statt über Dumping-Preise stattfindet.

Andererseits sollte sich der Preis einer Rechtsberatung den Regeln des freien Marktes unterwerfen und damit nach Angebot und Nachfrage richten. Nur durch diese regulierende Wirkung von Angebot und Nachfrage kann tatsächlich die Qualität der Rechtsberatung gesichert werden. Man könnte also auch davon ausgehen, dass die Festlegung bestimmter Mindestgebühren wettbewerbsverzerrend wirkt und damit unnötig ist.

Die Vorteile des Gebührenunterschreitungsverbots überwiegen die Nachteile mit hoher Wahrscheinlichkeit. Eine Änderung der Vorschrift hätte Folgen für die Preislage der Rechtsanwalts-Dienstleistung. Es entstünde eine Zwei-Klassen-

---

823 Vgl. *Koch/Eichele*, NJW 2004, 334, 337.

824 *Hartung/Holl*, BORA, § 21 Rn. 5.

Gesellschaft. Kleinere Kanzleien müssten sich einen ständigen Preiskampf bieten, um zu überleben, während die Gebühren für eine Dienstleistung in größeren Kanzleien ins Unermessliche steigen würden. Die Qualität der anwaltlichen Beratung könnte sinken.

cc) § 22 – Gebühren- und Honorarteilung

Als Rechtsgrundlage für § 22 BORA wird § 59b II Nr. 7 BRAO angegeben.[825] Fraglich ist jedoch, ob § 22 BORA dem Sinn und Zweck der Rechtsgrundlage entspricht. Die Vorschrift des § 22 BORA konkretisiert die Gebührenteilungsregelung des § 49b III 2, 3 BRAO. Es wird vertreten, dass es neben dieser gesetzlichen Regelung keiner weiteren Berufsordnungsregelung bedürfe.[826] § 22 BORA betrifft die wirtschaftliche Tätigkeit des Rechtsanwalts. Auch wenn sie nur einen „Anhaltspunkt" für eine angemessene Gebührenteilung mit an die Hand geben will[827], reicht dies für eine Anwendbarkeit des Kartellrechts aus. Auch eine faktische Bindung in Form von Empfehlungen genügt den Anforderungen des Begriffs „Beschluss" i.S.d. Art. 81 I EG-Vertrag, wenn die Empfänger der Empfehlung sich dieser nicht entziehen können, ohne Nachteile rechtlicher, wirtschaftlicher oder gesellschaftlicher Art in Kauf zu nehmen.[828] Fraglich ist, ob § 22 BORA im Sinne des Allgemeinwohls erforderlich ist. Zunächst ist er nicht den Grundrechten und Grundpflichten des Anwalts zuzuordnen. Es ist auch nicht ersichtlich, welche Form von Verbraucherschutz durch § 22 BORA gewährleistet wird. Die Vorschrift soll dem Schutz der an einer Gebührenteilung beteiligten Rechtsanwälte dienen.[829] Teilweise wird sie auch als überflüssig bezeichnet.[830] Die Frage stellt sich, inwieweit der Rechtsanwalt in der vorliegenden Situation schutzbedürftig ist. Eine Rechtfertigung im Allgemeininteresse ist nicht ersichtlich. Im Übrigen kann es dem Anwalt überlassen bleiben, was er als angemessene Gebührenteilung ansieht.

dd) § 23 – Abrechnungsverhalten

Die Vorschrift bestimmt die anwaltliche Pflicht, spätestens nach Beendigung des Mandats abzurechnen. Sie dient dem Schutz des Mandanten, indem er sich schnell einen Überblick über seine finanzielle Belastung machen kann. Es ist nicht ersichtlich, dass daraus eine Wettbewerbsbeschränkung gefolgert werden kann. Die Vorschrift dient jedenfalls zum Schutze des Mandanten.

---

825 *Hartung/Holl*, BORA, § 22 Rn. 55.

826 Vgl. *Henssler/Prütting*, BRAO, § 59b Rn. 55.

827 *Hartung/Holl*, BORA, § 22 Rn. 58.

828 *Schröter/Jakob/Mederer,* Art. 81 Rn. 82.

829 *Hartung/Holl*, BORA, § 22 Rn. 58.

830 *Kleine-Cosack*, BRAO, § 22 BORA.

g) Sechster Abschnitt – Besondere Berufspflichten gegenüber der Rechtsanwaltskammer, deren Mitgliedern und gegenüber Mitarbeitern

aa) § 24 – Pflichten gegenüber der Rechtsanwaltskammer

Absatz 1 führt diejenigen Informationen auf, bezüglich derer den Rechtsanwalt gegenüber der Rechtsanwaltskammer eine Anzeigepflicht trifft. Absatz 2 beinhaltet eine Auskunfts- und Vorlagepflicht. § 24 BORA betrifft damit nur organisatorische und verfahrenstechnische Pflichten, die keinen unmittelbaren Bezug zur wirtschaftlichen Tätigkeit des Rechtsanwalts besitzen und zur ordnungsgemäßen Berufsausübung des Rechtsanwalts erforderlich sind.

bb) § 25 – Beanstandungen gegenüber Kollegen

Die Vorschrift des § 25 BORA verpflichtet den Rechtsanwalt, der einen anderen Rechtsanwalt darauf hinweisen will, dass er gegen Berufspflichten verstoße, zur Vertraulichkeit. Dahinter steht der Gedanke, dass auf diesem Weg Meinungsverschiedenheiten bereinigt werden können, ohne Mandanten zu verunsichern oder das Ansehen einzelner Anwälte bzw. der gesamten Anwaltschaft zu schmälern. Eine wettbewerbsregelnde Tendenz ist nicht erkennbar.

cc) § 26 – Beschäftigung von Rechtsanwälten und anderen Mitarbeitern

Die Regelung fordert angemessene Bedingungen für die Beschäftigung von Rechtsanwälten und Mitarbeitern. Die Vorschrift regelt die Ausgestaltung von Beschäftigungsverhältnissen innerhalb einer Kanzlei. Darüber hinaus existieren vergleichbare Rechtsvorschriften aus dem allgemeinen Zivilrecht sowie dem öffentlichen Recht, an die sich auch ein Rechtsanwalt zu halten hat.[831] Die Vorschrift betrifft die wirtschaftliche Tätigkeit des Anwalts als Arbeitgeber. Es stellt sich die Frage, ob in der BORA die „Verhaltensweise" des Anwalts gegenüber seinen Mitarbeitern geregelt werden muss oder ob sich das nicht vielmehr aus den privatrechtlichen Vertragsbeziehungen bzw. aus der Privatautonomie ergeben sollte. Muss in Absatz 2 wirklich vorgeschrieben sein, dass der Anwalt andere Mitarbeiter und Auszubildende nicht zu unangemessenen Bedingungen beschäftigen darf?

dd) § 27 – Beteiligung Dritter

Sinn und Zweck der Vorschrift ist es, so genannte Gewinn-Pools zu verhindern, die von Anwälten mit Angehörigen anderer Berufe außerhalb von zulässigen Sozietäten i.S.d. § 59a BRAO gebildet werden können. Von einer Beschränkung der wirtschaftlichen Tätigkeit kann ausgegangen werden. Dahinter steht der Ge-

831 *Hartung/Holl*, BORA, § 26 Rn. 10.

danke des Schutzes des Rechtsanwalts als unabhängiges Organ der Rechtspflege. Eine Gewinnabführung der gesetzlich bestimmten bzw. individuell vereinbarten Gebühren schmälert die finanzielle Basis und kann zu einer Beeinträchtigung oder Beseitigung der für den Rechtsanwalt notwendigen Eigenständigkeit führen. Damit gilt die Vorschrift zur Wahrung der Unabhängigkeit. Teilweise wird das Vorhandensein einer Ermächtigungsgrundlage bezweifelt. Eine nennenswerte praktische Bedeutung ist nicht zu verzeichnen.[832] Die Frage stellt sich, ob die Vorschrift notwendig ist.

ee) § 28 – Ausbildungsverhältnisse

Die Vorschrift basiert auf § 59b II Nr. 8 BRAO. Sie bestimmt eine umfassende Verpflichtung des Rechtsanwalts zur Förderung des Ausbildungserfolgs. § 28 BORA beschränkt nicht die wirtschaftliche Tätigkeit des Anwalts, sondern hält ihn an, seinen Ausbildungspflichten nachzukommen. Ein Verstoß gegen Art. 81 I EG-Vertrag ist nicht ersichtlich.

h) Siebter Abschnitt – Besondere Berufspflichten im grenzüberschreitenden Verkehr

– *§ 29 – Berufsordnung und CCBE-Berufsregeln*

Eine gewisse Problematik eröffnet die statische Verweisung des § 29 BORA auf die CCBE-Berufsregeln.[833] Zwar enthält § 59b II Nr. 9 BRAO die Ermächtigung für die Satzungsversammlung, die besonderen Berufspflichten im grenzüberschreitenden Verkehr zu regeln. Es handelt sich um eine „Pauschalermächtigung". Hier kann man in der Tat davon ausgehen, dass das zweite vom EuGH in *Wouters* vorgestellte Modell (Ermächtigungsmodell) vorliegt. Unter der Prämisse, dass die BORA als Beschluss der Bundesrechtsanwaltskammer einer unmittelbaren kartellrechtsrelevanten Prüfung unterliegt, muss das für die Berufsregeln des CCBE „erst recht" gelten. Der CCBE wäre in dieser Schlussfolgerung die Unternehmensvereinigung der Unternehmensvereinigungen der nationalen Anwaltsorganisationen.[834] Diese Konstruktion ist dem deutschen Modell ähnlich, wonach die BRAK die Dachorganisation der regionalen Rechtsanwaltskammern ist, welche ihrerseits selbst Unternehmensvereinigungen sind.[835]

Damit ist also § 29 BORA nicht unmittelbar problematisch i.S.v. Art. 81 I EG-Vertrag, da diese Vorschrift aufgrund ausdrücklicher Ermächtigung des § 59b BORA erlassen wurde. Problematisch ist jede einzelne Regel des CCBE, soweit

---

832 *Hartung/Holl*, BORA, § 27 Rn. 16; *Kleine-Cosack*, BRAO, § 27 BORA.

833 Vgl. die Darstellung in: *Hartung/Holl*, BORA, § 29 Rn. 58 ff.

834 Vgl. *Kilian*, WRP 2002, 802, 808.

835 Vgl. Europäische Kommission, Entscheidung vom 30.11.1994, ABl.EG 1994 Nr. L 343/1 (Zement), Rn. 44; vgl. *Gleiss/Hirsch*, EGKartR, Art. 81 I Rn. 71.

sie nicht nur deontologische Vorgaben enthält. Hierzu gehören insbesondere die Vorschriften gegen eine Quota-litis-Vereinbarung nach Nr. 3.3, die Regelungen gegen Honoraraufteilungsabsprachen mit anderen als Rechtsanwälten nach Nr. 3.6, die Normierung gegen das Verlangen oder die Annahme eines Vermittlungshonorars gemäß Nr. 5.4.

Einerseits stellt sich die Frage im Hinblick auf die bereits bestehenden CCBE-Regelungen, die ihrerseits kartellrechtskritisch sind: Wie wirkt sich dies auf § 29 BORA aus? Wird dieser damit auch problematisch? Wie wirkt sich die Rechtsaufsicht des Bundesministeriums der Justiz nach § 191e BRAO aus, dem ausdrücklich auch die europarechtliche Prüfungskompetenz beigemessen wird.[836] Andererseits muss die Satzungsversammlung nach jeder Überarbeitung der CCBE-Berufsregeln durch den CCBE darüber zu entscheiden haben, ob die Änderungen kartellrechtskonform sind und der statische Verweis auf die neue Fassung der europäischen Berufsregeln erfolgen soll.[837] Wenn sich herausstellt, dass eine Norm innerhalb der CCBE kartellrechtswidrig wäre, stellt sich die Frage, wie sich dies auf § 29 BORA auswirkt.

i) Achter Abschnitt – Besondere Berufspflichten bei beruflicher Zusammenarbeit

aa) § 30 – Zusammenarbeit mit Angehörigen anderer Berufe

Durch § 30 BORA soll erreicht werden, dass die Regeln der Berufsordnung auch dann gelten, wenn der Rechtsanwalt sich mit Angehörigen anderer Berufe i.S.d. § 59a I BRAO zusammenschließt. Unter systematischen Gesichtspunkten ist § 30 BORA daher in enger Verbindung zu § 33 BRAO, insbesondere dessen Absatz 2 zu sehen. Nach Ansicht im Schrifttum[838] ist § 30 BORA genauso wie § 31 BORA aufgrund fehlender Ermächtigungsgrundlage verfassungswidrig, da § 59b BRAO keine Ermächtigung für eine Regelung darstellt, die Angehörige anderer Berufe betrifft. § 30 BORA betrifft jedoch nicht die Zulässigkeit der Zusammenarbeit zwischen Angehörigen verschiedener Berufe an sich. Er legt vielmehr fest, dass Angehörige anderer Berufe i.S.d. § 59a I BRAO die anwaltliche Berufsordnung im Falle einer Zusammenarbeit beachten müssen. Es sind daher entsprechende Vereinbarungen erforderlich. Diese Voraussetzung für eine Zusammenarbeit mit anderen Berufsgruppen schränkt den Anwalt in seiner wirtschaftlichen Tätigkeit ein.

---

[836] Vgl. zur Letztentscheidungsbefugnis *Eichele/Happe*, NJW 2003, 1214, 1216 ff.; zum Umfang des Prüfungsrechts: *Henssler/Prütting*, BRAO, § 191e Rn. 3; *Feuerich/Weyland*, BRAO, § 191e Rn. 2.

[837] Vgl. Zum Verfahren innerhalb von § 29 BORA: *Hartung/Holl*, BORA, § 29 Rn. 74.

[838] *Hartung/Holl*, BORA, § 30 Rn. 3a.

Fraglich ist, ob von einer Rechtfertigung im Allgemeininteresse ausgegangen werden kann. Vertretbar wäre, dass zur Sicherstellung der berufsrechtlichen Regelungen für Anwälte eine solche Regelung notwendig ist. Würdigt man hier also die Zielsetzung der Vorschrift, kommt man zu dem Ergebnis, dass hier lediglich Gewähr geboten werden soll für die Integrität der Rechtspflege und das Vertrauen des Mandanten. Teilweise wird der Vorschrift die praktische Bedeutung abgesprochen. In der Praxis allein von Bedeutung sei die von § 30 BORA nicht einmal ansatzweise geregelte Frage, welches Berufsrecht bei divergierenden Berufsrechtsregimen gilt.

bb) § 31 – Sternsozietät

§ 31 verbietet die Sternsozietät unter Rechtsanwälten, das heißt, ein Anwalt darf nicht mehr als einer Sozietät angehören. Das frühere Verbot der Beteiligung an einer Sternsozietät unter Einbeziehung der nichtanwaltlichen Sozien wurde durch Beschluss des BGH vom 21. Juni 1999 für teilweise verfassungswidrig erklärt und daraufhin von der Satzungsversammlung am 16. Februar 2001 geändert.[839] Die aufgehobene Vorschrift war nicht von der Ermächtigung der §§ 59a I 1, 59b II Nr. 8 gedeckt.[840] Aber auch die jetzt vorliegende Regelung erscheint problematisch. Da dies die wirtschaftliche Tätigkeit des Anwalts berührt, liegt eine Wettbewerbsbeschränkung vor.

Eine Rechtfertigung aus Gesichtspunkten des Allgemeininteresses ist problematisch. Das Verbot in Satz 2 gilt unterschiedslos für nationale und europäische (im Übrigen auch internationale) Sozietäten und steht damit im Widerspruch zum Europarecht, insbesondere zur Niederlassungsfreiheit.[841]

Aber auch vor dem Hintergrund des europäischen Kartellrechts ist schwer ersichtlich, warum diese Beschränkung im Allgemeininteresse gerechtfertigt sein soll.

cc) § 32 – Beendigung einer beruflichen Zusammenarbeit

§ 32 BORA beabsichtigt, Konflikte zu lösen, die häufig im Zusammenhang mit der Beendigung der beruflichen Zusammenarbeit – egal in welcher Form diese betrieben wurde – entstehen.[842] Da die Auflösung einer Zusammenarbeit mit Restriktionen verbunden wird, besteht ein unmittelbarer Bezug zur wirtschaftlichen Tätigkeit des Anwalts. Durch die wettbewerbsbeschränkende Wirkung ist der Anwendungsbereich des Art. 81 EG-Vertrag eröffnet.

---

839 *Hartung/Holl*, BORA, § 31 Rn. 1.

840 *Feuerich/Weyland*, BRAO, § 32 BORA Rn. 1.

841 *Hartung/Holl*, BORA, § 31 Rn. 31

842 *Feuerich/Weyland*, BRAO, § 32 BORA Rn. 1

Zwar schränkt der § 32 BORA den Wettbewerb insofern ein, dass ein Anwalt die Zusammenarbeit nicht ohne Pflichten aus einer Sozietät oder dergleichen beenden kann. Zur Sicherstellung der Integrität des Berufs, insbesondere um des Mandanten willen, erscheint eine spezielle Vorschrift notwendig. § 32 BORA dient damit ebenfalls der ordnungsgemäßen Ausübung des Berufs.

dd) § 33 – Geltung der Berufsordnung bei beruflicher Zusammenarbeit

§ 33 I BORA dient der Klarstellung, dass die Berufsregeln für alle rechtlichen Formen der Zusammenarbeit gelten. In der Praxis bleibt offen, wie der einzelne Rechtsanwalt nach § 33 II BORA sicherstellen soll, dass die „Organisation" die Berufsregeln einhält. Die wirtschaftliche Tätigkeit wird nicht unmittelbar betroffen.

j) Neunter Abschnitt – Anwendungsbereich

– *§ 34 – weitere Mitglieder der Rechtsanwaltskammer, ausländische Rechtsanwälte*

§ 34 BORA eröffnet die Berufsordnung für Rechtsanwälte für europäische Rechtsanwälte nach dem EuRAG entsprechend ihrer niedergelassenen oder dienstleistenden Tätigkeit und für ausländische Anwälte nach § 206 BRAO und Inhaber einer Rechtsberatungserlaubnis nach §§ 2 ff. RBerG. Es handelt sich also nicht um eine Marktbeschränkungsvorschrift, sondern um eine Marktzugangsvorschrift.

k) Dritter Teil – Schlussbestimmungen

– *§ 35 – In-Kraft-Treten und Ausfertigung*

Diese Vorschrift hat keine kartellrechtliche Relevanz.

D. Endergebnis

Beschlüsse der Satzungsversammlung i.S.v. § 191d I 1, 1. Halbsatz BRAO fallen nicht unter den Anwendungsbereich des europäischen Wettbewerbs- und Kartellrechts. Sie stellen keine Beschlüsse einer Unternehmensvereinigung dar. § 59b BRAO berücksichtigt das vom EuGH geforderte „Allgemeininteresse". Zwar wird dieses nicht ausdrücklich erwähnt, jedoch ist die Berücksichtigung des Tatbestandsmerkmals „Allgemeininteresse" bei einem verfassungsgemäßen Gesetz verfassungsimmanent. Nur ein am Gemeinwohl orientiertes Gesetz kann ein verfassungsgemäßes einschränkendes Gesetz i.S.v. Art. 12 GG sein. Außerdem regelt § 59b BRAO das Wesentliche selbst, lediglich Berufsausübungsregelungen werden auf die Satzungsversammlung delegiert. Schließlich wird durch das Bundesministerium der Justiz aufgrund von § 191e BRAO die Letztentscheidungsbefugnis ausgeübt. Damit bleibt die Satzungsgebung der BRAK staatliches Recht im Sinne der Voraussetzungen des EuGH.

Selbst wenn man mit der Mindermeinung oder im Rahmen der „Staatentreueprüfung" davon ausgeht, dass das deutsche Anwaltssatzungsrecht dem Kartellrecht unterliegt, so lässt sich festhalten, dass sich der Großteil der Normen als unerlässlich erweist. Schwerpunkte des anwaltlichen Berufsrechts bleiben als wettbewerbskonform erhalten.

Unabhängig von allen wettbewerbsrechtlichen Untersuchungen bleibt jedenfalls festzustellen, dass eine einseitige wettbewerbsrechtliche Betrachtungsweise dem deutschen Berufsrecht der Rechtsanwälte nicht gerecht wird. Das deutsche Berufsrecht garantiert den Zugang zum Recht für alle Bürger und es gewährleistet gleichzeitig die materielle Gerechtigkeit, indem sichergestellt wird, dass nur qualitativ hochwertige Rechtsdienstleistungen dem Bürger angeboten werden.

Das Rechtsstaatsprinzip ist keine Theorie, sondern wird gelebt und muss geschützt werden. Der Rechtsanwalt als Teil der Rechtspflege ist wesentlicher Teil des Rechtsstaats. Er ermöglicht dem Einzelnen, Rechte gegenüber dem Staat geltend zu machen. Die essentielle Bedeutung des Rechtsanwalts als Teil des grundgesetzlich geschützten Rechtsstaats wird deutlich durch § 1 BRAO. Der Anwalt ist „Organ der Rechtspflege", indem er qualifiziert sowohl gerichtlich als auch außergerichtlich vertritt und berät. Er hat damit nicht nur die Rechte seines Mandanten sorgfältig zu wahren, darüber hinaus tritt er an die Seite der Gerichte und Staatsanwaltschaften als eigenständiges, gleich geordnetes Organ der Rechtspflege und dient damit dem Allgemeininteresse.[843] Die Qualität der Beratung wird durch die Ausbildungsregelungen und die Berufsausübungsrege-

[843] Vgl. *Jessnitzer/Blumberg*, BRAO, § 1 Rn. 1.

lungen gewährleistet. Das Berufsrecht dient aber nicht nur der Qualitätserhaltung. Dem könnte entgegengehalten werden, dass auch der Freie Markt Qualität hervorbringt, indem die qualitativ schlechter Praktizierenden vom Markt verdrängt werden. Das Berufsrecht selbst schützt den Mandanten und dient damit im Wesentlichen dem Allgemeininteresse. Die besondere Rolle des Rechtsanwalts in der Gesellschaft macht es erforderlich, dass gewisse Einschränkungen allgemeiner wirtschaftlicher Betätigungsfreiheit geboten sein können.

E. Thesen

1. Die Marktzugangsöffnung als erste Stufe der Entwicklung des europäischen Binnenmarktes ist im deutschen Anwaltsberufsrecht weitgehend abgeschlossen.

2. Die Problematik der „Double Deontology“ ist als „left over“ auf europäischer Ebene noch zu lösen.

3. Das europäische Wettbewerbs- und Kartellrecht ist für das deutsche Anwaltsberufssatzungsrecht nicht unmittelbar anwendbar, weil es sich um staatliches Recht im Sinne des EuGH handelt.

4. Der deutsche Gesetzgeber hat der deutschen Anwaltsselbstverwaltung die wesentlichen Vorgaben und bestimmte Allgemeininteressen zu einem Satzungserlass vorgegeben. Das Bundesministerium der Justiz besitzt eine Letztentscheidungsbefugnis im Sinne des EuGH.

5. Auch das BVerfG geht davon aus, dass das deutsche Anwaltsberufssatzungsrecht staatliches Recht im Sinne des EuGH ist.

6. Die Einführung eines Korrektivs im Tatbestand des Art. 81 I EG-Vertrag bei der Prüfung des niederländischen Satzungsrechts dahin, dass eine zur ordnungsgemäßen Berufsausübung erforderliche Regelung unbedenklich ist – und die damit verbundene Ausnahme vom Kartellverbot wegen Allgemeinwohlinteressen – bedeutet eine Stärkung des Anwaltsberufs.

7. Der EuGH anerkennt die Grundprinzipien der Anwaltschaft (Unabhängigkeit, Verschwiegenheit, Verbot widerstreitender Interessen) und die damit verbundenen Regelungen als wettbewerbsfest.

8. Im Übrigen anerkennt der EuGH alle Berufsregelungen in Form des Satzungsrechts, wenn es zwar die wirtschaftliche Tätigkeit des Anwalts berührt, aber im Allgemeininteresse erforderlich ist.

9. Das vom EuGH angewandte Korrektiv im Bereich des Wettbewerbsrechts entspricht der Eingriffsrechtfertigung im Bereich der Grundfreiheiten und dem deutschen Prinzip der Verhältnismäßigkeit.

10. Das BVerfG prüft die Verhältnismäßigkeit aller berufsrechtlichen Satzungsregelungen nach demselben Prinzip wie der EuGH. Die deutschen Anwaltssatzungsregelungen sind daher grundsätzlich wettbewerbskonform.

11. Der deutsche Rechtsanwalt ist mehr als nur Unternehmer; er ist als Organ der Rechtspflege Garant des Rechtsstaats. Eine Beurteilung der deutschen Anwaltschaft nur nach dem Wettbewerbsrecht wird der verfassungsmäßigen Aufgabe des Rechtsanwalts nicht gerecht.

Literaturverzeichnis

Achterberg, Norbert: Allgemeines Verwaltungsrecht, 2. Aufl., Heidelberg 1988

Andresen, Ole: Anmerkung zum Wouters-Urteil, DVBl. 2002, 685 ff.

Bechthold, Rainer: EG-Gruppenfreistellungsverordnungen – eine Zwischenbilanz, EWS 2001, 49 ff.

Becker-Eberhard, Eckehard: Zum Inkrafttreten des neuen anwaltlichen Berufsrechts und zur Zulässigkeit von Sternsozietäten, JZ 2000, 418 ff.

Bergmann, Jan / *Kenntner,* Markus (Hrsg.): Deutsches Verwaltungsrecht unter europäischem Einfluss, Stuttgart 2002

Berscheid, Gérard / *Kirschbaum*, Christiane: Freie Berufe in der EG, Bonn 1991

Blaurock, Uwe (Hrsg.): Der Binnenmarkt und die Freiheit der freien Berufe in Deutschland und Schweden, Baden-Baden 1997

Bleckmann, Albert: Europarecht, 6. Aufl., Köln 1997

Braun, Anton: Die Neuordnung des anwaltlichen Berufsrechts und ihr Verbraucherschutz, WuV 2002, 230 ff.

– Der Umfang der Selbstverwaltung der Anwaltschaft, BerlAnwBl. 2003, 209 ff.

Calliess, Christian / *Ruffert,* Matthias (Hrsg.): Kommentar des Vertrages über die Europäische Union und des Vertrages zur Gründung der Europäischen Gemeinschaft, Neuwied 1999

Darázs, Leonard: EG-Vertriebsrecht und assoziiertes Kartellrecht, EuZW 2003, 138 ff.

Detken, Dirk: Das Wesen des Anwaltsberufs kann der Zusammenarbeit zwischen Rechtsanwälten und Wirtschaftsprüfern entgegenstehen – die Schlussanträge im NOVA-Verfahren, ÖstAnwBl. 2001, 588 ff.

Eich, Alexander: Anmerkung zu Wouters und Arduino, WPK-Mitt. 2002, 153 ff.

Eichele, Wolfgang: Anmerkung zu den Urteilen Wouters und Arduino, EuZW 2002, 182 ff.

Eichele, Wolfgang / *Happe*, Eike: Verstoßen die BORA und die FAO gegen das europäische Kartellrecht, NJW 2003, 1214 ff.

Erichsen, Hans Uwe (Hrsg.): Allgemeines Verwaltungsrecht, 11. Aufl., Berlin 1998

Ewig, Eugen: Niederlassungsfreiheit für Anwälte in Europa, BRAK-Mitt. 1996, 13 ff.

Feuerich, Wilhelm: Bundesrechtsanwaltsordnung, München 1987

Feuerich, Wilhelm / *Braun*, Anton: Bundesrechtsanwaltsordnung, 3. Aufl., München 1995; 5. Aufl., München 2000 (zit.: Feuerich/Braun, BRAO, Aufl.)

Feuerich, Wilhelm / *Weyland*, Dag: Bundesrechtsanwaltsordnung, 6. Aufl., München 2003

Fleischhauer, Jens: Europäisches Gemeinschaftsrecht und notarielles Berufsrecht, DNotZ 2002, 325 ff.

Forsthoff, Ernst: Lehrbuch des Verwaltungsrechts, 10. Aufl., München 1973

Franz, Kurt: Neues Niederlassungsrecht für europäische Rechtsanwälte, BB 2000, 989 ff.

Froehlinger, Margot: Die rechtsberatenden Berufe im Binnenmarkt, AnwBl. 2003, 200 ff.

Gerold, Wilhelm / *Schmidt*, Herbert / *Eicken*, Kurt v. / *Madert*, Wolfgang: Bundesgebührenordnung für Rechtsanwälte, 15. Aufl., München 2002

Gleiss, Alfred / *Hirsch*, Martin / *Burkert*, Thomas: Kommentar zum EG-Kartellrecht, Band I, Art. 85 und Gruppenfreistellungsverordnungen, 4. Aufl., Heidelberg 1993

Grabitz, Eberhard / *Hilf*, Meinhard (Hrsg.): Das Recht der Europäischen Union Band I, 18. Ergänzungslieferung, München 2001

Groß, Thomas: Was bedeutet „Fachaufsicht"?, DVBl. 2002, 793 ff.

Haas, Eberhard: Unabhängigkeit der Anwaltschaft und Berufsfreiheit, BRAK-Mitt.1992, 65 f.

Hartung, Wolfgang: Anmerkung zu Wouters, EWS 2002, 133

Hartung, Wolfgang / *Holl*, Thomas (Hrsg.): Anwaltliche Berufsordnung, 2. Aufl., München 2001 (zit.: Hartung/Holl)

Hellwig, Hans-Jürgen: Niederlassungsrichtlinie, AnwBl. 1997, 556 f.

– Anwaltliche Honorargestaltungen, AnwBl. 1998, 623 ff.

– Überlegungen zu anwaltlichen Spezialistenbezeichnungen, AnwBl. 2003, 613 ff.

– Unterschiede der nationalen Berufsrechte, BRAK-Mitt. 2002, 52 ff.

Henssler, Martin: Satzungsrecht der verkammerten Berufe und europäisches Kartellverbot, JZ 2002, 983 ff.

Henssler, Martin / *Kilian*, Matthias: Positionspapier zur Studie des Instituts für Höhere Studien in Wien: Economic Impact Of Regulation In The Field Of Liberal Professions in Different Member States, Köln 2003, bisher unveröffentlicht

Henssler, Martin / *Prütting*, Hanns: Bundesrechtsanwaltsordnung, 2. Aufl., München 2004

Huff, Martin: Kammersystem und Europäischer Gerichtshof, Editorial, Heft 3, Stbg 2002

Hund, Thomas: Zur Vereinbarkeit des von einer Berufskammer erlassenen Standesrechts mit Europäischen Gemeinschaftsrecht, DStR 2002, 519 f.

– Zur Vereinbarkeit der italienischen Rechtsanwaltsgebührenverordnung mit dem EG-Vertrag, DStR 2002, 652

Immenga, Ulrich / *Westmäcker*, Ernst Joachim (Hrsg.): EG-Wettbewerbsrecht, München 1997

Isensee, Josef / *Kirchhoff*, Paul (Hrsg.): Handbuch des Staatsrechts III, Heidelberg 1988, 591 f.

Jaeger, Renate: Die Delegation von Normsetzung durch öffentlich-rechtlich delegierte Kammern und das Gemeinwohl im zusammenwachsenden Europa, Stbg 2002, 163 ff.

Jellinek, Georg (bearbeitet von *Jellinek*, Walter): Allgemeine Staatslehre, 3. Aufl., Berlin 1914, 5. Neudruck Berlin 1928

Jessnitzer, Kurt / *Blumberg*, Ernst: Bundesrechtsanwaltsordnung, 9. Aufl., 2000

Kadelbach, Stefan: Allgemeines Verwaltungsrecht unter europäischem Einfluss, Tübingen 1999

Kilian, Matthias: Anmerkung zu Wouters und Arduino, MDR 2002, 850 f.

– Europäisches Kartellrecht und nationales Satzungsrecht berufsautonomer Körperschaften – Die Entscheidungen des EuGH in den Verfahren Wouters und Arduino –, WRP 2002, 802 ff.

– Was will uns das Bundesverfassungsgericht sagen – Der Nichtannahmebeschluss des BVerfG vom 21.11.2002 –, AnwBl. 2003, 256 ff.

Klein, Andreas / *Ott*, Eberhard / *Zerdick*, Thomas: Tätigkeit europäischer Rechtsanwälte in Deutschland, Stuttgart 2002

Kleine-Cosack, Michael: Berufsständische Autonomie und Grundgesetz, Baden Baden 1986 (zit.: Kleine-Cosack, Berufsständische Autonomie und Grundgesetz)

– Bundesrechtsanwaltsordnung, 4. Aufl., München 2003 (zit.: Kleine-Cosack, BRAO)

Koch, Harald / *Eichele*, Wolfgang: Auswirkungen des kartellrechtlichen CIF-Urteils des EuGH auf die Anwaltschaft, NJW 2004, 334 ff.

König, Michael: Standesrechtliche Wettbewerbsbeschränkungen im gemeinsamen Markt, Baden-Baden 1997

– Wettbewerbbeschränkendes Standesrecht im Lichte der Artt. 5 Abs. 2, 3 lit. g, 85 ff. EGV, DZWir 1997, 359 ff.

Köppen, Martina: Gruppenfreistellungsverordnungen, Wirksamkeit und Rechtsschutz, Frankfurt am Main 2000

Lach, Barbara: Die Möglichkeiten der Niederlassung europäischer Rechtsanwälte in Deutschland, NJW 2000, 1609 ff.

Lenz, Rita: Preiswettbewerb unter Rechtsanwälten, Baden-Baden 1998

Lingenberg, Joachim / *Hummel*, Fritz / *Zuck*, Rüdiger / *Eich*, Alexander: Grundsätze des anwaltlichen Standesrechts, 2. Aufl., Köln 1988

Lörcher, Heike: EG-Niederlassungsrichtlinie für Rechtsanwälte endlich verabschiedet, BRAK-Mitt.1998, 9 ff.

– Anwaltliches Berufsrecht und europäisches Wettbewerbsrecht, NJW 2002, 1092 f.

Lörcher, Heike / *Eichele*, Wolfgang: Verbot bestimmter Formen der Zusammenarbeit zwischen Rechtsanwälten und Wirtschaftsprüfern kann gerechtfertigt sein, BRAK-Mitt. 2001, 218 ff.

Mailänder, K. Peter: Das Recht der Anwaltschaft im Spannungsfeld des Gemeinschaftsrechts, Der Syndikus 2001, 15 ff.

– Die Auswirkungen der EuGH-Urteile auf das nationale Berufsrecht in Deutschland, BRAK-Mitt. 2003, 114 ff.

Maunz, Theodor / *Dürig,* Günter u.a. (Hrsg.): Grundgesetz Kommentar, Band III, 42. Ergänzungslieferung, München 2003 (zit.: Bearbeiter, in: Maunz/Dürig)

Maurer, Hartmut: Allgemeines Verwaltungsrecht, 13. Aufl., München 2000

Michalski, Lutz / *Römermann*, Volker: Das europäische Kartellrecht der freien Berufe, AnwBl. 1996, 191 ff.

Möstl, Markus: Freiheit und Gebundenheit der Freien Berufe – Die Freien Berufe auf dem Prüfstand des Verfassungs- und Europarechts –, WuV 2003, 213 ff.

Oppermann, Thomas: Europarecht, 2. Aufl., München 1999

Pohl, Kai-Thomas: Der Einfluss der Rechtsprechung des EuGH auf das anwaltliche Berufsrecht, BerlAnwBl. 2002, 457 ff.

Rabe, Hans-Jürgen: Internationales Anwaltsrecht – Dienstleistung und Niederlassung, NJW 1987, 2185 ff.

– Dienstleistungs- und Niederlassungsfreiheit der Rechtsanwälte in der EG, AnwBl. 1992, 146 ff.

Redeker, Konrad: Anwaltschaft zwischen Freiheit und Bindung, AnwBl. 1988, 14 ff.

– Probleme der Satzungsversammlung, AnwBl. 1995, 217 ff.

Römermann, Volker: Anwaltliche Berufsordnung – Ende oder Neuanfang?, NJW 1998, 2249 ff.

– Berufsordnungen freier Berufe als verbotene Kartelle, MDR 1998, 1149 ff.

– EuGH-Entscheidungen zum Kartellrecht der Anwälte, Anwalt 4/2002, 48

Römermann, Volker / *Wellige*, Carsten: Rechtsanwaltskartelle – oder: Anwaltliches Berufsrecht nach den EuGH-Entscheidungen Wouters und Arduino, BB 2002, 633 ff.

Sagawe, Christian: Rechtsanwaltvergütung und EU-Gemeinschaftsrecht, ZRP 2002, 281 ff.

Schaub, Alexander: Europäisches Wettbewerbsrecht und anwaltliches Berufsrecht, AnwBl. 2002, 18f.

Schiefer, Wolfgang: Anwalt im Zeitalter der Dienstleistung, NJW 1987, 1969 ff.

Schlosser, Peter: Verstoß einer festgesetzten Gebührenordnung gegen europäisches Wettbewerbsrecht, JZ 2002, 454 f.

– Von der Niederlassungsfreiheit für Rechtsanwälte zum Europäischen Wettbewerbsrecht, EuLF 2002, 94 ff.

Schmitz, Stefan: Doch eine Rule of Reason im deutschen Kartellrecht, WuW 2002, 6 ff.

Schröter, Helmuth / *Jakob*, Thinam / *Mederer,* Wolfgang (Hrsg.): Kommentar zum Europäischen Wettbewerbsrecht, Baden-Baden 2003

Schwarze, Jürgen (Hrsg.): EU-Kommentar, Baden-Baden 2000 (zit.: Bearbeiter, in: Schwarze, EU-Kommentar)

Seltmann, Julia v.: Umsatzeinbrüche – Einkommen der Anwälte gesunken, BRAK-Magazin 2/2003, 12

Senniger, Erhard: Deregulierung und Selbstbestimmung – Die Anwaltschaft im Spannungsfeld zwischen ihrer Stellung als „unabhängiges Organ der Rechtspflege" und den Entwicklungen des europäischen Gemeinschaftsrechts, AnwBl. 1990, 238 ff.

Stern, Klaus: Das Staatsrecht der Bundesrepublik Deutschland, Band I, München 1984; Band II, München 1980 (zit.: Stern, Staatsrecht der Bundesrepublik Deutschland I bzw. II)

Stopper, Martin: Leitlinien für Horizontalvereinbarungen: Ende des Regel-Ausnahme-Prinzips von Art. 81 EG?, EuZW 2001, 426 ff.

Tettinger, Peter: Zum Tätigkeitsfeld der Bundesrechtsanwaltskammer, München 1985 (zit.: Tettinger, Tätigkeitsfeld der Bundesrechtsanwaltskammer)

– Das Recht der wirtschaftlichen und der freiberuflichen Selbstverwaltung, München 1997 (zit.: Tettinger, Recht der wirtschaftlichen und der freiberuflichen Selbstverwaltung)

Weil, Heinz: Der Rechtsanwalt – ein Unternehmer besonderer Art, BRAK-Mitt. 2002, 50 ff.

Weitbrecht, Andreas: Die Verordnung (EG) 1/ 2003, Beilage zu NJW 2003, Heft 3, 1

Rechtsprechungsverzeichnis

Amerikanische Entscheidungen

U.S. v. Trans-Missouri Freight Association, 166 U.S. 290 (1897)

Standard Oil Co. Of New Jersey v. U.S., 211 U.S. 1 (1911)

Bundesgerichtshof

BGH, Beschluss vom 16.1.1978, BGH NJW 1978, 2298

BGH, Urteil vom 1.3.2001, BGH NJW 2001, 2087

Bundesverfassungsgericht

BVerfG-Beschluss vom 14.7.1987 – 1 BvR 537/81, BVerfGE 76, 171, NJW 1988, 191

BVerfG-Beschluss vom 14.7.1987 – 1 BvR 362/79, BVerfGE 76, 196, NJW 1988, 194

BVerfG-Beschluss vom 25.4.2001, AnwBl. 2001, 510 ff.

BVerfG-Beschluss vom 16.5.2001, AnwBl. 2001, 510

BVerfG-Beschluss vom 6.7.2001, AnwBl. 2001, 509 f.

BVerfG-Beschluss vom 12.11.2001, AnwBl. 2002, 60 f.

BVerfG, 2. Kammer Erster Senat, Beschluss vom 21.11.2002 – 1 BvR 1965/02, BVerfG NJW 2003, 344 f.

BVerfG-Beschluss vom 21.11.2002, AnwBl. 2003, 304

BVerfG-Beschluss vom 3.7.2003 – 1 BvR 238/01

BVerfG-Urteil vom 14.12.1999 – 1 BvR 1327/98, BGBl. 2000 I, 54 = BRAK-Mitt. 2000, 36

BVerfG-Urteil vom 7.12.2001 – 1 BvR 1806/98

BVerfGE 7, 377 ff. = NJW 1958, 1035

BVerfGE 10, 354 ff.

BVerfGE 13, 97 ff. = NJW 1961, 2011

BVerfGE 15, 235 ff.

BVerfGE 26, 186 ff. = NJW 1969, 2192

BVerfGE 33, 125 ff. = NJW 1972, 1504

BVerfGE 36, 212 ff. = NJW 1974, 232

BVerfGE 41, 251, 263 f. = NJW 1976, 1309

BVerfGE 57, 121 ff. = NJW 1981, 2239
BVerfGE 60, 215 ff. = NJW 1982, 2487
BVerfGE 63, 266 ff. = NJW 1963, 1535
BVerfGE 64, 208 ff. = NJW 1984, 1225
BVerfGE 66, 337 ff. = NJW 1984, 2341
BVerfGE 71, 162 ff. = NJW 1986, 1533

Europäischer Gerichtshof

EuGH-Urteil vom 15.7.1964, Slg. 1964, 1251 (Costa/ENEL)

EuGH-Urteil, Rs. 8/72 vom 17.10.1972, Slg. 1972, 977 (Vereenigung van Cementhandelaren)

EuGH-Urteil, Rs. 33/74 vom 3.12.1974, NJW 1975, 1095 (Van Binsbergen)

EuGH-Urteil, Rs. 36/74 vom 12.12.1974, Slg. 1974, 1405 (Walrave und Koch)

EuGH NJW 1975, 513, 515 (Reyners)

EuGH-Urteil, Rs. 71/74 vom 15.5.1975, Slg. 1975, 563 (FRUBO/Kommission)

EuGH-Urteil, Rs. 13/76 vom 14.7.1976, Slg. 1976, 1333 (Donà)

EuGH-Urteil, Rs. 71/76 vom 28.4.1977, Slg. 1977, 765 (Thieffry)

EuGH-Urteil, Rs. 26/76 vom 25.10.1977, Slg. 1977, 1875 (Metro/Kommission)

EuGH-Urteil, Rs. 13/77 vom 16.11.1977, Slg. 1977, 2115 (GB-Inno-BM)

EuGH-Urteil vom 23.4.1991, Rs. C-41/90, Slg. 1991, I-1979 (Höfner und Elser)

EuGH-Urteil, Rs. 258/78 vom 8.6.1982, Slg. 1982, 2015 (Nungesser und Eisele/Kommission)

EuGH-Urteil, Rs. 107/83 vom 12.7.1984, Slg. 1984, 2971 = EuGH NJW 1985, 1275 ff. (Klopp)

EuGH-Urteil, Rs. 123/83 vom 30.1.1985, Slg. 1985, 391 (BNIC)

EuGH-Urteil, Rs. 42/84 vom 11.7.1985, Slg. 1985, 2545 (Remia/Kommission)

EuGH-Urteil, Rs. 161/84 vom 28.1.1986, Slg. 1986, 353 (Pronuptia)

Entscheidung Rs. 118/85 vom 16.6.1987, Slg. 1987, 2599 (Kommission/Italien I)

EuGHE 1988, 1123, 1165 (Kommission ./. BR Deutschland)

EuGH-Urteil, Rs. 267/86 vom 21.9.1988, Slg. 1988, 4769 (Van Eyke)

EuGH-Urteil, Rs. 103/88 vom 22.6.1989, Slg. 1989, 1839 (Fratelli Costanzo)

EuGH EuZW 1990, 512 (Van de Bijl)

EuGH-Urteil, Rs. C-76/90 vom 25.7.1991, Slg. 1991, I-4221 = EuGH NJW 1991 2693 f. (Säger).

EuGH-Urteil, Rs. T-11/89 vom 10.3.1992, Slg. 1992, II-757 (Shell/Kommission)

EuGH-Urteil, Rs. C-159/91 und C-160/91 vom 17.2.1993, Slg. 1993, I-637 (Poucet und Pistre)

EuGH-Urteil, Rs. C-292/92 vom 15.12.1993, Slg. 1993, I-6787 (Hünermund)

EuGH-Urteil, Rs. C-364/92 vom 19.1.1994, Slg. 1994, I-43 (SAT Fluggesellschaft)

EuGH-Urteil, Rs. C-153/93 vom 9.6.1994, Slg. 1994, I-2517 (Delta)

EuGH-Urteil, Rs. 250/92 vom 15.12.1994, Slg. 1994, I-5641 (DLG)

EuGH-Urteil, Rs. C-140/94, C-141/94, C-142-94 vom 17.10.1995, Slg. 1995, I-3407 (DIP)

EuGH-Urteil, Rs. C-96/94 vom 5.10.1995, Slg. 1995, I-2883 (Centro)

EuGH-Urteil, Rs. C-70/93 vom 24.10.1995, Slg. 1995, I-3439 ff. (BMW)

EuGH-Urteil, Rs. C-244/94 vom 16.11.1995, Slg. 1995, I-4013 (Fédération française des sociétés d'assurance)

EuGH-Urteil, Rs. C-55/94 vom 30.11.1995, Slg. 1995, I-4165 = EuGH NJW 1996, 579, 580 (Gebhard)

EuGH-Urteil, Rs. C-415/93 vom 15.12.1995, Slg. 1995, I-4921 (Bosman)

EuGH-Urteil, Rs. C-3/95 vom 12.12.1996, Slg. 1996, I-6511 = EuZW 1997, 55 (Reisebüro Broede)

EuGH-Urteil, Rs. C-343/95 vom 18.3.1997, Slg. 1997, I-1547 (Diego Cali & Figli)

EuGH-Urteil, Rs. C-359/95 P und C-379/95 P vom 11.11.1997, Slg. 1997, I-6265 (Ladbroke)

EuGH-Urteil, Rs. C-55/96 vom 11.12.1997, Slg. 1997, I-7119 (Job Centre II)

EuGH-Urteil, Rs. C-35/96 vom 18.6.1998, Slg. 1998, I-3851 (Kommission/Italien II)

EuGH-Urteil, Rs. C-266/96 vom 18.6.1998, Slg. 1998. I-3981 (Corsika Ferries)

EuGH-Urteil, Rs. C-38/97 vom 1.10.1998, Slg. 1998, I-5955 (Librandi)

EuGH-Urteil, Rs. C-67/96 vom 21.9.1999, Slg. 1999, I-5751 (Albany), Schlussanträge vom 28.1.1999, 5754

EuGH-Urteil, Rs. C-180/98 bis 184/98 vom 19.9.2000, Slg. 2000, I-6451 (Pavlov), Schlussanträge vom 23.3.2000, Slg. 2000, I-6456

EuGH-Urteil, Rs. C-281/98 vom 6.6.2000, Slg. 2000, I-4139 (Angonese)

EuGH-Urteil, Rs. C-168/98 vom 7.11.2000, Slg. 2000, I-9131 (Luxemburg)

EuGH-Urteil, Rs. C-108/96 vom 1.2.2001, Slg. 2001, I-837 (Mac Quen)

EuG-Beschluss, Rs. T-144/99 vom 28.3.2001, EuR 2001, 594 (EPI)

EuGH-Urteil, Rs. C-309/99 vom 19.2.2002, Slg. 2002, I-1577 (Wouters) = EuZW 2002, 179 ff. und Presseerklärung des EuGH vom 19.2.2002 zu diesem Urteil, Schlussanträge vom 10.7.2001, Slg. 2002, I-1582

EuGH-Urteil, Rs. C-35/99 vom 19.2.2002, Slg. 2002, I-1529 (Arduino) = EuZW 2002, 172 ff., Schlussanträge vom 10.7.2001, Slg. 2002, I-1532

EuGH-Urteil vom 9.9.2003, Rs. C-198/01, NJW 2004, 351 ff. (CIF)

Gesetze, Normen und Materialien

BRAK / Satzungsversammlung

Schreiben des Vorsitzenden der Satzungsversammlung vom 18.2.2003 an die Bundesministerin der Justiz, abgedruckt in: BRAK-Mitt. 2003, 67 f.

Protokoll des Ausschusses 5 der Satzungsversammlung vom 14.5.1996, SV-Mat. 38/96, 8 f.

Bundesrat

Entwurf eines Gesetzes zur Neuordnung des Berufsrechts der Rechtsanwälte, BR-Drucks. 93/93

Gesetz zur Neuordnung des Berufsrechts der Rechtsanwälte und der Patentanwälte, BR-Drucks. 504/94

Gesetz zur Umsetzung von Richtlinien der Europäischen Gemeinschaft auf dem Gebiet des Berufsrechts für Rechtsanwälte, BR-Drucks. 567/99

Bundesregierung

Stellungnahme der Bundesregierung in der Rs. C-309/99 vom 7.12.1999 Rn. 91, 92 (unveröffentlicht)

Bescheid des Bundesministeriums der Justiz vom 21.2.2003, eingegangen bei der BRAK am 24.2.2003, abgedruckt als amtliche Bekanntmachung in: BRAK-Mitt. 2003, 68 f.

Bundestag

BT-Drucks. III/120

BT-Drucks. III/778

Entwurf eines Gesetzes zur Neuordnung des Berufsrechts der Rechtsanwälte und Patentanwälte, BT-Drucks. 12/4993

Gesetz zur Neuordnung des Berufsrechts der Rechtsanwälte und Patentanwälte, BT-Drucks. 12/7656

Europäisches Parlament / Rat

Verordnung (EWG) des Rates 1017/68 vom 19.7.1968, ABl.EG 1968 Nr. L 175, 1 ff. für Vereinbarungen im Eisenbahn-, Straßen- und Binnenverkehr

Richtlinie 77/249/EWG des Rates vom 22.3.1977 zur Erleichterung der tatsächlichen Ausübung des freien Dienstleistungsverkehrs der Rechtsanwälte, ABl.EG

Nr. L 78/17 vom 26.3.1977

Verordnung (EWG) des Rates 4056/86 vom 22.12.1986, ABl.EG 1986 Nr. L 378, 4 ff. für bestimmte Vereinbarungen im Seeverkehr

Richtlinie 89/48/EWG des Rates vom 21.12.1988 über eine allgemeine Regelung zur Anerkennung der Hochschuldiplome, die eine mindestens dreijährige Berufsausbildung abschließen, ABl.EG Nr. L 19/16 vom 24.1.1989

Richtlinie 97/55/EG des Europäischen Parlaments und des Rates vom 6.10.1997, ABl.EG Nr. L 290 vom 23.10.1997, 18 ff. zur Änderung der Richtlinie 84/450/EWG, ABl.EG Nr. L 250 vom 19.9.1984, 17 ff. über irreführende Werbung zwecks Einbeziehung der vergleichenden Werbung

Richtlinie 98/5/EG des Europäischen Parlaments und des Rates vom 16.2.1998 zur Erleichterung der ständigen Ausübung des Rechtsanwaltsberufs in einem anderen Mitgliedstaat als dem, in dem die Qualifikation erworben wurde, ABl.EG Nr. L 77/36 vom 14.3.1998

Verordnung (EWG) Nr. 17/62 des Rates vom 6.12.1962, ABl.EG Nr. L 1962, 204, zuletzt geändert durch VO vom 10.6.1999, ABl.EG 1999 Nr. L 148, 4

Richtlinie 2001/19/EG des Europäischen Parlaments und des Rates vom 14.5.2001 zur Änderung der Richtlinien 89/48/EWG und 92/51/EWG des Rates über eine allgemeine Regelung zur Anerkennung beruflicher Befähigungsnachweise und der Richtlinien 77/452/EWG, 77/453/EWG, 78/686/EWG/, 78/687/EWG, 78/1026/EWG, 78/1027/EWG, 80/154/ EWG, 80/155/EWG, 85/384/EWG, 85/432/EWG, 85/433/EWG und 93/ 16/EWG des Rates über die Tätigkeiten der Krankenschwester und des Krankenpflegers, die für die allgemeine Pflege verantwortlich sind, des Zahnarztes, des Tierarztes, der Hebamme, des Architekten, des Apothekers, und des Arztes (ABl.EG Nr. L 206, 1)

Richtlinie 2001/97/EG des Europäischen Parlaments und des Rates vom 4.12.2001 zur Änderung der Richtlinie 91/308/EWG des Rates zur Verhinderung der Nutzung des Finanzsystems zum Zwecke der Geldwäsche, ABlEG Nr. L 344, 76 ff.

Entschließung des Europäischen Parlaments zu verbindlichen festen Honoraren vom 5.4.2001, ABl.EG 2002 Nr. C 21 E, 364 ff.

Verordnung (EG) 1/2003 des Rates vom 16.12.2002 zur Durchführung der in den Artt. 81 und 82 des Vertrags niedergelegten Wettbewerbsregeln, ABl.EG 2003 Nr. L 1, 1

Gesetze / Normen

Rechtsanwaltsdienstleistungsgesetz (RADG) vom 16.8.1980, BGBl. 1980, 1453, zuletzt geändert durch Art. 8 des Gesetzes vom 2.9.1994, BGBl. 1994, 2278

Gesetz über die Eignungsprüfung für die Zulassung zur Rechtsanwaltschaft (EPG) vom 6.7.1990, BGBl. I, 1349, zuletzt geändert durch Art. 2 der Verordnung vom 29.1.1995, BGBl. I, 142

Bundesrechtsanwaltsordnung vom 1.8.1959, BGBl. 1959 I, 565 f.

Gesetz zur Neuordnung des Berufsrechts der Rechtsanwälte und der Patentanwälte vom 2.9.1994, BGBl. 1994 I, 2278 ff.

Gesetz über die Tätigkeit europäischer Rechtsanwälte in Deutschland (EuRAG) vom 9.3.2000, BGBl. I, 182, BGBl. III 303-19, zuletzt geändert durch Gesetz zur Einführung des Euro in Rechtspflegegesetzen und in Gesetzen des Straf- und Ordnungswidrigkeitenrechts, zur Änderung der Mahnvordruckverordnungen sowie zur Änderung weiterer Gesetze vom 13.12.2001, BGBl. I, 3574

Gesetz zur vergleichenden Werbung und zur Änderung wettbewerbsrechtlicher Vorschriften vom 1.9.2000, BGBl. I, 1374

Gesetz zur Änderung des Gesetzes über die Tätigkeit europäischer Rechtsanwälte in Deutschland und weiterer berufsrechtlicher Vorschriften für Rechts- und Patentanwälte, Steuerberater und Wirtschaftsprüfer vom 26.10.2003, BGBl. I, 2074

Berufsregeln der Rechtsanwälte der Europäischen Union in der Fassung vom 28.10.1988, geändert am 28.11.1998 und am 6.12.2002, als Anlage zu § 29 der Berufsordnung für Rechtsanwälte

Kommission

Arbeitsunterlage der Kommissionsdienstellen zur Regulierung der Freien Berufe und ihre Folgen vom 27.3.2003, 2

Kommissionsbericht: Der Stand des Binnenmarktes für Dienstleistungen, KOM (2002) 441 endg. vom 30.7.2002

Vorschlag für eine Richtlinie des Europäischen Parlaments und des Rates zur Erleichterung der ständigen Ausübung des Rechtsanwaltsberufs in einem anderen Mitgliedstaat als dem, in dem die Qualifikation erworben wurde, KOM (1994) 572 endg., ABl.EG 1995 Nr. C-128/6 vom 25.5.1995, auszugsweise abgedruckt in: BRAK-Mitt. 1995, 104 f.

Kooperationsbekanntmachung vom 4.8.1990, ABl.EG 1990 Nr. C 203/10

Kommission, Entscheidung vom 30.11.1994, ABl.EG 1994 Nr. L 343/1 (Zement)

Kommission, Entscheidung vom 30.1.1995, 95/188/EG, ABl.EG 1995 Nr. L 122/37 (COAPI)

Grünbuch der Europäischen Kommission „Rolle und Haftung des Abschlussprüfers in der Europäischen Union", 96/C 321/01, ABl.EG 1996 Nr. C 321, 1

Kommission, Entscheidung vom 7.4.1999, 1999/267/EG (EPI), ABl.EG 1999 Nr. L 106/14

Sonstige Materialien

„CCBE Kompromiss von Lissabon", abgedruckt in: BRAK-Mitt. 1993, 3 ff.

Aufstellung zu Eignungsprüfungen, in: BRAK-Mitt. 2000, 241

Schweizer Freizügigkeitsabkommen mit EU, am 1.6.2002 in Kraft getreten, BGBl. II 2001, 810

Nina Lamb

Die Entwicklung und heutige Stellung der Anwaltschaft in China

Frankfurt am Main, Berlin, Bern, Bruxelles, New York, Oxford, Wien, 2003. 200 S., 4 Tab.
Europäische Hochschulschriften: Reihe 2, Rechtswissenschaft. Bd. 3647
ISBN 3-631-50964-2 · br. € 35.–*

Der rasante Aufbau einer Anwaltschaft in der VR China stößt im Ausland auf großes Interesse, da diese Entwicklung die generelle Verfestigung der rechtlichen Strukturen und die in China vonstatten gehenden wirtschaftlichen und politischen Änderungen widerspiegelt. Eine Steigerung von 2.000 Rechtsanwälten in 1981 auf etwa 140.000 in 2000 macht den wachsenden Bedarf an anwaltlichen Dienstleistungen deutlich. Staatliche Einflußnahme und Behinderungen durch ein noch unvollkommenes Rechtssystem sowie Defizite im qualitativen und standesrechtlichen Bereich stehen dem Bild funktionsfähiger und unabhängiger Anwälte im Wege und mindern ihr gesellschaftliches Ansehen. Nach dem WTO-Beitritt Chinas ist eine weitere Liberalisierung für das Tätigwerden ausländischer Anwälte zu erwarten.

Aus dem Inhalt: Traditionelles Rechtsverständnis · Geschichte der Anwaltschaft in China · Rechtsanwaltsgesetz 1996 · Verfassungsrechtliche Stellung und Voraussetzungen für die Tätigkeit als Anwalt · Standesorganisationen und Standesrecht · Anwaltskanzleien · Tätigkeitsbereiche und Rechte · Juristische Ausbildung und Zugangskriterien für den Anwaltsberuf · Gesellschaftliche Akzeptanz · Anwaltsdichte und Qualität der Rechtshilfe · Ausländische Anwälte in China